A Ilustração
(1884-1892)

FUNDAÇÃO EDITORA DA UNESP

Presidente do Conselho Curador
Mário Sérgio Vasconcelos

Diretor-Presidente
Jézio Hernani Bomfim Gutierre

Superintendente Administrativo e Financeiro
William de Souza Agostinho

Conselho Editorial Acadêmico
Danilo Rothberg
João Luís Cardoso Tápias Ceccantini
Luiz Fernando Ayerbe
Marcelo Takeshi Yamashita
Maria Cristina Pereira Lima
Milton Terumitsu Sogabe
Newton La Scala Júnior
Pedro Angelo Pagni
Renata Junqueira de Souza
Rosa Maria Feiteiro Cavalari

Editores-Adjuntos
Anderson Nobara
Leandro Rodrigues

TANIA REGINA DE LUCA

A Ilustração (1884-1892)

Circulação de textos e imagens entre Paris, Lisboa e Rio de Janeiro

© 2018 Editora Unesp

Direitos de publicação reservados à:
Fundação Editora da Unesp (FEU)
Praça da Sé, 108
01001-900 – São Paulo – SP
Tel.: (0xx11) 3242-7171
Fax: (0xx11) 3242-7172
www.editoraunesp.com.br
www.livrariaunesp.com.br
feu@editora.unesp.br

Dados Internacionais de Catalogação na Publicação (CIP) de acordo com ISBD

L931i
    Luca, Tania Regina de
        A ilustração (1884-1892): circulação de textos e imagens entre Paris, Lisboa e Rio de Janeiro / Tania Regina de Luca. – São Paulo: Editora Unesp, 2018.

        Inclui bibliografia.
        ISBN: 978-85-393-0721-0

        1. Jornalismo. 2. Imprensa brasileira. 3. Ilustração. 4. Crítica cultural. I. Título.

2018-260   CDD 070.981
                                                                  CDU 070(81)

Esta publicação contou com apoio da Fundação de Amparo à Pesquisa do Estado de São Paulo (Fapesp, processo n.2017/12585-4).

As opiniões, hipóteses e conclusões ou recomendações expressas neste material são de responsabilidade do(s) autor(es) e não necessariamente refletem a visão da Fapesp.

Editora afiliada:

Asociación de Editoriales Universitarias de América Latina y el Caribe

Associação Brasileira de Editoras Universitárias

Sumário

Prefácio   VII
Márcia Abreu
Introdução   1

1 Idealização e trajetória da revista: condições e possibilidades   7
   Conectando continentes   7
   Imprensa ilustrada   14
   Gazeta de Notícias e *A Ilustração*: reatando fios   24
   Concretização do projeto   50
   Entrelaçando trajetórias: Pina e *A Ilustração*   62
   Depois d'*A Ilustração*   91

2 Conteúdo: organização e processo de produção   97
   Seções textuais a cargo da redação   101
   Seções textuais assinadas   117
   Textos: para além das seções   132
   Estampas: temáticas, autorias, processos de produção   154
   Estampas: procedência, circulação e apropriação   171

3 As "Crônicas" de Mariano Pina   181
   Deambular por Paris   183
   Perturbações da ordem   190
   A Exposição Universal de 1889   201
   Exposição de 1889: Portugal e Brasil nas páginas d'*A Ilustração*   230
   Portugal por divisa   235
   Polêmicas literárias   251

Conclusão   263

Referências bibliográficas   267
　Periódicos   267
　Espólios e manuscritos avulsos   267
　Instituições (abreviaturas e endereços eletrônicos)   268
　Bibliografia   268

Prefácio
Imaginários compartilhados

Márcia Abreu

Muitos acreditam que vivemos em um mundo radicalmente novo, em que diferentes partes do globo estão conectadas pela circulação de informações e imagens. Quem pensa assim não conhece o rico trabalho de Tania Regina de Luca sobre *A Ilustração. Revista Quinzenal para Portugal e Brasil*.

Publicado no final do século XIX, entre 1884 e 1892, o periódico era editado e impresso em Paris, sob a responsabilidade do português Mariano Pina, e tinha por público principal aqueles que viviam em Portugal e no Brasil. As enormes distâncias entre a redação e os assinantes não impediram que a publicação tivesse periodicidade quinzenal, colocando à disposição do público um conjunto de textos literários e informativos associados a sofisticadas imagens. A poderosa indústria gráfica francesa tornava possível produzir uma revista ricamente ilustrada com rapidez, apuro técnico e preços acessíveis – já que, mesmo somados os custos de transporte, a produção na França pareceu economicamente vantajosa para os responsáveis pelo periódico. Assim, ao longo de quase oito anos, a cada quinze dias uma nova edição saía dos portos franceses em direção a Lisboa e ao Rio de Janeiro, de onde seguia para o interior dos dois países, o que deixa evidente o grau de internacionalização da cultura no século XIX.

As conexões internacionais não se expressam apenas pelo fato de um periódico em português ter sede em Paris, utilizar-se do parque gráfico francês e ser lido dos dois lados do Atlântico. Elas estão evidentes no próprio conteúdo da revista, que publicava textos produzidos por escritores de diversas nacionalidades. Se a maior parte deles era tradução de obras francesas, havia espaço também para autores oriundos de vários pontos do mundo, como o norte-americano Edgar Allan Poe, o italiano Francesco Giganti, o dinamarquês Hans C. Andersen, além, obviamente, de portugueses e uns poucos brasileiros. A maioria não havia escrito especialmente para a revista, que se apropriava de obras já publicados, seja em livros, seja em outros periódicos – prática corrente em um tempo em que os direitos autorais ainda engatinhavam.

Mas os textos não eram o grande atrativo da publicação, que se filiava à voga de revistas ilustradas, tão em moda na segunda metade do século XIX. Os leitores queriam saber o que acontecia pelo mundo, mas também queriam ver o mundo. Por isso, multiplicavam-se os periódicos ilustrados, como *The Illustrated London News*, *L'Illustrazione Italiana*, *Illustrirte Zeitung* ou *Le Monde Illustré*, que publicavam imagens sobre os quatro cantos do mundo, permitindo que italianos vissem edifícios ingleses; portugueses conhecessem os habitantes da Rússia; espanhóis olhassem para a natureza americana; e, principalmente, que todos os leitores do mundo ocidental soubessem como era a França e o que produziam seus escritores. Todo esse interesse fazia com que os periódicos recorressem a um novo tipo de profissional, o repórter desenhista, que se deslocava para os mais variados lugares, especialmente aqueles em que havia conflitos armados, para retratar o que vira e transmiti-lo para os leitores, que recebiam as revistas em suas casas.

A Ilustração fez parte desse movimento e se beneficiou de um acordo firmado com *Le Monde Ilustré*, de onde era extraída a maioria das imagens que enchiam suas páginas. Dessa forma, os olhos de portugueses e brasileiros puderam escrutinar as mesmas figuras vistas por franceses, percorrendo paisagens urbanas e rurais, cenas de batalhas, flagrantes do cotidiano de diferentes localidades, além de conhecer a fisionomia de políticos, intelectuais, escritores e artistas que se destacavam em diferentes pontos do mundo.

Nem tudo, no entanto, era extraído do periódico francês. Como mostra o cuidadoso estudo de Tania Regina de Luca, além de algumas estampas produzidas especialmente para a revista, foram reproduzidas imagens divulgadas em outras publicações como *The Illustrated London News*, *The Graphic*, *L'Illustration*, *La Caricature*, *L'Illustrazione Italiana* ou *Le Journal de Musique*. Havia também lugar para ilustrações realizadas por portugueses, e até mesmo por um brasileiro, que se somavam às produzidas por artistas de 24 outras nacionalidades. A origem do ilustrador não necessariamente correspondia ao local por ele retratado, de modo que há muito mais imagens sobre o Brasil e sobre Portugal do que artistas brasileiros e portugueses nas páginas da revista.

Da mesma forma, ilustrações sobre o mundo lusófono povoam as páginas de periódicos franceses, como o *Le Monde Illustré*, em que figuraram as mortes de membros da realeza lusitana e brasileira, suas viagens, casamentos e coroações. As revoltas políticas tampouco deixavam de chamar a atenção. No caso do Brasil, a proclamação da República parece ter despertado especial interesse na revista francesa, que estampou suas páginas com a chegada da família real a Portugal, com retratos dos novos ministros e com a bandeira republicana.

Assim, leitores de revistas ilustradas, vivessem eles nas Américas ou na Europa, teriam familiaridade com as ruas de Paris, Londres ou Madri; conheceriam a Torre Eiffel ou o pavilhão do Brasil na Exposição Universal; saberiam como foram os funerais de Victor Hugo e tampouco ignorariam a aparência de indígenas brasileiros. Na verdade, eles sequer precisariam ser leitores, já que grande parte das páginas desses periódicos era composta por imagens. Com a rapidez da circulação de trens e de transatlânticos, eles teriam acesso praticamente simultâneo a essas publicações, vendidas a preços módicos.

Ainda que a distribuição dos espaços não fosse equitativa e houvesse forte predominância de referências francesas, é possível vislumbrar uma via de mão dupla ligando os dois lados do Atlântico e criando, por meio de escritos e ilustrações, imaginários compartilhados entre pessoas que jamais se viram e que, provavelmente, não se entenderiam caso se encontrassem pessoalmente.

Quem se surpreende com a velocidade da circulação de informações em nosso tempo, se abisma com a cópia de imagens e textos em diversos lugares da internet e se espanta com a conexão internacional criada pelo compartilhamento de imagens e ideias via rede mundial de computadores vai se admirar ainda mais ao ler este livro, em que, por meio de minucioso estudo, Tania Regina de Luca nos mostra que nada disso é, verdadeiramente, uma novidade do nosso tempo.

Introdução

Todo trabalho tem uma história, e a trajetória deste guarda algumas curiosidades. Cada vez mais as pesquisas nas chamadas humanidades resultam de esforços coletivos, ainda que persista a imagem do indivíduo que formula uma questão espinhosa e passa anos a ruminá-la em solidão para, finalmente, produzir uma grande obra, que traz na portada o nome do abnegado. Tal construção, a evocar o exemplo do monge medieval, que no silêncio de sua cela passava a vida debruçado na decifração de antigos manuscritos, tem pouca conexão com a realidade contemporânea, como, aliás, bem evidenciou a fina análise de Michel de Certeau a respeito da produção historiográfica, mais próxima da linha de montagem, com suas engrenagens bem precisas, do que do trabalho do artesão. Com boa dose de ironia, o jesuíta inicia seu texto perguntando: "O que *fabrica* o historiador quando 'faz história'? Para quem trabalha? Que produz?".[1]

A pesquisa que deu origem a esta obra não teria sido realizada não fosse o convite da professora Márcia Abreu, a quem registro os meus sinceros agradecimentos, para integrar o projeto temático *Circulação transatlântica dos impressos. A globalização da cultura no século XIX (1789-1914)*, que reuniu significativo grupo de pesquisadores nacionais e estrangeiros em torno dos processos culturais, socioeconômicos e políticos que envolviam o circuito de produção, difusão e apropriação de livros e periódicos em âmbito transnacional, mais precisamente entre Brasil, França, Inglaterra e Portugal. Tratava-se de dar conta de indivíduos, instituições e lugares in-

---

1 Certeau, A operação historiográfica. In: _____. *A escrita da história*, p.65, grifo no original.

tricados nesse intercâmbio, bem como de sua diversidade, em termos da materialidade dos suportes e dos gêneros textuais.[2]

O recorte temporal restringia-se ao "longo do século XIX",[3] tal como o definiu Hobsbawm, o que pressupunha selecionar fontes circunscritas a um período diverso daquele então privilegiado por mim, que dizia respeito ao Estado Novo. Na busca por um conjunto documental que se adequasse ao projeto, percorri o Setor de Obras Raras da Biblioteca da Faculdade de Ciências e Letras de Assis, e oito volumes em grande formato, encadernados com capa vermelha e belas letras douradas, logo chamaram a minha atenção. Ao retirá-los da estante, constatei tratar-se da revista *A Ilustração*, título genérico que em princípio pouco significava, mas cuja data era bastante animadora, pois a publicação circulou de maio de 1884 a janeiro de 1892. No cabeçalho do número inaugural, ao lado do título – *A Ilustração. Revista Quinzenal para Portugal e Brasil* –, há referências explícitas a três cidades: Paris, Lisboa e Rio de Janeiro. Não havia dúvida, a biblioteca que utilizo há décadas para aulas e pesquisas possuía o periódico ideal para os objetivos do projeto, o que bem evidencia a enorme seletividade do olhar.

É sabido que o maior desafio de uma investigação é circunscrever a sua problemática, o que se mostra ainda mais complexo quando a escolha do corpo documental é feita a partir de critérios exteriores e, mais importante ainda, não resulta, pelo menos a princípio, de desdobramentos de percursos analíticos anteriores. Contudo, o salto no escuro tem lá o seu charme, por possibilitar o prazer da descoberta, que se iniciou com o mapeamento do que já existia sobre a publicação.

Ainda que a revista seja citada aqui e acolá, o destaque fica por conta das reflexões da professora Elza Miné, autora de vários artigos que analisam aspectos da publicação e que foi a primeira a esclarecer, graças à consulta ao espólio do diretor, o jornalista português e correspondente em Paris da

---

2 Para detalhes do projeto, equipe e resultados, ver: http://www.circulacaodosimpressos.iel.unicamp.br/. Expresso aqui meu débito para com a Fapesp (Processo 11/07342-9, Projeto Temático, e Processo 2017/12585-4, Auxílio à Publicação) e o CNPq (Processo 301741/2013-1, Produtividade em Pesquisa), agências que forneceram o suporte financeiro para a realização de estágios de pesquisa no exterior, fundamentais para o levantamento de documentação em instituições francesas e portuguesas, e para a apresentação e discussão de resultados parciais em encontros realizados em Lisboa, Londres e Paris.

3 Consultar a trilogia de Hobsbawm, *A era das revoluções. Europa 1879-1848*; *A era do capital (1848-1875)*; e *A era dos impérios (1875-1914)*.

Gazeta de Notícias (RJ, 1875-1942), Mariano Pina (1860-1899), as origens do projeto, que deve ser creditado a um dos proprietários desse jornal, o também português Elísio Mendes. Assim, à circulação expressa na portada do periódico, que remetia a França, Portugal e Brasil, outras tramas iam se revelando, a atestar as intensas trocas entre os dois lados do Atlântico.

Estabelecer a natureza desses intercâmbios e as condições materiais que tornavam possível sua realização constituiu-se como a primeira tarefa, a qual se desdobrou na compreensão da natureza desse empreendimento, que guardava relação com um tipo bastante específico de impresso, cuja época áurea foi a segunda metade do Oitocentos, momento em que a produção mecânica de imagens já era um fato, mas não havia ainda meios de impressão direta da fotografia nos periódicos. Foi possível, portanto, precisar o gênero no qual se inseria *A Ilustração* e acompanhar a sua rápida expansão a partir da década de 1850, graças ao crescente interesse de um público ávido por novidades, mas também as dificuldades que envolviam a produção desses impressos, que exigiam mão de obra especializada e bastante escassa em Portugal e no Brasil.

Já o trabalho editorial ficou a cargo do jovem correspondente da *Gazeta de Notícias* em Paris. A própria existência dessa figura, mediadora por excelência[4] e cada vez mais indispensável para as grandes folhas, merece reflexão, por comportar situações muito diversas.[5] O exemplo de Mariano Pina é, nesse sentido, instrutivo, pois ele estava longe de desfrutar da reputação de outros colaboradores internacionais do jornal, e não foi por outro motivo que recebeu o convite para assumir a redação da revista. O envolvimento com *A Ilustração* foi fundamental para sua trajetória e, se é certo que ele deu o tom ao quinzenário, foi justamente por intermédio da revista que assegurou um lugar de destaque no mundo literário, adentrou o do teatro, o das traduções, da edição e da política, isso num momento em que a especialização e a profissionalização do campo intelectual no Brasil e em Portugal estavam nos seus primórdios. A sua correspondência, além de contribuir para construir uma cartografia sensível da publicação e suas alterações no decorrer do tempo, foi estratégica para reconstruir a rede de

---

4 Sobre o conceito, ver: Gomes; Hansen (orgs.), *Intelectuais mediadores. Práticas culturais e ação política*.
5 Luca, Correspondente no Brasil. Origens da atividade nas décadas de 1870 e 1880, *Sur le Journalisme. About Journalism. Sobre Jornalismo*, v.5, n.1, p.112-25, 2016.

sociabilidade na qual ele se inseria e as diversas atividades que empreendeu em Paris e Lisboa.

A análise do conteúdo da revista, por sua vez, evidenciou as diferentes modalidades de articulação entre textos e imagens, cujas origens eram bastante distintas. No que tange aos primeiros, sua arregimentação denota a necessidade de circunscrever o significado então assumido pelo termo "colaborador", que se distanciava consideravelmente do entendimento hodierno, além de colocar em pauta a questão dos direitos autorais, à época ainda pouco regulamentados, e da originalidade do que se difundia. O estudo detalhado das estampas, por sua vez, permite entender a longa cadeia envolvida na sua fatura, que demandava múltiplos atores, bem como a existência de um vigoroso mercado internacional, patente no uso que em suas páginas era feito do acervo do *Le Monde Illustré* (Paris, 1857-1940), pertencente ao impressor francês e que se revelou uma fonte essencial para a pesquisa.

É importante assinalar a rapidez da circulação, que permitia que um leitor parisiense, lisboeta ou fluminense, para ficar apenas nas capitais, tivesse acesso praticamente simultâneo às mesmas estampas, convidando a rever concepções arraigadas de recepção passiva e influência e as metáforas associadas ao espelho e ao reflexo quando se trata do suposto distanciamento cultural entre Europa e Brasil. Mesmo o ideário dos modelos parece incapaz de dar conta de interações que configuravam estradas de mão dupla. Se é fato que o tráfego foi muito mais intenso num dado sentido, tal circunstância não se deve impedir a percepção de outras trajetórias mais modestas, ainda que não menos significativas, como apontam as inspiradoras análises de Sérgio Miceli a respeito das concessões feitas pelo pintor Fernand Léger ao gosto de seus potenciais clientes, entre os quais estava Paulo Prado.[6]

Observe-se que *A Ilustração* era tributária de um tipo bem preciso de impresso periódico, fruto dos novos meios de comunicação e impressão, que abriam oportunidades para a circulação transatlântica de mercadorias, aí incluídos impressos e imagens. Foi enquanto um empreendimento potencialmente lucrativo que Elísio Mendes, homem de negócios que vivia entre Lisboa e o Rio de Janeiro, dono de gráfica e de importante matutino da capital do Império, considerado renovador das práticas jornalísticas,

---

6 Miceli, *Nacional estrangeiro. História social e culturas do modernismo artístico em São Paulo*. Ver especialmente p.9-16.

concebeu a revista. Tratava-se de disponibilizar um quinzenário recheado de imagens bem acabadas, com o apuro técnico que somente a potente indústria gráfica francesa poderia oferecer a preços tão módicos, entremeadas por textos leves, com o objetivo primeiro de encantar, divertir e, como efeito colateral, instruir.

Todavia, se a obtenção de bons lucros foi o mote inicial, sem que se firmassem compromissos explícitos de qualquer natureza, esse aspecto está longe de esgotar a questão. O conteúdo posto em circulação, fossem imagens ou textos, implicava escolha, seleção e recorte, numa apropriação criativa que difundia sensibilidades, gostos e valores, deixando para trás a proclamada neutralidade, num momento em que a informação visual ainda era bastante escassa, sobretudo no Brasil. A seção "Crônica", especialmente escrita para a revista por Mariano Pina e que fazia as vezes de editorial, é, nesse sentido, bastante reveladora, por permitir delinear um conjunto de questões pelas quais a revista se bateu.

A natureza d'*A Ilustração* impõe que se levem em conta as diferentes vinculações internacionais que estabeleceu, sem o que não é possível nem mesmo compreender sua existência. Suas características instigam a refletir sobre intercâmbio e trocas em diferentes direções e sentidos, uma vez que se tratava de publicação com redação em Paris, impressa nas oficinas de importante grupo francês, que colocava à disposição da revista luso-brasileira todo o seu acervo de estampas mediante o pagamento de pequenos valores. A direção estava a cargo de um português, que residia na cidade em função de contrato com um jornal brasileiro, enquanto os leitores se encontravam do outro lado do Atlântico.

Assim, do ponto de vista metodológico, o trabalho com as perspectivas diacrônica, eixo que recoloca uma publicação na história da imprensa, e sincrônica, que tenta dar conta do diálogo mantido com outros impressos que lhe são contemporâneos, não pode ficar restrito às fronteiras nacionais, sob pena de não se desvelar o que mais particularizava a publicação nos cenários brasileiro e português. Pode-se afirmar que se trata de um caso limite, mas que alerta para a necessidade de tomar em conta processos de troca, circulação e apropriação de gêneros textuais, literários e jornalísticos, imagens e soluções gráficas, em perspectiva transatlântica, variável que se constitui num terceiro eixo, que corta transversalmente os dois anteriores, e que se faz presente em escalas diversas nos impressos periódicos a partir do Oitocentos, independentemente de seu gênero.

1
IDEALIZAÇÃO E TRAJETÓRIA DA REVISTA: CONDIÇÕES E POSSIBILIDADES

Este capítulo inicial tem por objetivo averiguar as condições que possibilitaram a concepção e a efetiva realização de um projeto como o d'*A Ilustração*, lançada em maio de 1884 com o subtítulo *Revista Quinzenal para Portugal e Brasil*.[1] A denominação permite discernir elementos importantes, na medida em que remete para a expectativa de interessar leitores de diferentes lados do Atlântico, para a sua periodicidade relativamente curta (quinze dias) e para a própria natureza do impresso, que se autodefinia como ilustrado. Já a tipografia encarregada da impressão e o escritório da redação, que tinha à frente o jornalista português Mariano Pina, localizavam-se em Paris, ou seja, cada edição seguia, a partir dos portos franceses, para Lisboa e o Rio de Janeiro, o que bem indica o grau de internacionalização do empreendimento e convida a refletir a propósito das condições em que se deu a sua fatura e circulação.

Conectando continentes

É fato que, no decorrer do século XIX, os meios de transporte conheceram grande impulso, devido ao progresso das viagens marítimas, realizadas

---
1 O subtítulo manteve-se inalterado no primeiro ano de circulação para oscilar, em 1885, entre *A Ilustração*. Revista Universal Impressa em Paris, ou simplesmente *A Ilustração*. Entre dezembro de 1885 e julho de 1887, adotou-se fórmula próxima do original, *A Ilustração*. Revista de Portugal e do Brasil. O subtítulo foi definitivamente abolido a partir de agosto de 1887. Ao longo do texto, utiliza-se apenas *A Ilustração*. Informações sistematizadas na Tabela 1.1, nas p.94-5.

sob a égide do vapor, e ao desenvolvimento acelerado das ferrovias. Nas palavras de Hobsbawm, "os trens alcançavam o centro das grandes cidades [...] e as mais remotas áreas da zona rural, onde não penetrava nenhum outro vestígio de civilização do século XIX", sendo que, apenas em 1882, "quase dois bilhões de pessoas viajavam por ano pelas ferrovias" e mais de 22 mil navios cruzavam mares e oceanos. O historiador bem destacou que o mundo "estava se tornando demograficamente maior e geograficamente menor e mais global – um planeta ligado cada vez mais estreitamente pelos laços dos deslocamentos de bens e pessoas, de capital e comunicações, de produtos materiais e ideias".[2]

Formavam-se espaços comuns de circulação e de trocas em escala e ritmo inéditos, os quais descortinavam novas possibilidades para a produção cultural e o confronto de opiniões, muito facilitadas pela ligação dos continentes por meio de cabos submarinos, como o que uniu o Brasil à Europa, por intermédio de Portugal, em 1874. Aliás, o compromisso com a notícia e a informação constituiu-se noutra marca distintiva do período, que assistiu à velha fórmula "soube-se, pelo último paquete..." tornar-se letra morta, substituída pelas ágeis notas telegráficas, provenientes de agências especializadas e que precisavam local, data e horário do ocorrido.[3] Assim, eventos sobre as regiões mais recônditas tornaram-se acessíveis a um número muito mais amplo de indivíduos, ávidos pela descrição do exótico e do diferente, num contexto em que as principais potências europeias travavam acirrada disputa pela Ásia e África.

Hallewell bem destacou que, graças à introdução do vapor nas rotas do Atlântico Sul em meados do século XIX, diminuiu quase à metade o tempo da travessia entre a Europa e o Rio de Janeiro – de 54 para 29 dias –, trajeto que, por volta da década de 1880, passou a ser feito em 22 dias.[4] A regula-

---

2 Hobsbawm, *A era dos impérios* (1875-1914), p.48 e 31, respectivamente.
3 Segundo Sodré, *História da imprensa no Brasil*, p.215, o *Jornal do Comércio* (RJ, 1827-2016) publicou em 1877 os primeiros informes dessa natureza, distribuídos pela Reuter-Havas: "Londres, 30 de julho às 2 horas da manhã – Faleceu ontem...", informação que deve ser relativizada quando se tem em conta o conjunto da imprensa, uma vez que notas similares estavam presentes antes da referida data na *Gazeta de Notícias* e n'*A Província de São Paulo* (SP, 1875). A cidade mencionada entre parênteses remete à sede da redação e local de impressão, salvo indicação em contrário. Já a data dá conta do período de circulação e, para os que seguem sendo impressos, indica-se apenas a fundação.
4 Informações em Hallewell, *O livro no Brasil*, p.199-200. Em 1857, os serviços postais entre a França e o Brasil tornaram-se responsabilidade da empresa *Messageries Maritimes*, subven-

ridade das viagens permitia trabalhar com prazos de entrega relativamente seguros e, em 1863, Baptiste Louis Garnier (1823-1893)[5] podia mandar imprimir o seu *Jornal das Famílias* (RJ, 1863-1878) em Paris, onde mantinha um revisor para a leitura das provas em português do mensário. Se o atraso de um carregamento de livros era tolerável e não implicava grandes prejuízos, o mesmo não acontecia com os periódicos, para os quais a pontualidade sempre foi essencial. Somados todos os custos de frete e de produção (papel, tinta, trabalho de composição, impressão e revisão), a transação ainda era economicamente vantajosa, sem esquecer a qualidade do resultado final, muito superior às possibilidades brasileiras e portuguesas, ao que se agregavam o peso simbólico e o glamour do *impresso em Paris*.[6]

A própria presença de Garnier no Rio de Janeiro deve ser compreendida no contexto da expansão, desde os albores do século XIX, da área geográfica de atuação da poderosa indústria tipográfica francesa, aqui levada a efeito por empresas como Aillaud e Bossange, seguidas pela Firmin-Didot e pelo próprio Garnier.[7]

A prática de recorrer às empresas do Hexágono estava em vigor há décadas e não pode ser considerada uma inovação d'*A Ilustração*. O certo é que, nos anos 1880, dispunha-se de meios ainda mais seguros de entrega do que os utilizados por Garnier duas décadas antes. A opção deste último em contratar serviços de impressão no seu país de nascença, rotina estendida

---

cionada pelo governo francês para realizar a tarefa, iniciada de fato em 1861. No Atlântico Sul, a rota compreendia os portos de Pernambuco, Bahia e Rio de Janeiro, e daí para Montevidéu e Buenos Aires. Naquele momento, a rotação completa, que incluía outras paradas antes de alcançar o continente americano, levava cerca de 55 dias, como informa Berneron-Couvenhes, *Les Messageries Maritimes. L'essor d'une grande compagnie de navigation française, 1851-1894*, p.128-31.

5 Sobre a trajetória dos irmãos Garnier, na França e no Brasil, ver: Mollier, *O dinheiro e as letras. História do capitalismo editorial*, p.321-38.

6 Conforme Hallewell, op. cit., p.201, em face das condições econômicas vigentes na Corte, os trabalhos tipográficos custavam mais do que na Europa, a despeito dos fretes e impostos de importação. Em 1890, por exemplo, os preços atingiam o dobro e até o triplo quando se tratava de publicações ilustradas.

7 Machado, em *História das livrarias cariocas*, traz o rol de livrarias que atuaram na cidade e seus proprietários. Para São Paulo, cabe lembrar o exemplo de Anatole Louis Garroux (1833-1904), o qual, depois de trabalhar para a filial paulistana da Livraria Garnier, iniciou em 1859 sua carreira como agente de livros e jornais franceses. Deaecto, B. L. Garnier e A. L. Garraux: destinos individuais e movimentos de conjuntura nas relações editoriais entre a França e o Brasil no século XIX. In: Vidal; Luca (orgs.), *Franceses no Brasil, séculos XIX-XX*, p.430-8.

aos livros, foi alvo da oposição dos tipógrafos brasileiros, como se vê nas queixas registradas em 1867:

> Desta boa capital [Garnier] envia as obras ao seu grande Paris; lá ela é composta, revista, encadernada etc. e volta ao Rio de Janeiro; aqui é vendida pelo preço que lhe convém dar a cada exemplar e dessa forma a mão de obra é sempre estrangeira ao passo que as nossas oficinas tipográficas definham e os tipógrafos brasileiros veem-se a braços com todas as necessidades e muitos compositores por aí andam sem achar trabalho, e portanto sem os meios de subsistência. Até a própria *Revista Popular*, hoje transformada em *Jornal das Famílias* [...] é impressa em Paris. E é esse homem que vive do nosso país, que nos arranca o trabalho para mandá-lo aos estranhos, a quem o nosso governo condecorou há pouco tempo, pelos *importantes* serviços prestados à literatura nacional![8]

Ao lado de decisões como as de Garnier, ancoradas na mais pura racionalidade econômica, exilados políticos também lançavam seus periódicos em Paris, certamente com objetivos e por razões bem diversos. Foi esse o caso de José Lopes da Silva Trovão (1848-1925), figura central nas manifestações contra o aumento das passagens dos transportes públicos no Rio de Janeiro, a chamada Revolta do Vintém, que incendiou a cidade entre os últimos dias de 1879 e o início do ano seguinte. Em meados de 1882, como resultado de perseguições resultantes de sua militância política, o republicano e opositor do Império fixou residência em Paris, com a perspectiva de atuar como correspondente do jornal *O Globo* (RJ, 1874-1883), de Quintino Bocaiúva (1836-1912), que logo encerrou suas atividades, levando Trovão a aceitar todo tipo de trabalho, inclusive o de revisor dos livros que Garnier mandava imprimir em Paris. Em 1885, figurava como redator-chefe do *Chronique Franco-Brésilienne*, periódico redigido em francês (com notícias do Brasil) e em português (com notícias da França), de breve duração.[9]

Cabe destacar que as notícias a respeito da folha de Lopes Trovão provêm de Louis-Xavier de Ricard (1843-1911), defensor de posições socialistas e federalistas, militante da Comuna de Paris e que permaneceu na América

---

8 *O Tipógrafo*. Rio de Janeiro, v.1, n.6, 05/12/1867, grifo no original. Parte do texto foi reproduzida em Hallewell, op. cit., p.203. O jornal está disponível na BND-HDB.
9 Consultar, sobre Trovão: Capaz, *Lopes Trovão*. Uma voz contra o Império. Ressalte-se que Trovão retornou ao Brasil em novembro de 1888.

do Sul entre 1882 e 1886. Ricard fundou periódicos nas cidades sul-americanas por que passou – primeiro o *L'Union Française* (Buenos Aires), em seguida *Le Rio Paraguay* (Assunção) e por fim *Le Sud-Américain* (RJ, 1885-1886), cujo subtítulo era *Órgão dos Interesses Franceses na América do Sul*, mas que acabou sendo mais do que isso, na medida em que se fez porta-voz de ideias políticas que tornaram sua presença no Brasil insustentável.[10] Não por mero acaso, ele informou a existência e reproduziu texto da publicação de Trovão, político que se distinguia pela crítica à ordem vigente no Império e que desempenhou papel de relevo na queda da Monarquia em 1889.

Os exemplos patenteiam a intensidade das trocas comerciais, mas também de informações, ideais, concepções e correntes de pensamento estabelecidas por intermédio dos impressos periódicos, que cruzavam mares e oceanos em diferentes direções, passando, muito frequentemente, por Paris.

Além da existência de meios de transportes eficientes, é preciso ter em conta que foi justamente no decorrer do século XIX que o processo de produção dos impressos conheceu mudanças técnicas significativas que incluíram, ainda nas suas décadas iniciais, a fabricação de papel-contínuo, a prensa cilíndrica e o vapor, ao que se seguiram as cada vez mais rápidas prensas mecânicas, as rotativas e, nos decênios finais da centúria, a mecanização da composição graças ao linotipo.[11] Multiplicavam-se as novidades que saíam das tipografias – livros, revistas, jornais, folhetos, estampas, panoramas, propagandas e cartazes –, produzidas em escala industrial, isto é, cada vez mais baratas e atraentes, graças à incorporação da imagem, por sua vez uma novidade de grande alcance e que propiciava inéditas experiências de visualidade. O impacto econômico e social da circulação de milhares de páginas impressas, vendidas a preços módicos à crescente população urbana europeia, que dependia da informação para gerir seu cotidiano e cujo processo de letramento conhecia avanços significativos, foi objeto de es-

---

10 Sobre Ricard, ver: Batalha, *Dicionário do movimento operário na cidade do Rio de Janeiro do século XIX aos anos 1920*, p.138-40. Para a trajetória da publicação que fundou no Brasil e as polêmicas nas quais se envolveu, inclusive com relação às crônicas de Mariano Pina publicadas na *Gazeta*, ver: Idem, Um socialista face à escravidão no Brasil: Louis-Xavier de Ricard e o jornal *Le Sud-Américain*. In: Vidal; Luca (dir.), op. cit., p.161-73.

11 A respeito da questão, ver: Feyel, Les transformations technologiques de la presse au XIXe siècle. In: Kalifa et al. (dir.). *La Civilisation du journal. Histoire culturelle et littéraire de la presse française au XIXe siècle*, p.97-139.

tudos circunstanciados na França. Jean-Yves Mollier referiu-se à "une révolution culturelle silencieuse" do final do XIX, que "a bouleversé les structures mentales" e possibilitou o surgimento de uma "culture médiatique", ancorada na "mise en place de structures de diffusion de masse".[12]

A capacidade de impressão instalada convidava a multiplicar os produtos disponíveis, como bem exemplificam a organização dos almanaques de jornais, prática inaugurada pelo *Le Figaro* (Paris, 1826) em 1856 e que se generalizou, fosse para venda ou sob a forma de brinde aos assinantes, e a organização dos calendários, encimados pelo título do diário e ornados com belas imagens. As vias públicas, por seu turno, foram inundadas por folhetos e cartazes que apregoavam o início da difusão de um novo romance, o lançamento de revistas e cotidianos, enquanto a comemoração de efemérides, a organização de grandes exposições e os acontecimentos do momento originavam um rosário variado de imagens, mapas e suplementos, os quais atendiam à curiosidade e à demanda de leitores dispostos a pagar por tais produtos.[13]

Diana Cooper-Richet, cujos trabalhos analisam a produção e circulação de material impresso em língua estrangeira na França, com particular destaque para os periódicos, tem chamado a atenção para o importante papel desempenhado pela capital francesa nesse ramo de atividade. O mundo de livreiros, editores e impressores era povoado por títulos nos mais diversos idiomas que, como pontua a pesquisadora, atendiam à demanda de eruditos e especialistas e às diferentes comunidades de estrangeiros presentes no Hexágono, que lá se encontravam para estudar ou aperfeiçoar-se, ou ainda buscar refúgio de turbulências políticas e perseguições em seus países de origem, como foi o caso de Lopes Trovão, ou simplesmente visitar o país.[14]

Os dados compulsados por Victor Ramos relativos à impressão de obras em português na França entre 1797 e 1850 atestam que o montante não era desprezível: 530 livros e folhetos e 33 periódicos, o que remetia para

---

12 Mollier, La naissance de la culture médiatique à la Belle-Époque: mise en place des structures de diffusion de masse, *Études Littéraires*, v.30, n.1, p.15-26. [{...} uma revolução cultural silenciosa {...} alterou as estruturas mentais {...} cultura midiática {...}.] Esta e as demais versões para o português são traduções livres da autora.
13 Lenoble, Les produits dérives. In: Kalifa et al. (dir.), op. cit., p.605-13. Os cartazes espalhados pelo Rio de Janeiro em dezembro de 1860, que reproduziam a primeira página da *Semana Ilustrada* (RJ, 1860-1876) e anunciavam o futuro lançamento da publicação de viés humorístico, são tomados como marco inaugural dessa prática no Brasil.
14 Cooper-Richet, La presse en langue étrangère. In: Kalifa et al. (dir.), op. cit., p.583.

uma considerável variedade de situações concretas, como bem indicam os exemplos já mencionados. Contudo, o universo dos impressos lusófonos era bem mais amplo, na medida em que incluía, tal como propõe Cooper-Richet, também a oferta e a circulação de material em português, independentemente do seu local de produção. Assim, avulta a importância das informações provenientes de catálogos de livreiros editores que não apenas informavam sobre as suas próprias publicações, senão que também incluíam os títulos que vendiam, provenientes de Londres, Lisboa ou Coimbra, o que multiplicava, pelo menos em tese, o rol disponível.[15]

Traçar o panorama do que saiu das rotativas e prensas mecânicas francesas ao longo do século XIX não é tarefa simples. Aqui também os catálogos, anúncios em periódicos e registros provenientes do depósito legal são fontes preciosas e que têm sido exploradas com astúcia.[16] Entretanto, parece mais complexo distinguir entre o que *circulava na França* daquilo que *circulava a partir da França*, tendo em vista que uma porcentagem dos livros e publicações periódicas tinha por destino os porões dos navios ancorados nos portos, que zarpavam para os locais mais diversos, levando milhares de folhas que brotavam das eficientes tipografias e terminavam nas mãos de leitores, a exemplo do que ocorria com os produtos encomendados por Garnier ou por seu conterrâneo Garroux, que também ensaiou atividades editoriais. Pode-se argumentar que parte dessa produção tinha por destino a comunidade lusófona radicada ou de passagem por Paris, mas parece razoável afirmar que não eram esses os destinatários privilegiados.

O estudo de casos concretos, à luz desse contexto mais amplo, pode colaborar para o estabelecimento de algumas linhas de força que estruturavam o variado e complexo mundo dos impressos periódicos. Tomar a revista *A Ilustração* como ponto de observação remete a um setor bem específico que, já no título, expressava uma dada filiação e ambição.

---

15 Ramos, *A edição de língua portuguesa em França*; Cooper-Richet, Paris, capital editorial do mundo lusófono na primeira metade do século XIX?, *Varia Historia*, v.25, n.42, p.539-55.

16 O *Journal General de l'Imprimerie et de la Librairie* ou *Bibliographie de la France*, criado por Decreto de 14/10/1811, lista o que foi recebido pela Biblioteca Nacional por força do depósito legal e está disponível para consulta na BnF-Gallica. Ver a pesquisa na seção "Nouvelle publications périodiques", realizada por Geslot; Hage, Recenser les revues. In: Pluet-Despatin; Leymarie; Mollier (dir.), *La Belle Époque des revues*, 1880-1914, p.29-42, dedicada às chamadas grandes revistas de cultura.

Imprensa ilustrada

No decorrer do século XIX, a associação entre a imagem e a pena representou um ponto de inflexão na trajetória dos impressos periódicos, como bem atesta a frase do diretor de uma das primeiras revistas francesas a incorporar largamente a novidade, que pode ser lida na apresentação de seu número inaugural, de março de 1843: *"Puisque le goût du siècle a relevé le mot* Illustration, *prenons-le! Nous nous en servirons pour caractériser un nouveau mode de la presse nouvelliste"*.[17] E, de fato, multiplicaram-se, nos mais variados idiomas, títulos que ostentavam os termos "ilustrado" ou "ilustração", mobilizados por periódicos de todos os gêneros, prática que adentrou o século seguinte e da qual o Brasil e Portugal oferecem vários exemplos.[18]

Aliás, desde a Independência, reaproximar os dois países, intensificar as trocas culturais e levar a cabo projetos conjuntos constituíram-se em temática constante da agenda de letrados brasileiros e portugueses, a qual teve nos impressos periódicos um de seus veículos privilegiados. Tal desejo de interação não raro expressava-se na própria denominação das publicações, a exemplo da *Revista de Instrução Pública para Portugal e Brasil* (Lisboa, 1857-1858), da *Revista Luso-Brasileira. Literatura, Indústria, Geografia, Música etc.* (RJ, 1860), da qual se conhecem dois exemplares, do *Brasil e Portugal: Jornal Dedicado aos Interesses dos Dois Países*, com alguns

---

17 Artigo de abertura de *L'Illustration* apud Aurenche, Du *Magazin Pittoresque* (1833) à *L'Illustration* (1843): la naissance du nouvellisme illustré. In: Thérenty; Vaillant (dir.), *Presse et plume*. Journalisme et littérature au XIX siècle, p.170. ["Já que o gosto do século revelou a palavra *Ilustração*, usemo-la! Nós nos serviremos dela para caracterizar uma nova forma de imprensa de atualidade".]

18 Sem pretensão à exaustividade, ver, para o Rio de Janeiro: *Ilustração Brasileira* (1854-1855), *O Brasil Ilustrado: Publicação Literária* (1855-1856), *O Universo Ilustrado: Pitoresco e Monumental* (1858-1859), *A Semana Ilustrada* (1860-1876), *Ilustração Brasileira*: Jornal Enciclopédico (1861), *Ilustração Americana: Jornal do Novo Mundo* (1869-1870). Para Lisboa: *A Ilustração: Jornal Universal* (1845-1846), *A Ilustração: Periódico Universal* (1852), *Portugal Ilustrado* (1863), *Ilustração Popular* (1866-1868), *Ilustração Feminina: Seminário de Instrução e Recreio* (1868), *A Ilustração da Infância: Jornal de Instrução e Recreio* (1877), *O Universo Ilustrado. Semanário de Instrução e Recreio* (1877-1887), *A Semana Ilustrada* (1887), *A Ilustração: Jornal das Famílias* (1882), *Crônica Ilustrada* (1882), *A Ilustração Popular* (1884), *Ilustração Universal: Revista dos Principais Acontecimentos de Portugal e do estrangeiro* (1884), *Ilustração Portuguesa: Revista Literária e Artística* (1884-1890), *A Ilustração de Portugal e Brasil: Seminário Literário, Científico e Artístico* (1885), *Revista Ilustrada* (1886-1889).

exemplares conservados e relativos ao ano de 1872 (RJ, 1872), ou da *Revista Contemporânea de Portugal e Brasil* (Lisboa, 1859-1865), *Revista de Portugal e Brasil* (Lisboa, 1873-1874), *Eco de Portugal e Brasil:* Jornal Noticioso, Industrial, Comercial e Agrícola (Lisboa, 1879), listagem que se adensa à medida que se caminha para a centúria seguinte. O fato de se compartilhar a mesma língua abria oportunidades de expansão do mercado editorial para ambos os países.[19]

Ao trabalhar com o catálogo de jornais e revistas depositados na Biblioteca Nacional de Portugal, Mário Póvoas identificou cinco periódicos, dentre os que circularam exclusivamente no Oitocentos, que faziam referências explícitas em seus títulos ao Brasil, a Portugal e ao fato de serem ilustrados: *A Ilustração Luso-Brasileira:* Jornal Universal (Lisboa, 1856 e 1858-1859, cerca de 150 exemplares), única impressa em Portugal; *Os Dois Mundos:* Ilustração para Portugal e o Brasil (Paris, 1877-1881, 36 exemplares); *A Ilustração. Revista Quinzenal para Portugal e Brasil* (Paris e, depois, Lisboa, 1884-1892, 184 exemplares), *A Ilustração de Portugal e Brasil*, Semanário Científico, Literário e Artístico (Lisboa, 1885, 13 exemplares, impressos em Barcelona) e *A Revista*, Ilustração Luso-Brasileira (Paris, 1893, seis exemplares).[20] Dessas, duas tiveram vida bastante breve: *A Ilustração de Portugal e Brasil* e *A Revista*, que resvalaram no famoso mal dos sete números, para retomar a fórmula consagrada por Olavo Bilac, enquanto *A Ilustração. Revista Quinzenal para Portugal e o Brasil*, por seu turno, foi a mais longeva e não conheceu qualquer solução de continuidade.

---

19 Sobre a presença do Brasil na imprensa portuguesa da segunda metade do XIX e sua importância econômica para tal imprensa, ver: Monteiro; Maia, Um título para leitores de dois continentes. A imprensa periódica portuguesa na segunda metade do século XIX. In: Arruda et al. (orgs.), *De colonos a imigrantes: i(e)migração portuguesa para o Brasil*, p.205-19. Não perder de vista que o argumento sobre as oportunidades de expansão do mercado editorial português, graças à unidade linguística, também se aplica aos que se achavam deste lado do Atlântico.

20 Póvoas, Um projeto para dois mundos: as ilustrações luso-brasileiras. In: Simões Júnior; Cairo; Rapucci, (orgs.), *Intelectuais e imprensa*. Aspectos de uma complexa relação, p.53-75. Em face do marco temporal adotado, não se incluiu *Brasil-Portugal*: Revista Quinzenal Ilustrada (Lisboa, 1899-1914) e *O Mundo Ilustrado:* Revista de Portugal e Brasil. Esta parece ter sido editada em Lisboa e dela se conhece apenas um exemplar, que circulou na década de 1880, sem que se possa precisar o ano. Ver: Rafael; Santos, *Jornais e revistas portugueses do século XIX*, v.2, p.112. As cidades indicadas entre parênteses referem-se ao local de edição.

Nos países que primeiro exploraram a união entre a pena e o lápis, traço marcante da imprensa a partir de meados do XIX, o processo de produção de imagens ancorou-se na xilogravura, mais especificamente na modalidade denominada de topo. Porém, diante das crescentes demandas por maiores tiragens e rapidez, o processo conheceu um rol significativo de melhoramentos, entre os quais a produção de polítipos, "chapas metálicas que reproduziam imagens originalmente xilográficas e que podiam ser impressas juntamente com a composição tipográfica", o que permitia tanto preservar o original em madeira quanto multiplicá-lo.[21] Foi, entretanto, somente no início do século XX, quando os meios de impressão direta da fotografia nas folhas dos periódicos generalizaram-se e dispensaram qualquer tipo de mediação, que se abriu uma nova fase para a imprensa ilustrada, por conseguinte num momento em que *A Ilustração* já deixara de circular.

As fontes de inspiração da revista foram claramente indicadas no seu número inaugural, que explicitou as motivações do empreendimento, em conformidade com a prática adotada pelas publicações periódicas. Na seção intitulada "Crônica", que funcionava como uma espécie de editorial, o seu diretor, Mariano Pina, esclareceu:

> A falta de uma verdadeira *Ilustração* para os dois países que falam a mesma língua e têm os mesmos hábitos e o mesmo paladar, era coisa bem sensível. A *Ilustração* nos países onde se lê, é o jornal de luxo, o jornal agradável, o jornal artístico e mundano, que se folheia com prazer, que se vê com interesse, que se lê com curiosidade, que se coleciona, que se arquiva, e que forma este volume simpático e sempre atraente que existe em todas as salas e em todos os gabinetes de trabalho.
>
> A França possui o *Monde Illustré* e a *Illustration* [Paris, 1843-1944]. A Inglaterra o *Graphic* [Londres, 1869-1930] e a *Illustrated London News* [Londres, 1842-2003]. A Alemanha a *Illustrirte Zeitung* [Leipzig, 1843-1944]. A Itália a *Illustrazione Italiana* [Milão, 1863-1864, 1875-1962]. E Portugal e

---

21 Definição em Andrade, Processo de reprodução e impressão no Brasil, 1808-1930. In: Cardoso (org.), *Impresso no Brasil*, 1808-1930: destaques da história gráfica no acervo da Biblioteca Nacional, p.51. No Brasil, registra-se em 1836 a presença desse processo, também chamado xilogravura estereotipada de importação, enquanto o método em si foi introduzido, aqui e em Portugal, em 1843. Ver: Ferreira, *Imagem e letra. Introdução à bibliologia brasileira. A imagem gravada*, p.208-11.

Brasil ainda não possuem nenhum jornal neste gênero, dois países onde o jornalismo se acha tão desenvolvido, e onde o público para satisfazer seus desejos tem de comprar por preços elevados as ilustrações francesas ou inglesas![22]

Pina referia-se a um gênero particular de publicação, cuja matriz foi o *The Illustrated London News*, que começou a circular em 14 de maio de 1842, logo replicado não apenas na Europa, mas em grande parte do Ocidente. O semanário inglês, com suas dezesseis páginas, é considerado o marco inaugural da segunda geração da imprensa ilustrada que, diferentemente da antecessora, deixou para trás a preocupação com a difusão dos chamados conhecimentos úteis em prol da incorporação sistemática da imagem e do estabelecimento de compromisso com a notícia e com os acontecimentos cotidianos, impulsionado pelo aperfeiçoamento da fotografia, fonte para a produção de matrizes xilográficas.[23]

Essas publicações, produto bem acabado e relativamente caro, estavam presentes, nas palavras de Mariano Pina, "em todas as salas e em todos os gabinetes de trabalho" da burguesia triunfante, caberia completar.[24] Ele estava correto ao afirmar que um leitor brasileiro poderia adquirir, caso dispusesse de recursos, periódicos europeus, como atesta o anúncio publicado em fins de 1876 pela Livraria Universal Laemmert, sediada no Rio

---

22 Pina, Crônica, *A Ilustração*, ano1, v.1, n.1, p.2, 05/05/1884.
23 Bacot, *La Presse illustrée au XIXe siècle. Une histoire oubliée*, p.43-107. Nas p.213-5, listam-se as revistas desse gênero fundadas ao redor do mundo. Para Portugal, são citadas as já referidas *A Ilustração* [Jornal Universal] (Lisboa, 1845-1846) e *A Ilustração Luso-Brasileira* (Lisboa, 1856-1859). O Brasil não foi mencionado.
24 Sobre *L'Illustration*, lançada em 04/03/1843, sabe-se que "L'abonnement annuel coûte 30 puis 36 francs à partir de 1848 pour Paris, et 32 puis 36 francs pour la province. Relativement, il n'est donc guère moins cher de s'abonner à *L'Illustration* qu'à un quotidien (40 francs) qui paraît sept fois plus [...]. Un abonnement représente 210 heures de travail pour un ouvrier manouvre de province. Par ailleurs, une livraison du *Magasin Pittoresque* coûte 10 centimes, alors que l'exemplaire de *L'Illustration* est vendu 75 centimes. Se lancer dans le projet d'un hebdomadaire d'actualité en 1843, c'est compter sur un accueil favorable des classes bourgeoises aux revenus certains". Gervais, D'après photographie. Premiers usages de la photographie dans le journal *L'Illustration* (1843-1859), *Études Photographiques*, n.13, p.58. ["A assinatura anual custa 30, depois 36 francos a partir de 1848, para Paris, e 32, depois 36 francos, para a província. Relativamente, é um pouco mais barato assinar *L'Illustration* do que um jornal diário (40 francos) que circula sete vezes mais [...]. A assinatura representa 210 horas de trabalho de um trabalhador manual da província. Por outro lado, um exemplar do *Magasin Pittoresque* custa 10 centavos, enquanto o exemplar de *L'Illustration* é vendido por 75 centavos. Aventurar-se no projeto de um hebdomadário de atualidade em 1843 é contar com a acolhida favorável das classes burguesas com renda substancial".]

de Janeiro e que oferecia uma lista de títulos para assinatura, entre os quais figurava *The Illustrated London News* e *The Graphic*, enquanto a nascente casa Garraux, então um simples balcão na provinciana cidade de São Paulo, dispunha de exemplares do *Le Monde Illustré* e da *L'Illustration*.[25]

Pina reconhecia que os jornais ilustrados não eram propriamente uma novidade em Portugal e no Brasil, que os tinham até em número elevado, mas argumentava que faltavam os elementos, em Lisboa e no Rio de Janeiro, para a produção de uma publicação nos mesmos moldes das inglesas e francesas, e concluía:

> Uma empresa que quisesse levar a cabo a nossa ideia, numa destas cidades [Lisboa ou Rio de Janeiro] teria as maiores dificuldades, teria de arriscar enormes capitais, e o jornal pecaria sempre pelo acabamento artístico e pela falta de atualidade. Foram estas as razões que nos levaram a imprimir o nosso jornal em Paris, fazendo-o em tudo igual aos jornais franceses, os que mais agradam ao público a que nos dirigimos.[26]

O quadro é particularmente apurado no que respeita ao "acabamento artístico" d'*A Ilustração*, publicação quinzenal em formato grande (40,3 × 29,7 cm),[27] com texto distribuído em três colunas e imagens que se distinguiam pela excelente qualidade de impressão, superior às similares luso-brasileiras. Cabe assinalar que o debate em torno da presença da ilustração nos impressos periódicos brasileiros tem conhecido importantes revisões. O hábito historiográfico de apontar a *Lanterna Mágica*, Periódico Plástico-Filosófico (RJ, 1844-1845) como a primeira publicação ilustrada mereceu críticas acerbas de Rafael Cardoso, que questionou o viés nacionalista da

---

25 Renault, *O dia a dia no Rio de Janeiro segundo os jornais* (1870-1889), p.80, e Deaecto, op. cit., p.431.

26 Pina, op. cit. Vale destacar o uso do termo "jornal" no sentido de publicação periódica, cotidiana ou não. Nos dicionários da língua portuguesa, a palavra "revista" é associada, até o início do século XX, ao verbo "revistar" (passar em revista) ou ao teatro: revista do ano, peça cômica e crítica, relativa aos fatos do ano anterior. Ver: Martins, *Revistas em revista*. Imprensa e práticas culturais em tempos de República (1890-1922), p.45-7.

27 Trata-se de valor aproximado, pois o impressor francês fez o registro como a "Grand in-4º", como se vê no *Journal Général de l'Imprimerie et de la Librairie*, Deuxième série, Tome XXVII, 1884, p.365, disponível na BnF-Gallica. As versões digitais não possibilitam precisão na medida e as coleções no suporte papel que foram consultadas estavam encadernadas, o que não permite descartar pequenos cortes no original, daí se apresentar a ordem de grandeza.

escolha e o silêncio em torno de uma publicação como *Museu Universal, Jornal das Famílias Brasileiras* (RJ, 1837-1844), atribuído ao fato de muitas das duas centenas de imagens, estampadas a cada ano de circulação, provirem do exterior.[28] Em relação a Portugal, no mesmo momento registrava-se o surgimento de *O Panorama, Jornal Literário e Instrutivo* (Lisboa, 1837-1868), profusamente ilustrado, considerado um marco na imprensa lusitana e pioneiro na substituição das antigas balas pelos rolos para impressão.[29]

Já a questão dos critérios para adjetivar um impresso como "ilustrado" abre outro ponto de discussão. É fato que as dificuldades em relação à disponibilidade de papel, tinta, maquinário e mão de obra especializada estão atestadas na própria imprensa brasileira do período, na qual não faltam declarações sobre esforços, sacrifícios e, não raro, desculpas endereçadas aos leitores diante de imperfeições, falhas e erros. Limitações que não impediram a presença, desde os albores do XIX, de detalhes visuais e diferentes ornatos (vinhetas, orlas, florões, capitulares ou pequenas gravuras), além de estampas encartadas na obra tipográfica.[30]

Há quem se esforce em diferenciar "periódicos com ilustração" dos "ilustrados", sob o argumento de que nos primeiros nem sempre havia articulação entre texto e imagem, aspecto tido como essencial no segundo caso, quando o material iconográfico cumpriria a função de apoiar a escrita e se articularia às próprias finalidades da publicação. Sem negar a importância e pertinência da tarefa, cumpre destacar que, para os nossos objetivos, tal distinção não se afigura decisiva, uma vez que a reflexão sobre as possibilidades de difusão da imagem no Brasil do Oitocentos não permite desconsiderar ocorrências bissextas e pontuais, tendo em vista que contribuíam, à sua maneira, para o processo de implantação de uma cultura da imagem, da qual igualmente participavam anúncios e rótulos.[31]

---

28 Cardoso, Projeto gráfico e meio editorial nas revistas ilustradas do Segundo Reinado. In: Knauss et al. (orgs.), *Revistas ilustradas:* modos de ler e ver no Segundo Reinado, p.18-22. O alvo das críticas é Sodré, op. cit., responsável por atribuir pioneirismo à *Lanterna Mágica*, afirmação sempre repetida. Vale lembrar que sua obra foi escrita na década de 1960, marcada por intenso debate nacionalista, o que contribui para compreender a escolha do autor.
29 Tengarrinha, *História da imprensa periódica portuguesa*, p.171.
30 As considerações baseiam-se em Andrade, op. cit., p.48.
31 Rezende, A circulação de imagens no Brasil oitocentista: uma história com marca registrada. In: Cardoso (org.), *O design brasileiro antes do design*, p.20-57.

Em meados do século XIX, as imagens aqui produzidas compareciam nos impressos de maneira ainda tímida, como se observa na *Minerva Brasiliense* (RJ, 1843-1845), que no seu segundo número, datado de 15 de novembro de 1843, trouxe encartada a célebre litografia colorida com dois beija-flores, sempre saudada pela sua qualidade técnica, um desenho do naturalista e médico francês Jéan Théodore Descourtilz (1800-1855) e com a execução de Heaton & Rensburg.[32] Muitos circularam com pranchas intercaladas, caso do *Correio das Modas* (RJ, 1839-1840) e de *O Guarani* (RJ, 1871), para citar títulos distanciados por várias décadas.

Não houve decalagem entre a difusão da litografia no Brasil e no restante do mundo, cabendo salientar que a técnica e a linguagem da pedra e do lápis se tornaram hegemônicos nos nossos periódicos do Oitocentos. Contrariamente à xilogravura, de escassa difusão no país em função das suas exigências no que concerne à mão de obra, o talho doce (metal) e a litogravura eram incompatíveis com a impressão tipográfica simultânea de texto e imagem, razão pela qual a dissociação entre esses elementos tornou-se o padrão dominante nas publicações produzidas localmente que circularam com ilustrações, isso até o final do século e independentemente da natureza do periódico.[33]

É instrutivo contrapor o já citado *Museu Universal* ao *Ostensor Brasileiro*, Jornal Literário e Pictorial (RJ, 1845-1846), pois enquanto no primeiro, que se valia de material vindo de fora, havia articulação entre a parte iconográfica e a textual, no segundo, cujo título já expressava o desejo de dar a conhecer o país, o que determinava as escolhas em termos visuais, vigorou a alternância entre o escrito e o icônico. Por certo, sempre será possível encontrar, em todos os gêneros de publicação, exceções honrosas, como a bibliografia dedicada ao assunto tem destacado,[34] circunstância que não invalida a constatação de ordem mais geral.[35]

---

32 Ferreira, op. cit., p.380-1.
33 Para os primórdios da imagem na Corte, ver: Santos, *A imagem gravada*. A gravura no Rio de Janeiro entre 1808 e 1853. Cabe lembrar o exemplo de Henrique Fleiuss (1824-1882) e as tentativas com a xilografia no seu Instituto Artístico Imperial.
34 Andrade, *História da fotorreportagem no Brasil*. A fotografia na imprensa do Rio de Janeiro de 1839 a 1900, p.37-44, fornece exemplos nesse sentido.
35 Para um estudo detalhado dos processos de impressão das revistas ilustradas no Brasil do século XIX e início do XX, ver a instigante tese de Fonseca, *As revistas ilustradas* A Cigarra *e* A Bruxa: a nova linguagem gráfica e a atuação de Julião Machado.

Sabe-se que a quase totalidade dos artistas e estabelecimentos gráficos fluminenses era constituída por estrangeiros, que desempenharam papel essencial num campo em que as inovações técnicas sucediam-se rapidamente, na Europa e nos Estados Unidos, sob a pressão da busca por tiragens, qualidade e preço. As dificuldades enfrentadas pelos que se aventuravam na arte da impressão – escravidão, escassa urbanização e diminuto público leitor – ajudam a entender por que o mundo das tipografias, com seus tipos, prensas, prelos, artistas do traço nas diversas modalidades (xilogravura, talho doce, litografia), era um território dominado, em grande parte, por imigrados, observação igualmente válida para editores e livreiros.[36]

Se por um lado a presença estrangeira evidenciava as limitações do meio e a falta de mão de obra especializada, aspectos tão bem explorados pela bibliografia sobre o assunto, por outro convida a refletir sobre as experiências de deslocamentos de indivíduos que, por motivos os mais diversos, decidiram exercitar seus talentos e habilidades além-mar, com desfechos variáveis – permanência no país, constantes idas e vindas, retorno definitivo ao lugar de origem com experiência e, por vezes, recursos e capital que asseguravam novas oportunidades de reinserção. Circulação facilitada e mesmo banalizada pelos meios de transportes, mas que imprimiu suas marcas e deixou rastros nas modalidades de diálogo e apropriação da escrita, da imagem, das referências e, de forma mais ampla, na cultura urbana.[37]

Pelo menos parte das publicações que se autodenominavam *ilustradas* tinha em mira o já citado gênero inaugurado pelo *The Illustrated London News*. No Rio de Janeiro, à *Ilustração Brasileira* (RJ, 1854-1855), *O Brasil Ilustrado*, Publicação Literária (RJ, 1855-1856) e *Ilustração Brasileira, Jornal Enciclopédico* (RJ, 1861), seguiram-se, já nos anos 1870, as duas tentativas de Charles F. de Vivaldi (1824-1902), *Ilustração do Brasil* (RJ, 1876-1880) e *Ilustração Popular* (RJ, 1876-1877) – versão mais econômica

---

36 Paula Brito, com suas múltiplas atividades, que incluíram a publicação da *Marmota na Corte* (RJ, 1849-1852), *Marmota Fluminense* (RJ, 1852-1857), *A Marmota* (RJ, 1857-1861 e 1864) e *O Espelho* (RJ, 1859-1860), com ilustrações e caricaturas, foi uma exceção. Ver: Ramos Júnior; Deaecto; Martins Filho, *Paula Brito*: editor, poeta e artífice das letras.

37 Entre nós veja-se o caso de Araújo Porto-Alegre (1806-1879), cuja estadia em Paris foi tão significativa para as atividades que empreendeu, como bem destacou Salgueiro, *A comédia humana*: de Daumier a Porto-Alegre. Igualmente caberia acompanhar os desdobramentos que a passagem pelos trópicos trouxe para a trajetória de Rafael Bordalo Pinheiro (1848-1905), para citar nome paradigmático da cultura portuguesa.

da primeira, destinada a um público mais amplo – e, ainda, a *Ilustração Brasileira:* Jornal de Artes, Ciências e Letras (RJ, 1876-1878), de Carlos e Henrique Fleiuss, títulos que se particularizavam no amplo universo de publicações que também faziam referência à imagem.[38]

Não cabe empreender a análise circunstanciada desses impressos fluminenses, objeto, do ponto de vista da imagem, seus propósitos e responsáveis, de estudos que têm contribuído para reavaliar as narrativas e informações visuais então disponíveis no Rio de Janeiro e as soluções técnicas mobilizadas para responder às demandas por esse tipo de produto.[39] Observem-se apenas a efemeridade desses empreendimentos levados a cabo entre nós, nas décadas de 1850 e 1870, e o fato de não haver registro de novas tentativas no decênio subsequente, testemunha das dificuldades que continuavam a rondar as publicações que exigiam imagens de qualidade apurada e diálogo com acontecimentos do cotidiano.

Ao lado da importação de gravuras, que seguia em voga, é preciso reconhecer as tentativas de colocar em prática a "nova linguagem do jornalismo ilustrado", a exemplo da estampa "Regata no dia 21 de maio de 1855 em Botafogo", que *O Brasil Ilustrado* trouxe em 31 de maio de 1855, "uma das primeiras da imprensa brasileira a ilustrar acontecimento contemporâneo", à qual se seguiram, nos exemplares de 1856, outras imagens confeccionadas a partir de fotografias.[40] Quase duas décadas depois, os problemas não

---

38 É preciso distinguir essas publicações da profusão de títulos jocosos que ganhou densidade a partir de meados do século e que também se autodenominavam "ilustrado/ilustrada", como era o caso da *Semana Ilustrada*, de Henrique Fleiuss, e da *Revista Ilustrada* (RJ, 1876-1898), de Angelo Agostini (1843-1910), para ficar em dois exemplos importantes, que configuraram um padrão de impresso com grande receptividade junto ao público. Para as folhas humorísticas, ver: Magno, *História da caricatura brasileira. Os precursores e a consolidação da caricatura no Brasil*, v.1.

39 Consultar: Andrade, Do gráfico ao foto-gráfico: a presença da fotografia nos impressos. In: Cardoso, Rafael (org.), *O design brasileiro antes do design*, p.60-93, além dos outros trabalhos do autor já citados; Azevedo, *Brasil em imagens. Um estudo da revista Ilustração Brasileira (1876-1878)*; Cardoso, Origens do projeto gráfico no Brasil. In: _____ (org.). *Impresso no Brasil*, p. 67-85; Costa, *A revista no Brasil do século XIX. A história da formação das publicações, do leitor e da identidade do brasileiro*; Ferreira, op. cit.; Fonseca, op. cit.; Santos, op. cit.

40 Cardoso, Origens do projeto gráfico no Brasil, op. cit., p.78. O autor destaca que, na mesma publicação, foi estampada a "Vista de uma parte da Serra de Petrópolis", em 31/05/1856, que envolveu operação complexa, pois a imagem foi "litografada por Sisson a partir de uma fotografia de Revert Henry Klumb que, por sua vez, reproduzia uma pintura de Agostinho José da Motta", conforme informou aos leitores o redator da revista, que também era professor da Academia Imperial de Belas Artes.

foram menores para as ilustrações de Fleiuss e Vivaldi, que não conseguiram levar adiante seus projetos.

A concorrência entre publicações da mesma natureza, num meio rarefeito em termos de leitores, não pode ser negligenciada quando se analisam os seus parcos resultados, ao que deve ser somado o fato de terem que fazer frente a um impasse quase intransponível: de um lado, não havia meios de atender às expectativas dos consumidores por temáticas que lhes eram próximas e, de outro, as imagens ofertadas a baixo custo no mercado internacional nem sempre interessavam aos rarefeitos compradores. A presença de Dom Pedro II na Exposição Universal da Filadélfia em 1876 foi uma feliz coincidência – não repetida – para Vivaldi, que mantinha acordos com publicações norte-americanas, graças aos quais pôde republicar ilustrações da viagem do monarca aos Estados Unidos, opção vedada aos irmãos Fleiuss.

Mariano Pina tinha, portanto, razão ao afirmar que oferecia um produto graficamente bem acabado e sem rival nos mercados português e brasileiro, aspecto que certamente teve papel importante na decisão de lançar o periódico. O fato também foi reconhecido por Rafael Bordalo Pinheiro, em carta remetida de Lisboa ao amigo poucos dias após o lançamento do primeiro número da revista:

> [...] a *Ilustração* está muito boa, muito elegante e espere-a de certo um êxito larguíssimo, se alguma coisa há a lamentar é não ser impressa em Portugal, para desenvolver e animar estes operários. Mas reconheço que era impossível fazê-la aqui com a mesma facilidade com que se faz em Paris, sobretudo nos novos e lindíssimos processos que hoje estão reproduzindo desenhos de maneira mais agradável, como os do último número da *Ilustração* francesa. Voltando à *Ilustração*, à tua, acho-a ótima e tanto que vou folhear com o maior interesse.[41]

Em 1888, era Eça de Queirós (1845-1900)[42] quem cogitava, juntamente com Mariano Pina, lançar uma revista que, apesar de pautar-se em proposta editorial bem diversa da dirigida por Pina, deveria conter *"des gravures –*

---

41 Carta de Rafael Bordalo Pinheiro a Mariano Pina, datada de 10/05/1884. BNP, Lisboa, Espólio N17/163.

42 A grafia do sobrenome variou ao longo do tempo. Optou-se por utilizar a grafia moderna (Queirós), respeitando-se, contudo, o título de obras que se valem das variantes Queiroz ou Queiróz.

non accompagnant tous les articles, mais, à la nouvelle mode anglaise, accompagnant les articles qui réclament des gravures, comme voyages, biographies, critiques d'art, etc", e por isso o escritor esperava imprimi-la em Paris. Entretanto, quando as circunstâncias impuseram a produção em Portugal, Eça foi obrigado a alterar o *"plan primitif* [...] *puisque c'est malheureusement un fait avéré qu'on ne peut pas imprimer à Portugal les gravures avec la netteté et perfection que j'aurais désiré"*,[43] um testemunho das limitações ainda vigentes.

Gazeta de Notícias e *A Ilustração*: reatando fios

Estabelecidas as possibilidades de realização de um projeto como o d'*A Ilustração*, cabe verificar de que modo ele se efetivou na prática. E aqui entra em cena o jornal fluminense *Gazeta de Notícias*, periódico considerado um dos marcos da inflexão conhecida pela imprensa diária brasileira na década de 1870. Fundado por José Ferreira de Souza Araújo, Manuel Rodrigues Carneiro Júnior e Elísio Mendes,[44] o primeiro número chegou às ruas em 2 de agosto de 1875 e custava bem menos que os concorrentes – 40 réis contra os 100 réis do *Jornal do Comércio*. O matutino inaugurou a venda avulsa em diversos pontos da cidade ("quiosques, estações de bondes, barcas, e em todas as estações da Estrada de Ferro D. Pedro II"), além de empregar garotos que percorriam as ruas do Rio de Janeiro alardeando as novidades.

---

43 Queirós, *Correspondência*. Cartas enviadas ao editor Jules Genelioux em 25/7/1888 e 20/8/1888, v.1, p.486 e 516. [Respectivamente, "gravuras – não acompanhando todos os artigos, mas viagens, biografias, críticas de arte, etc." e "plano primitivo {...} pois infelizmente é fato conhecido que não se pode imprimir em Portugal as gravuras com a nitidez e perfeição que eu desejaria".]

44 Há dados sobre a trajetória do médico e jornalista brasileiro José Ferreira de Souza Araújo (1848-1900), o que não ocorre com os outros fundadores, referidos genericamente como portugueses. Elísio Mendes pode ser considerado um empresário da imprensa e, até onde se sabe, foi autor de um pequeno livro, *Curso forçado*, impresso na tipografia da *Gazeta*, que reuniu suas colaborações econômicas para o jornal. O título era idêntico ao da obra de Júlio Robert Dunlop, que inspirou as suas observações. Rodrigues Carneiro, por seu turno, adquiriu em 1872 *O Mosquito*, jornal caricato e crítico (RJ, 1869-1877), no qual colaborou Ferreira de Araújo. A *Gazeta* deve ter sido idealizada na redação do semanário, tanto que, no prospecto de lançamento, a coluna dedicada à publicidade abriu-se com *O Mosquito*, ao que se soma o fato de ambas as redações localizarem-se na Rua do Ouvidor, número 70.

Aliás, o compromisso com a notícia e a informação era outra marca distintiva da *Gazeta*, tanto que o prospecto que anunciava o lançamento do novo matutino abriu-se com menção à agência Havas-Reuter e prometeu divulgar "diariamente todos os telegramas políticos e comerciais, tanto do país como do estrangeiro". O aspecto lúdico não era deixado de lado e assumia-se o compromisso de publicar, a cada dia, um folhetim-romance, outro de atualidades, ademais de "artes, literatura, teatros, modas, acontecimentos notáveis", ou seja, tratava-se de oferecer um periódico diversificado que, "não sendo folha de partido", abordaria apenas "questões de interesse geral", com o objetivo de "agradar ao público", daí a opção por um texto ágil e leve. Firmava-se, ainda, a intenção de abrir espaço para a correspondência de particulares, o que acabou por se consubstanciar na famosa seção "Publicações a Pedidos", que em muito colaborou para a fama da *Gazeta*.[45]

O jornal reuniu grandes nomes da literatura brasileira e são frequentes os depoimentos de escritores de proa – a exemplo de Machado de Assis (1839-1908), José do Patrocínio (1853-1905), Lúcio de Mendonça (1854-1909) ou Olavo Bilac (1865-1918) – referindo-se à importância e ao significado da *Gazeta* e de seu redator-chefe, Ferreira de Araújo, à testa do empreendimento até sua morte em 1900. O diário também contou com a presença sistemática de escritores portugueses – Oliveira Martins (1845-1894), Jaime Batalha Reis (1847-1934), Guilherme de Azevedo (1839-1882), Eça de Queirós e Ramalho Ortigão (1836-1915).[46] Ao último coube a primazia de estrear na folha em 1877 com suas "Cartas Portuguesas", na condição de correspondente em Portugal, tarefa desempenhada por Eça e Guilherme a partir de 1880, respectivamente em relação à Inglaterra e à França. O relacionamento dos responsáveis com a intelectualidade portuguesa antecedia à *Gazeta*, tanto que o convite para o caricaturista Rafael Bordalo Pinheiro instalar-se no Rio de Janeiro, em condições financeiras bastante favoráveis,[47] partiu do então proprietário d'*O Mosquito*, Manuel

---

45 Em 4/1/1875, começou a circular na capital paulista *A Província de São Paulo*, que, juntamente com a *Gazeta*, compunha o novo perfil do periodismo diário.
46 Sobre a importância da *Gazeta* nas relações culturais luso-brasileiras, ver: Miné, Ferreira de Araújo, ponte entre o Brasil e Portugal, *Via Atlântica*, n.8, p.221-9.
47 Bordalo partiu para o Rio de Janeiro em agosto de 1875, tendo retornado a Lisboa em março de 1879. O contrato estipulava remuneração mensal de 50 libras, quantia avultada para a época e que lhe permitiu trazer a família para o Brasil. Ver: França, Bordalo Pinheiro no Brasil. In: Araújo, (curad.), *Rafael Bordalo Pinheiro. O português tal e qual*.

Rodrigues Carneiro, semanário no qual também colaborava o português Henrique Chaves (1849-1910), por anos a fio redator da *Gazeta de Notícias* e que foi parceiro de Bordalo em *O Besouro*, folha ilustrada, humorística e satírica (RJ, 1878-1879), fundada pelo caricaturista. Naqueles meados de 1875, Carneiro, juntamente com Ferreira de Araújo e Elísio Mendes, estava envolvido no lançamento do novo matutino.

Assinale-se a proximidade entre Bordalo, Ramalho e Eça, indício da eficiência das redes que se estabeleciam entre os intelectuais. Ortigão, primeiro a estampar seus textos na *Gazeta de Notícias*,[48] era encarado pelos colegas como um importante mediador, tal como se depreende do seguinte trecho de carta (não datada) enviada por Fialho de Almeida (1857-1911), que se iniciava com um pedido de desculpas ("Vou lhe pedir um favor; e não sabendo se com ele o importunarei além dos limites da sua extremada benevolência, espero que V. Ex., me fale com franqueza, e tão rudemente quanto possa, si com este pedido eu o fatigar demasiado") para, logo em seguida, emendar:

> Eu tinha grande interesse em colaborar na *Gazeta de Notícias* do Rio, – motivos vários – já pelas compensações materiais que ela faculta, já pela liberdade de ação que oferece aos escritores, já pela esfera de público que ela prepara para o esgotamento de uma futura edição, se acaso eu me avantajasse à publicação de mais algum volume.

Os trechos são instrutivos no sentido de explicitar tanto algumas das vias de ingresso nas publicações (o favor e a indicação), quanto por listar todas as vantagens que a exibição frequente do nome num importante órgão da imprensa poderia trazer, em termos imediatos e de médio prazo, num mercado-chave para editores e escritores portugueses. A carta prossegue com o solicitante declarando-se informado das reformas empreen-

---

48 Joaquim e Francisco, irmãos do escritor, instalaram-se no Rio de Janeiro e amealharam fortuna no comércio de café. O primeiro tornou-se comendador e desempenhou funções importantes no âmbito da comunidade portuguesa, tendo sido presidente do Real Gabinete Português de Leitura entre 1885-1888, circunstância que pode ter contribuído para a presença precoce de Ramalho no matutino fluminense, se comparada a outros escritores portugueses. Sobre as atividades da família Ortigão no Rio, ver: Gorberg, *Parc Royal:* um magazine na modernidade carioca.

didas por Elísio Mendes nas seções do jornal, motivo pelo qual solicitava a "interferência" de Ortigão no sentido de indicar seu nome ao proprietário, "para colaboração fixa ou errática de qualquer das seções que ele [Elísio] iniciar na *Gazeta de Notícias*", apressando-se em acrescentar que não tinha a menor intenção de concorrer com o colega, em vista não apenas da diversidade de sua pretendida colaboração ("historietas, casos de rua, artigos de ocasião etc.") como pela "supremacia absoluta" do talento de Ramalho, num gesto de humildade que bem convinha em pedido dessa natureza.[49]

Por ocasião da Exposição Universal de 1878, a *Gazeta* financiou a viagem de Ramalho para a França, da qual resultou o livro *Notas de viagem* (1879), bem como assumiu as despesas de sua estada nos Países Baixos por cerca de três meses, a qual também se transformou em um volume, *A Holanda* (1885), considerado por muitos críticos a sua obra-prima. Antes de serem reunidas, suas impressões de viagem foram publicadas no matutino entre 1883 e 1885.[50] Ainda em 1878, entre maio e setembro, o jornal enviou José do Patrocínio para o Ceará com a missão de remeter informes sobre a inclemente seca que assolava a região. Seus textos, sob o título *Viagem ao Norte*, foram publicados no espaço destinado ao folhetim.[51] Patrocínio também remeteu fotos das vítimas para *O Besouro*, de Bordalo Pinheiro, a partir das quais foram feitas litografias sobre a terrível situação da população, apresentadas como cópias fiéis das chapas fotográficas. Os textos para a *Gazeta* e o material iconográfico difundido em *O Besouro* são considerados o primeiro trabalho jornalístico sobre a temática da seca, ainda que a declarada promessa de fidelidade das imagens reproduzidas deva ser relativizada, como bem aponta a bibliografia especializada.[52]

Essa prática de manter correspondentes permanentes – e/ou financiar viagens para obter relatos exclusivos – começou a generalizar-se no Brasil na década de 1880, quiçá pelo fato de a mera reprodução dos telegramas não

---

49 Carta de Fialho d'Almeida a Ramalho Ortigão. In: *Novas cartas inéditas de Eça de Queiróz [et alli] a Ramalho Ortigão*, p.226-8.
50 Zan, *Ramalho Ortigão e o Brasil*, p.87-92 e 133-9, respectivamente.
51 Sobre o tema, ver: Neves, A miséria na literatura: José do Patrocínio e a seca de 1878 no Ceará, *Tempo*, v.11, n.22, p.80-97.
52 Acerca da importância e do impacto das imagens, bem como das questões relativas à passagem da fotografia à litogravura, consultar: Andrade, *História da fotorreportagem...*, p.189-201.

atender às necessidades dos periódicos. Cabia ao correspondente, em primeiro lugar, analisar e comentar as compactas notícias remetidas pelos fios dos telégrafos, bem como remeter ele mesmo aquelas que julgasse muito importantes.

Joaquim Nabuco (1849-1910) parece ter sido um dos pioneiros a sair do país especificamente para o exercício da tarefa, tendo partido para Londres em dezembro de 1881 na condição de correspondente do *Jornal do Comércio*, em substituição ao inglês William Clark, falecido.[53] Alguns meses depois, era Lopes Trovão quem seguia para Paris tendo a incumbência de mandar notícias para o jornal de Quintino Bocaiúva. É preciso, contudo, relativizar o peso do termo correspondente, que então cobria um campo bastante diversificado de situações. Parece claro que, no caso de Trovão, sua ida à França foi motivada por necessidade de ordem política, à qual se juntou a oportunidade de remeter novidades para o Rio de Janeiro, mais como estratégia para garantir-lhe algum meio de sobrevivência do que para dar conta de demandas específicas do jornal do amigo Bocaiúva.

Vale contrapor o exemplo de Nabuco, que bem indica quão penosa era a tarefa a ser cumprida. O novato foi cuidadosamente treinado pelos superiores, tanto que as cartas por ele recebidas insistiam nas datas de remessa dos textos (8, 18 e 30 de cada mês) e davam instruções sobre "o formato e a grossura do papel, o uso de parágrafos (para não confundir os compositores), a divisão dos parágrafos na folha (nunca dividir um parágrafo entre duas folhas), a maneira de emendar as folhas, não usando alfinete, mas goma (não muita para não grudar as páginas), a tradução das citações em língua estrangeira, o uso de letra de forma nos nomes próprios etc.". O correspondente, por seu turno, reclamava do "esforço heroico", do "suor do seu rosto" e da baixa remuneração, apenas trinta libras para escrever três correspondências por mês.[54]

É bem provável que razões de ordem econômica levassem os jornais a convidar escritores que já residiam na Europa para atuar como correspon-

---

[53] Cabe lembrar o exemplo de Santa-Anna Nery (1848-1901), residente em Paris e que, desde fins de 1874, atuava como correspondente do *Jornal do Comércio* na cidade, respondendo pela coluna "Ver, ouvir, contar".

[54] Informações em: Carvalho, Introdução geral. In:_____; Bethell; Sandroni, *Joaquim Nabuco*, v.1, p.16-7.

dentes, tal como o fez o *Jornal do Comércio*, cujo representante em Paris era o brasileiro Santa-Anna Nery, e a *Gazeta de Notícias*, que contou com Eça, Ramalho e também com Guilherme de Azevedo, que acertou sua transferência de Lisboa para Paris em 1880. O poeta era próximo de Antero de Quental (1842-1891), Ramalho Ortigão e Rafael Bordalo Pinheiro, indício de que a escolha do jornal fluminense pode ter sido influenciada (ou, pelo menos, apoiada) por eles. Entretanto, Guilherme faleceu pouco tempo depois, em início de abril de 1882, deixando vago o prestigioso cargo,[55] que passou às mãos de Mariano Pina, com apenas 22 anos e, por certo, sem desfrutar do mesmo prestígio e experiência do antecessor ou dos demais correspondentes da *Gazeta*.

Pina estreou no jornalismo em 1878, no *Diário do Comércio* (Lisboa, 1876-1880), e logo passou a colaborar no *Diário da Manhã* (Lisboa, 1876-1884), para o qual redigiu diversas notas sobre artes plásticas.[56] Em 1879, manteve acirrada polêmica com Camilo Castelo Branco (1825-1890) a propósito do seu *Cancioneiro alegre*, que veio a público em abril do referido ano, contenda que lhe deu oportunidade de exaltar *As farpas* e *O primo Basílio*, evidência da proximidade com Eça e Ramalho.[57] Em texto não assinado, publicado em 1889 no *Diário Ilustrado* (Lisboa, 1872-1910), evocou-se a intervenção de Manoel Joaquim Pinheiro Chagas (1842-1895), destacado homem de imprensa, escritor e político português:

---

55 Sobre a sua trajetória, ver: Sá, *Guilherme de Azevedo na geração de 1870*; Azevedo, *Crônicas de Paris*. Não há acordo quanto à data de morte, que oscila entre 6 e 8 de abril.

56 Dados sobre Pina são escassos. Sabe-se que nasceu em 29/01/1860 em Alcobaça e que, por força da morte do pai, abandonou os estudos de medicina e dedicou-se ao jornalismo. Além dos periódicos citados, colaborou em diversas outras publicações lisboetas, com destaque para o *Correio Nacional* (Lisboa, 1893-1906), *Diário Popular* (Lisboa, 1866-1896) e *Jornal do Comércio* (Lisboa, 1853-1989). Fundou *O Espectro*, panfleto hebdomadário (Paris, 1890) e dirigiu *O Nacional* (Lisboa, 1890-1891). Atuou no mundo do teatro, como agente e tradutor, e ensaiou atividades na edição de livros. Ligado ao grupo de artistas que se reunia na Cervejaria Leão de Ouro, cunhou o termo "Grupo do Leão". Faleceu de tuberculose em 30/03/1899, em São João do Estoril.

57 Análise da contenda, com reprodução dos textos de Castelo e Pina, em: Cabral, *Polêmicas de Castelo*, v.VI, p.167-87 e, do mesmo autor, *Dicionário de Camilo Castelo Branco*, p.490-1, em que fica claro como Pina relativizou o juízo sobre o colega e reconheceu sua importância no cenário literário português. Na própria revista ele fez sua mea-culpa: Pina, Camilo Castelo Branco. Crônica, *A Ilustração*, ano7, v.7, n.12, p.178, 20/06/1890.

Se a memória nos não atraiçoa, Pina fez as suas primeiras armas no *Diário da Manhã* (hoje *Correio da Manhã*), tendo por diretor e mestre Pinheiro Chagas [...]. Os seus escritos tinham a feição alegre, moderna e elegante, mas pecavam às vezes por uns certos ressaibos de mordacidade cáustica e incômoda. Durante algum tempo, o moço escritor viveu só das letras, mas viveu uma vida difícil, porque, como é sabido, as letras em Portugal não dão para nada. E ele, sentindo-se com aptidões e atividade para o trabalho, queria ver esse trabalho recompensado, de forma a poder gozar uma existência mais desafogada e mais tranquila. Morrera, por esse tempo, Guilherme de Azevedo, correspondente em Paris da *Gazeta de Notícias* do Rio de Janeiro. Pina cobiçou o cargo vacante, Pinheiro Chagas intercedeu a favor desta pretensão, e a vaga foi preenchida conforme os desejos de ambos.[58]

O artigo foi reproduzido n'*A Ilustração* e o biografado fez questão de corrigir e precisar afirmações sobre sua trajetória, sem fazer, contudo, qualquer reparo em relação ao excerto citado, o que significa que subscrevia a informação.[59] De toda forma, parece assente que o jornalista mantinha relações e integrava redes diversas, capazes de alçá-lo ao posto.[60]

A 8 de abril, ou seja, data muito próxima à da morte de Guilherme de Azevedo, o editor da *Gazeta de Notícias*, Henrique Chaves, endereçou carta ao jornalista e crítico português[61] confirmando-o no lugar de Azevedo: "A tua proposta foi aceita com prazer. Estás nomeado correspondente

---

58 O Comitê da Exposição Portuguesa em Paris. Mariano Pina (secretário do Comitê). *Diário Ilustrado*. Lisboa, ano18, n.5893, p.1, 01/08/1889, reproduzido em *A Ilustração*, ano6, v.6, n.18, p.279, 20/09/1889.
59 As correções estão em Pina, Crônica. Ao meu biógrafo, *A Ilustração*, ano6, v.6, n.18, p.274, 20/09/1889. Por ocasião de sua morte, a *Gazeta* mencionou sua condição de ex-correspondente e fez questão de pontuar que ele "nos fora recomendado pelo ilustre Pinheiro Chagas". *Gazeta de Notícias*, anoXXV, n.92, p.1, 02/04/1899.
60 Vale lembrar os embates entre Pinheiros Chagas e Antero de Quental, Ramalho Ortigão e, sobretudo, Eça de Queirós, cuja acirrada polêmica com Chagas sobre a questão nacional data do início dos anos 1880. Ver: Mónica, Os fiéis inimigos: Eça de Queirós e Pinheiro Chagas, *Análise Social*, v.XXXVI, n.160, p.711-33.
61 O espólio dos irmãos Augusto e Mariano Pina está depositado na Biblioteca Nacional de Portugal sob o número N17. O acervo foi estudado por Elza Miné, cujos trabalhos forneceram pistas essenciais para a presente pesquisa. Ver, sobretudo: Mariano Pina, a *Gazeta de Notícias* e *A Ilustração:* histórias de bastidores contadas por seu espólio, *Revista da Biblioteca Nacional*, Lisboa, v.7, n.2, p.23-61, jul./dez. 1992, artigo no qual se transcreve parte da correspondência ativa e passiva de Pina.

da *Gazeta de Notícias* em Paris". As obrigações que envolviam o cargo (envio mensal de duas "Crônicas de Paris" assinadas, seis textos para a coluna "Correio de França", sem assinatura, além de notícias artísticas, recortes de jornais franceses, telegramas), o tom e as dimensões dos textos foram objeto de várias missivas, que revelam as expectativas dos proprietários, suas representações sobre o leitor da folha ("Não deves perder de vista que a *Gazeta* é uma folha popular... Escreve do modo que possas agradar ao maior número"), além de concepções sobre o gênero dos textos ("é preciso distinguir até na forma, o que é uma carta noticiosa, de um folhetim, que é sempre uma obra literária").[62] A preocupação em relação aos concorrentes fica evidente no caso da expedição dos telegramas ("sobre telegramas não se descuide, que queremos fazer disso atenção e atração... Passar os telegramas até cinco da tarde para que cheguem no mesmo dia").[63]

A carta de Henrique Chaves que formalizou a vinculação de Pina à *Gazeta* sugere que o jornalista ofereceu seus préstimos ao matutino fluminense, mas se o fez foi na certeza de contar com apoio para suas pretensões. Elísio Mendes apressou-se em cumprimentá-lo: "As suas três primeiras correspondências já publicadas agradaram [...]. Têm a amenidade que convém à *Gazeta*. Está compreendendo perfeitamente o gênero criado pelo jornal e seguindo-o. Dou-lhe os parabéns depois de os ter dado a mim",[64] frase que sugere ativa participação do proprietário na escolha.

A presença do correspondente em Paris expressava tanto as novas demandas das empresas jornalísticas nas décadas finais do século XIX quanto as possibilidades descortinadas para indivíduos que já desfrutavam de reconhecimento e sucesso no mundo letrado – ou, como parece ser o caso de Pina, ambicionavam alcançá-los – e que fossem capazes de responder às necessi-

---

62 Cartas de Henrique Chaves de 08/04 e 23/09/1882. À exceção da última citação, as demais estão na carta remetida em abril. BNP, Lisboa, Espólio N17/35. No espólio há cartas enviadas por Henrique Chaves (2), Ferreira de Araújo (17) e Elísio Mendes (19), responsáveis pelos rumos da *Gazeta*. Quinze cartas de Ferreira de Araújo foram erroneamente identificadas como sendo de Ferreira de Amorim.

63 Carta de Elísio Mendes, de 01/08/1882. Já na missiva datada de 12/09/1882, Mendes comemorava: "o seu telegrama do ministério veio com vantagem ao da Havas", enquanto em 02/03/1884 ele lamentava: "o seu telegrama sobre a derrota dos egípcios no Sudão foi expedido muito tarde". BNP, Lisboa, Espólio N17/165.

64 Carta de Elísio Mendes, enviada do Rio de Janeiro em 01/08/1882. BNP, Lisboa, Espólio N17/165.

dades da indústria da informação, que não eram pequenas. Questões ligadas ao desempenho do jornalista português continuaram frequentes durante os quase quatro anos em que foi correspondente e sugerem que a relação entre conteúdo literário e conteúdo noticioso dos seus textos ocupou o centro das preocupações, que também passavam pela remuneração dos serviços.[65]

Cinco das cartas enviadas por Elísio Mendes – 1882 (2), 1883 (1), 1886 (1) e uma sem data – não fugiram ao tom. Aliás, o jovem foi alertado de que ocupava posto prestigioso, cobiçado por brasileiros, o que indica que a sua situação era bem diversa da ocupada por Ramalho Ortigão e Eça de Queirós, nomes que conferiam prestígio ao jornal. Vale acompanhar as ponderações de Elísio, datadas de julho de 1884:

> Sabe que quando foi ocupar esse lugar – creio que lho disse – sofri grande guerra do jornal de [José do] Patrocínio, porque um jornal brasileiro ia ter um correspondente mandado de Lisboa para Paris, como se não houvesse brasileiros capazes de o ocuparem. A coisa em si é tola, mas sempre cala um pouco no espírito da plebe. Ora o amigo nas suas correspondências fala muito da sua qualidade de português, ou pelo menos transparece a cada momento [...]. O [Ferreira de] Araújo diz-me: eu bem sei que ele não conhece o Brasil, mas pode deixar de estar a fazer confrontos e dar conselhos e críticas a Portugal e portugueses, e evitar que esteja sempre na memória que o correspondente em Paris de uma folha brasileira não é brasileiro.[66]

As outras catorze cartas do ano de 1884 tiveram a revista *A Ilustração* como temática privilegiada e evidenciam claramente o protagonismo de Elísio no lançamento do periódico. Mariano Pina era comunicado das decisões e a ele solicitavam-se providências, num tom que não deixa margens para dúvidas. Na de 28 de fevereiro, primeira a tratar do assunto, lê-se:

> Tudo está pronto. *A Ilustração*, pois será este o nome, será exatamente igual à *Ilustração* francesa: 16 páginas, gravuras colocadas do mesmo modo, tendo uma gravura de menos, que será a da última página de dentro, a da penúltima

---

65 Ver as missivas de Ferreira de Araújo, datadas de 10/03/1883, 08/02/1884, 19/05 e 03/11/1885. BNP, Lisboa, Espólio N17/4, todas identificadas como sendo de Ferreira de Amorim.
66 Carta de Elísio Mendes a Mariano Pina, de 02/07/1884. BNP, Lisboa, Espólio N17/165.

página. Estou a ver se arranjo algumas das gravuras mais artísticas e vistosas dos *Dois Mundos*, do [Salomão] Saragga,[67] que ele vende baratíssimo, e servem para uma ou outra vez encher uma página, sem que o assinante dê por isso [...]. A data da *Ilustração* será a da saída dos paquetes de Bordéus [Bordeaux], 05 e 20 [...].[68] Por cá [Lisboa] anda tudo doido com o desastre que esta *Ilustração* traz a todas as outras. Todas tremem até o próprio *Ocidente*[69]. E o caso não é para menos. Pelo preço de 100 todas acham que é uma loucura a concorrência e que ninguém deixará de ser assinante.

---

67 Salomão Saragga (1842-1900) fundou *Os Dois Mundos*, Ilustração para Portugal e o Brasil (Paris, 1877-1881), impressa na França, ou seja, Mariano Pina e Elísio Mendes trilhavam um caminho já antes palmilhado e que continuaria a sê-lo com *A Revista:* Ilustração Luso--Brasileira (Paris, 1893), cuja direção estava a cargo dos portugueses José Barbosa (literária) e Jorge Colaço (artística), e com a *Revista Moderna* (Paris, 1897-1899), iniciativa do brasileiro, então radicado em Paris, Martinho Carlos de Arruda Botelho (1867-1914).

68 A revista estampava a data de embarque nos navios da *Messageries*, com previsão de distribuição em Lisboa e no Rio de Janeiro, no dia 15, a embarcada no dia 5, e no dia primeiro do mês subsequente, a remetida no dia 20 do mês anterior. Nota da Redação, *A Ilustração*, ano4, v.4, n.4, p.64, 20/04/1887. Contudo, era preciso contar com imprevistos, já que epidemias e quarentenas interfeririam na data de chegada, tanto que eram comuns as justificativas por atrasos. Embora a parada nos portos brasileiros não fosse o mote, vale acompanhar as considerações de Louis (dir.), *Les Colonies françaises. Notices Illustrées. Le Sénégal et Rivières du Sud*, p.164-5: "Les paquebots des Messageries ne touchent qu'à Dakar, puis ils vont au Brésil et à la Plata. Ils partent de Bordeaux le 5 et le 20 de chaque mois (à 11 heures du matin), et doivent arriver à Dakar le 12 (à minuit) ou le 29 (à 10 heures du matin). Le paquebot du 5 est le plus rapide (ligne subventionnée), sa vitesse réglementaire ne doit pas être au-dessous de 14 nœuds à l'heure, celle du 20 (départ non subventionné) est en moyenne de 12 nœuds 60. Ces navires touchent à Lisbonne, le 7 de chaque mois (à 4 heures du soir) et le 24 (à 6 heures du matin). Au retour, les paquebots des Messageries touchent à Dakar, ceux de la ligne subventionnée du 19 au 20 de chaque mois (de 7 heures du soir à midi le lendemain), et ceux de la ligne non subventionnée le 10 (de 4 heures du matin à 2 heures du soir). Ils sont de retour à Bordeaux le 27 et le 18 de chaque mois)". A linha subvencionada, submetida a regras contratuais, levava 53 dias para completar a jornada e a mais lenta, 58. ["Os navios da *Messageries* só tocam Dakar e seguem para o Brasil e o Prata. Eles partem de Bordeaux a 5 e 20 de cada mês (às 11 horas da manhã) e devem chegar a Dakar 12 (à meia-noite) ou 29 (às 10 h da manhã). O navio do dia 5 é o mais rápido (linha subvencionada), sua velocidade regulamentar não deve ser menor que 14 nós por hora, o do dia 20 (não subvencionado) atinge média de 12,60 nós. Esses navios chegam a Lisboa a 7 de cada mês (às 4 h da tarde) e a 24 (às 6 h da manhã). No retorno, os navios da *Messageries* chegam a Dakar, entre 19 e 20 de cada mês (entre 7 h da tarde e meio dia do dia seguinte), linha subvencionada, enquanto os da linha não subvencionada a 10 (entre 4 h da manhã e 2 h da tarde). Eles estão de volta a Bordeaux a 27 e 18 de cada mês".]

69 Referência ao periódico *O Ocidente*, Revista Ilustrada de Portugal e do Estrangeiro (Lisboa, 1878-1915), que contou com artistas gravadores portugueses, alcançou grande sucesso de público e foi uma das mais importantes publicações portuguesas no gênero ilustrado. Guilherme de Azevedo, um dos fundadores, afastou-se da revista para assumir o cargo de correspondente da *Gazeta* em Paris.

A expectativa era grande, tanto que a carta prosseguia com cálculos que previam tiragem, para Lisboa e Rio de Janeiro, respectivamente, em 3 mil e 4 mil exemplares no primeiro ano, 2.300 e 3.900 no segundo, e 2.200 e 3.800 a partir do terceiro, ou seja, 6 mil exemplares; instruções sobre a data da remessa dos prospectos dando conta do novo periódico (5 mil para o Brasil e igual montante para Portugal), com tiragem separada para cada país e que deveriam mencionar os preços, "a índole, o intuito, a perfeição artística etc. do jornal"; ponderações sobre os 40 mil exemplares (15 mil para Lisboa e o restante para o Rio) do jornal *bijou*, com "o programa da folha e o fac-símile da disposição literária. Nada mais. Coisa que se lê com algum interesse". Elísio lembrava que se deveriam mencionar os representantes em Portugal, David Corazzi, e no Brasil, mas sublinhava que "A *Gazeta* não figurará senão como *agente*, mas tanto basta para assegurar o bom resultado da empresa, ou pelo menos inspirar confiança a quem assinar a folha".[70]

O distribuidor português desfrutava de prestígio no cenário lisboeta e respondia pela edição da *Biblioteca do povo e das escolas* e pelos *Dicionários do povo*, coleções iniciadas em 1881 e que também eram vendidas no Brasil, onde a casa mantinha, desde 1882, sucursal com sede na Rua da Quitanda, número 40, Rio de Janeiro,[71] além de responder pela distribuição de vários periódicos, a exemplo de *Os Dois Mundos*.

Os documentos do acervo de Pina evidenciam que Corazzi acompanhou de perto todos os passos do empreendimento e que ele tinha acordo firmado com Elísio Mendes, sem que seja possível precisar a natureza exata de tal acordo. É provável que ele fosse mais do que um mero distribuidor, pois os contratos com o impressor francês eram feitos em nome da sua casa editora.

---

70 Carta de Elísio Mendes, enviada de Lisboa em 28/02/1884. BNP, Lisboa, Espólio N17/165 (grifo no original). Observe-se a referência a dois tipos de impressos que antecederiam o lançamento da revista: o prospecto e o jornal *bijou*, cujas tiragens previstas eram bem diversas.

71 Sobre David Corazzi (1845-1896), ver: Domingos, *Estudos de sociologia da cultura*. Livros e leitores do século XIX, p.11-134. Por ocasião da morte do editor, Caetano afirmou, em sua "Necrologia. David Corazzi" (*O Ocidente*, ano19, v.XIX, n.647, p.289, 15/12/1896): "Não se limitou David Corazzi a explorar o mercado interno de livros, mas alongou as suas vistas pelo Brasil onde fundou, no Rio de Janeiro, uma sucursal das *Horas Românticas*, tendo à frente desta sucursal o seu amigo José de Melo, que para ali foi dirigi-la. Os resultados desta sucursal foram, durante certo tempo, magníficos e permitiram o largo desenvolvimento que as *Horas Românticas* atingiu [...]". Disponível na HML. Cumpre notar que, até meados de 1885, o endereço foi Rua da Quitanda, número 40, quando foi alterado para o número 38 da mesma rua, sempre na capital do Império.

De todo modo, esses detalhes não eram públicos, como se observa na resposta, datada de 15 de outubro de 1885, que Corazzi enviou ao escritor Joaquim de Araújo (1858-1917), o qual insistia em receber a coleção da revista:

> Segundo o contrato que tenho com Elísio Mendes, proprietário da *Ilustração*, terei de pagar todos os números do mesmo jornal que tiverem saído do meu escritório sem ordem escrita de Mariano Pina [...] entenda-se com o Pina, para eu não ficar prejudicado sem necessidade alguma, será melhor conseguir a ordem escrita e enviar-me-á a fim de eu legalizar as minha contas. Eu não posso dispor do que não é meu.

No verso da folha, o destinatário barganhava abertamente com o diretor: "Peço-te que escreva ao Corazzi para que me envie a *Ilustração* desde o começo, no dia em que a receber envio-te uma poesia inédita do João de Deus (1830-1896) para tu publicares. Que diabo! Eu enviei-te sempre a *Renascença*, e não foi preciso que me escrevesse mais duma vez."[72] Pedidos do gênero eram frequentes. Xavier de Carvalho (1862-1919), de forma mais sutil, também condicionava a apresentação de novos originais ao recebimento da revista: "Enviei a V. uns versos meus para a sua magnífica *Ilustração*. Peço que me mande enviar os números publicados e os que se tencionem publicar. Enviarei mais original",[73] enquanto Valentim Magalhães (1859-1903), em abril de 1886, depois de solicitar o auxílio e proteção de Pina para Osório Duque Estrada (1870-1927) e sugerir que o diretor o encarregasse de escrever para a *Ilustração* "correspondências dando conta do nosso limitado movimento artístico", acrescia um pós-escrito nos seguintes termos; "um favor: manda ordem para que a agência da *Ilustração*, aqui do Rio, me presenteie com o 2º volume da dita. Breve remeterei trabalho em verso e prosa".[74]

---

72 Carta de David Corazzi, em papel timbrado da empresa, para Joaquim de Araújo (1858-1917), de 15/10/1885. No verso encontra-se a nota para Pina. BNP, Lisboa, Espólio N17/2. Joaquim de Araújo foi o editor de *Renascença: Órgão dos Trabalhadores da Geração Moderna* (Porto, 1878-1879). No acervo constam 28 cartas, remetidas entre 1884 e 1886, em muitas das quais reiterava o pedido, como na missiva sem data, mas que foi escrita em 1885: "Como te disse recebi pelo Corazzi os números do 2º ano da *Ilustração* – dá-lhe ordem para que me envie o 1º volume com a cartonagem, no que muitíssimo me obsequias".
73 Carta de Xavier de Carvalho a Pina, de 01/06/1884, enviada de Lisboa. BNP, Lisboa, Espólio N17/08.
74 Carta de Valentim Magalhães, enviada do Rio de Janeiro a Pina, em 03/04/1886. BNP, Lisboa, Espólio N17/269.

Na carta para Pina de 28 de fevereiro de 1884, anteriormente mencionada, Elísio também se preocupava com os acentos e outros sinais, que teriam que ser fundidos caso a tipografia francesa não os tivesse, e solicitava que Mariano obtivesse por escrito as condições do impressor francês e juntava cópia – infelizmente não preservada no espólio – das condições do distribuidor lisboeta, "em que a sua responsabilidade [de Pina] anda envolvida com a minha. Estude bem isso", afirmação que, por si só, não permite estabelecer claramente a natureza do compromisso de cada um. Referia-se às ordens dadas ao agente na França para fazer frente às despesas, ponderava sobre a conveniência de Pina contar com um auxiliar que "vá sabendo como as coisas se fazem" e isso não porque se preocupasse com a quantidade de trabalho do parceiro, mas por razões práticas, típicas de um investidor, "é preciso prevenir a hipótese de doença". Por fim, desculpava-se: "esta carta vai em grande desordem e muito baralhados os assuntos, porque os ia tratando conforme me vinham baralhadamente à memória".[75]

A própria forma da carta, um rol de instruções, informações, previsões e decisões que se sucedem sem seguir uma ordem ou plano, revela que o comando de toda a iniciativa estava com ele. Ao referir-se à página central da revista, sem maiores cerimônias, comunicava que a sua tiragem em separado "como a tínhamos imaginado" fora abandonada, pois "não dava grande economia e o jornal deixaria muito a desejar".[76]

E, de fato, o espólio indica que Pina esforçava-se para atender (e mesmo antecipar-se) aos pedidos de Elísio. Os contatos com o impressor francês já haviam sido iniciados e em 15 de novembro de 1883 – isto é, alguns meses antes da demanda de Elísio – a *Imprimerie de la Société Anonyme de Publications Périodiques* endereçou ao *"Monsieur Mariano Pina, 7 rue de Parme"* um orçamento para impressão de publicação ilustrada em português, "16 páginas no formato e gênero do *Monde Illustré*", estabelecendo que as despesas relativas ao processo de impressão montavam a 450 francos

---

75 Carta de Elísio Mendes, remetida de Lisboa a 28/02/1884. BNP, Lisboa, Espólio N17/165.
76 Por questões de limitação técnica, era comum o encarte de imagens nos impressos brasileiros do Oitocentos, questão que não se colocava para A Ilustração, impressa em Paris. A decisão foi posteriormente saudada por Corazzi: "Agradou muito aqui [em Portugal], no primeiro número da *Ilustração*, a gravura grande com as costas sem texto", o que permitia ao leitor guardar ou mesmo emoldurar a gravura com fins decorativos. Carta de David Corazzi a Pina, de 28/05/1884. BNP, Lisboa, Espólio N17/161.

para o primeiro milheiro e 100 francos para os seguintes, o que não incluía eventuais mudanças feitas pelos autores ou modificações de última hora, que importariam em cobranças extras. Tratava-se de preço estimado e que poderia variar, para mais ou para menos, após a impressão do primeiro número, paga antecipadamente, devendo quitar-se os subsequentes três dias após a entrega.

No que respeita às ilustrações, o impressor estipulava que os custos das gravuras eram de responsabilidade do cliente, mas oferecia, a preços módicos, sua coleção, vantagem importante quando se tem em conta que o grande atrativo da revista residia justamente na ilustração:

> *Les bois en cliché seront à votre charge; les clichés qui seraient pris par vous dans notre collection du Monde Illustré vous seront comptés – pour les reproductions en galvanos quinze centimes le centimètre carré, pour les reproductions réduites photographiquement pour faire un relief typographique vous seront comptés vingt-cinq centimes le centimètre carré – les droits de reproduction tout compris dans ces deux prix.*[77]

As condições foram aceitas, pois tanto no jornal *bijou* quanto na última página do número inaugural lia-se: "*Paris. Imprimerie de la Société Anonyme de Publication Périodique – P. Mouillot*". A origem dessa sociedade remonta ao grupo responsável pela edição do cotidiano *Le Moniteur Universel*, constituído por Ernest Panckouke, Charles Dalloz e Julien Turgan que, em 1854, adquiriram o imóvel localizado no Quai Voltaire, número 13,

---

77 Há quatro documentos relativos à impressão da revista no espólio: o orçamento, de 15/11/1883, no verso do qual Pina anotou: "1º orçamento da *Ilustração*", assinado pelo chefe do escritório central, que não pôde ser identificado, além de outros três: dois que não trazem data, mas que pelo conteúdo sabe-se que foram assinados em 1887 e 1888, tendo em vista que se referiam às edições que seriam publicadas em 1888 e 1889, respectivamente, e um último, de 16/10/1890, relativo à impressão de 1891, todos esses assinados por Mouillot. BNP, Lisboa, Espólio N17/202 e N17/224-A, respectivamente. Assim, independente do endereço da redação, pode-se afirmar que a revista sempre foi impressa em Paris. ["Os clichês em madeira serão de sua responsabilidade; os clichês provenientes da nossa coleção do *Monde Illustré* serão cobrados – para as reproduções em galvanos, quinze centavos o centímetro quadrado, para as reproduções reduzidas fotograficamente para fazer um relevo tipográfico, serão cobrados vinte e cinco centavos o centímetro quadrado – já compreendidos os direitos de reprodução nos dois preços".]

onde inicialmente instalaram as oficinas do jornal.[78] A sociedade, que substituiu o grupo do *Moniteur*, foi organizada a 21 de setembro de 1868, com Paul Dalloz à frente e sede no referido endereço. Por decisão do conselho administrativo, o prédio vizinho, de número 15, foi adquirido em 1876. Em fins de 1879, ou seja, alguns anos antes de assumir a incumbência de imprimir *A Ilustração*, a empresa, dotada de sólidos capitais,[79] era proprietária e imprimia rol diversificado de títulos: *Moniteur Universel, Petit Moniteur, La Petite Presse, Revue de France, Le Monde Illustré, La Presse Illustrée, Revue de la Mode, Le Journal de Musique, L'Avenir Militaire, Le Mosaïque* e *L'Art Contemporain*.[80] Compreende-se, portanto, que imagens já utilizadas por uma de suas publicações fossem oferecidas a preços de ocasião, o que era bastante vantajoso para uma revista destinada a Portugal e ao Brasil.

Segundo informação contida na própria *Ilustração*, P. Mouillot respondia pela gerência das oficinas da empresa, tanto que assinou três dos contratos conservados no espólio de Mariano Pina.[81] De fato, os números do *Journal Général de l'Imprimerie et de la Librairie*, relativos ao ano de lançamento da revista, identificam-no como impressor de livros e periódicos, a exemplo do que ocorreu no caso d'*A Ilustração*.[82] Nos volumes dedicados às crônicas do *Journal*, informa-se que a assembleia geral dos impressores, realizada em junho de 1884, escolhera os novos membros da câmara sindi-

---

78 Para o histórico dos imóveis localizados no Quai Voltaire, ver: Borjon; Pons (dir.), *Le Faubourg Saint-Germain. Le Quai Voltaire*.

79 Pina, Imprensa lisbonense. Crônica, *A Ilustração*, ano5, v.5, n.3, p.34, 05/02/1888, informa que da *Société* "[...] saem regularmente quinze publicações periódicas, todas de caráter diferente, todas com fins diferentes, todas dirigindo-se a diferentes públicos – e todas pertencendo à mesma Sociedade anônima, cujos negócios de tipografia atingem anualmente a bonita verba de cinco milhões de francos".

80 Dados sobre a fundação da sociedade e suas publicações em: Mollier, *O dinheiro e as letras. História do capitalismo editorial*, p.82-3. Para análise das atividades editoriais da família Dalloz, ver p.69-108.

81 Ao apresentar ilustrações da nova edição de *L'art d'être grand-père*, de Victor Hugo, impressa nas oficinas da *Société Anonyme de Publications Périodiques*, informava-se que graças "à extrema amabilidade do gerente desta casa, o sr. Mouillot, que nós devemos o prazer de oferecer aos nossos leitores alguns espécimes das gravuras que ilustram a obra". As Nossas Gravuras, *A Ilustração*, ano1, v.1, n.16, p.250, 20/12/1884.

82 No *Journal Général de l'Imprimerie et de la Librairie*, Deuxième série, TomeXXVII, 1884, p.365, depois de citar o nome completo, endereço da redação, data do primeiro número da revista, especifica-se: "*Grand in-4º, à 3 colonnes, 16 pages avec gravures, Paris, imp. Mouillot*". Disponível na BnF-Gallica.

cal, sem a preocupação de registrar o nome completo nem dos integrantes dos cargos principais (presidente honorário, presidente e vice, secretário e vice ou tesoureiro), tampouco dos outros seis integrantes, entre os quais se encontrava Mouillot.[83]

No período que antecedeu o lançamento do primeiro número da *Ilustração*, datado de 5 de maio de 1884, os aspectos financeiros e práticos da empreitada continuavam a predominar nas sucessivas cartas,[84] temperados por opiniões sobre a qualidade do prospecto, não conservado no espólio, do jornal *bijou* e de seu provável impacto: "Nunca por aqui [Lisboa] e pelo Brasil se fez uma distribuição, tal distribuição *sui generis*, utilíssima para anúncios é uma *novidade*, que despertará sem dúvida a curiosidades dos povos atlânticos e transatlânticos".[85]

Deste lado do Atlântico, o lançamento d'*A Ilustração* não foi menos rumoroso. Na *Gazeta de Notícias*, a partir de maio de 1884, multiplicaram-se os anúncios dando conta da futura publicação, assim como os comentários na coluna "Balas de Estalo", assinados por Lulu Senior, pseudônimo de Ferreira de Araújo,[86] e as referências na seção "Notas à Margem", numa das quais se lia:

> O que vou fazer hoje é francamente, redondamente – uma *reclame* à *Ilustração*. O leitor não tem o direito de me perguntar que nova ilustração é essa que vem a última hora visitar este país de ilustríssimos ilustradíssimos. E não tem esse direito o leitor – nem a leitora tampouco – porque há três dias cai sobre a

---

83 *Chronique du Journal Général de l'Imprimerie et de la Librairie*, 73ᵉ Année, 2ª série, n.24, 14 juin 1884, p.103. Já o *Bulletin de l'Association des Journalistes Parisiens*, Paris: Imprimerie Guillemot et Lamotte, n.41, p.31, 1926, noticia a morte de Philippe François Mouillot (1847-1925), o qual, na condição de redator do *Moniteur Universel*, foi um dos fundadores da sociedade, organizada em 1885. Ambos disponíveis no site da BnF-Gallica.
84 Distribuição das cartas relativas ao ano de 1884 preservadas no acervo: fev. (1), mar. (5, sendo 1 presumida), maio (4), jun. (2), jul. (1), ago. (1).
85 Carta de Elísio Mendes, datada de Lisboa, 23/03/1884, grifos no original. BNP, Lisboa, Espólio N17/165.
86 Eis um exemplo: "A leitora já recebeu a *Ilustração*? Já recebeu o pequenino número, o número *bijou*, assim chamado não só pelas dimensões, como pela gravura do centro, um *Tipo de beleza*, de Carolus Duran? [...] Se ainda não recebeu o jornal-*bijou* é porque não tem frequentado nestes últimos dias as casas mais *chics* da Rua do Ouvidor, onde se fez uma distribuição que excedeu todas as raias da prodigalidade". Senior, Balas de Estalo, *Gazeta de Notícias*, anoX, n.151, p.2, 30/05/1884.

cidade uma chuva de pequenitos exemplares de um jornalzinho, edição *bijou*, número grátis, com estampas e textos nitidamente impressos. Deste enxame de papelitos pode bem dizer-se, em remontado estilo metafórico, que é o batalhão alado de borboletas que servem de batedores à primavera [...]. Nessa imagem [...] o papel de primavera é desempenhado pela *Ilustração*. Além disso, desde anteontem que à porta desta folha está esse jornal exposto sobre tabuletas, que nem os cegos deixam de ver.[87]

Figura 1.1: Capa do jornal *bijou*.

Fonte: *Revista da Biblioteca Nacional*, Lisboa, v.7, n.2, jul./dez. 1992, encarte.

---

87 V. [Valentim Magalhães], Notas à Margem, *Gazeta de Notícias*, anoX, n.153, p.1, 01/06/1884. Em carta dirigida a Mariano Pina, de 20/07/1884, ele perguntava: "E a propósito: leu umas *Notas à margem* que escrevi sobre o 1º número da sua Revista?". BNP, Lisboa, Espólio N17/269.

Uma reprodução das oito páginas do famoso jornalzinho foi encartada na edição da *Revista da Biblioteca Nacional* de Lisboa, que trouxe o inventário do espólio dos irmãos Pina, sem maiores detalhes quanto à sua origem, que não figura entre os documentos descritos.[88] É provável que se trate de um fac-símile, com as mesmas dimensões do original (19 × 13,5 cm), em cuja capa estampava-se o busto da princesa de Gales, enquanto a página central trazia outra imagem feminina, o quadro de Carolus Duran intitulado *Tipo de beleza*, o que talvez indique o desejo de atrair a atenção desse tipo de público. Tal como havia sugerido Elísio, um texto leve e direto explicitava as características da futura publicação:

> O jornalsito que V. Ex.[as] tem agora entre as mãos, elegante e original, verdadeiro artigo parisiense, um jornal como ainda se não distribuiu outro assim entre nós – é a reprodução microscópica de uma grande folha de *16 páginas*, contendo nunca menos de *6 a 7 páginas* de gravuras de primeira ordem, executadas pelos artistas mais afamados da Europa. Esse jornal que se chama a *Ilustração*, imprime-se em Paris, numa das primeiras tipografias de Paris em trabalhos deste gênero.

E depois de insistir no preço módico, enfatizava-se a qualidade das imagens, patente nos dois exemplos contidos no jornal *bijou*, e asseverava-se que "ao lado de gravuras primorosas, puramente artísticas e de acontecimentos universais, os leitores da *Ilustração* hão de ter gravuras de assuntos exclusivamente portugueses e brasileiros". Promessa semelhante estendia-se à parte literária, que contaria com a "colaboração dos mais brilhantes escritores de Portugal e do Brasil", além dos "primeiros nomes da literatura francesa". E, efetivamente, uma nota anunciava para breve um inédito de Eça de Queirós, enquanto o jornalzinho estampava o

---

88 A *Revista da Biblioteca Nacional* (Lisboa, v.7, n.2, jul./dez. 1992) traz a reprodução do jornal *bijou* sem fazer qualquer comentário a seu respeito nem dar notícias sobre a localização do original. A consulta aos funcionários responsáveis pela seção dos reservados da Biblioteca Nacional foi infrutífera, pois ninguém foi capaz de precisar a proveniência do documento. Já o jornal *A Província de São Paulo* limitou-se a registrar o recebimento da publicação e elogiar, em breve nota, a qualidade das estampas e do texto. Ver: Livros e publicações recebidas, *A Província de São Paulo*, anoX, n.2768, p.2, 12/06/1884. O jornal anunciou, com frequência, os novos números da revista.

poema "Paris", do brasileiro Luiz Guimarães Júnior (1847-1898). Os dois parágrafos finais encerravam-se com o firme propósito de ser "o primeiro jornal ilustrado dos dois países a que se destina – pelo seu formato, pelas suas gravuras, pelo número de páginas e pelo seu preço", motivo pelo qual se solicitava o apoio dos leitores: "dignem-se V. Ex.ᵃˢ assinar a *Ilustração*. E se no fim do primeiro ano houver descontentes, para esses reservamos um brinde especial...".[89]

É notória a preocupação de Elísio em não associar seu nome à publicação, reservando à *Gazeta de Notícias* o papel de simples representante no Brasil, aspecto reiterado em mais de uma oportunidade nas cartas que remeteu a Pina. De fato, ele nunca foi mencionado, quer n'*A Ilustração*, quer nas oportunidades em que a revista foi citada na *Gazeta*. O espólio de Pina indica que os demais proprietários do jornal não tomaram parte na iniciativa, o que talvez explique os cuidados de Elísio em separar claramente esse seu empreendimento da condição de coproprietário da *Gazeta*. No Brasil, creditava-se a iniciativa d'*A Ilustração* apenas a Pina, como se constata na apresentação que a *Gazeta* fez da revista e de seu diretor, cuja adjetivação excessiva quiçá objetivasse legitimar a iniciativa aos olhos do leitor:

> A *Ilustração* define-se pelo título: é um quinzenário ilustrado, mas tão bem como os melhores da Europa e América, e tendo sobre valiosíssima recomendação esta outra: – é única em seu gênero para o Brasil, vem preencher uma grande lacuna. É seu diretor Mariano Pina, jovem e distintíssimo correspondente desta folha em Paris. Esse rapaz possui, além de um invejável talento, a têmpora inflexível e heroica de um trabalhador infatigável. É entusiástico, febril, arrojado, alegre, cheio de pujança, de inteligência e de coração. Há apenas dois anos que foi para a capital do mundo, para daí desempenhar o papel de correspondente desta folha, e já conhece perfeitamente e revolve a Paris inteiro! Conhece-o tanto que teve a ideia de aí fundar uma *Ilustração* para Portugal e o Brasil, e fundou-a e está a sua frente, quer na parte artística, quer na parte literária.[90]

---

89 Uma explicação, A Ilustração, p.2-3, 05/05/1884, Número grátis, grifos no original. In: Encarte da *Revista da Biblioteca Nacional*, Lisboa, v.7, n.2, jul./dez. 1992.
90 V. [Valentim Magalhães], Notas à Margem, *Gazeta de Notícias*, anoX, n.153, p.1, 01/06/1884.

Evidencia-se a nítida separação de competências: parte artística e literária com Pina, investimento e aspectos de ordem financeira, sobre os quais não há qualquer menção nos textos da *Gazeta*, a cargo de Elísio, que permanecia na sombra. Entretanto, não foram observados os mesmos cuidados em Portugal. Em 1884, o catálogo da Casa Editora David Corazzi reservou uma página inteira para informar o futuro lançamento d'*A Ilustração* em maio. É provável que se tratasse de versão próxima do prospecto mencionado na correspondência,[91] ainda que não tivesse gravuras, previstas por Elísio na sua correspondência com Pina.[92]

Depois de insistir na modéstia do preço, na qualidade da impressão das gravuras e da parte literária, esta última sob a responsabilidade de Pina, rematava: "Firmada a empresa em bases sólidas pelo senhor Elísio Mendes (um dos proprietários do importante jornal brasileiro *Gazeta de Notícias*) e sendo agente geral em Portugal esta casa editora, não haverá decerto hesitações acerca da seriedade com que vão ser dirigidos os destinos desta publicação".[93] Enquanto para o público brasileiro eram as qualidades intelectuais e morais do jovem Mariano que garantiam a empreitada, em Portugal o lastro advinha do prestígio do distribuidor e dos capitais aplicados por Elísio.

---

91 A hipótese é reforçada pela carta enviada por Eça de Queirós a Mariano Pina, em 26/03/1884, ou seja, antes do lançamento da revista, na qual se lê: "O prospecto da *ilustração* é bom, como promessa de tipo, papel e gravura. Parece-me porém que tem o *ar estrangeiro* demais – e que Você no prospecto devia prometer também vistas de Portugal e Brasil, ilustrações do [sic] sucessos passados nesses países onde não sucede nada, e retratos dos seus grandes homens... O burguês d'aquém e d'além mar gosta sobretudo de *bonecos* que digam respeito ao seu bairro". BNP, Lisboa, Espólio N17/130. Note-se que as sugestões de Eça foram seguidas no jornal *bijou*, o que permite concluir que o prospecto foi produzido antes do deste.
92 Em carta de 17/03/1884, Elísio afirma: "O prospecto fez-me a mim e ao Corazzi magnífica impressão. A gravura é um primor". BNP, Lisboa, Espólio E17/165. Observe-se que Eça não fez menção explícita a gravuras, referindo-se apenas a promessas. Na *Gazeta de Notícias* não foram encontradas referências ao prospecto d'*A Ilustração*, contrariamente ao que ocorreu com o jornal *bijou*, amplamente comentado; já no espólio não há desses materiais. É provável que, na carta citada, Elísio se referisse ao jornal *bijou*, a despeito de utilizar a palavra prospecto.
93 Catálogo da Casa Editora David Corazzi. Empresa Horas Românticas. Lisboa: Casa Editora David Corazzi, 1884, p.53. O endereço da filial no Brasil era Rua da Quitanda, número 40, e o gerente era José de Melo.

Figuras 1.2 e 1.3: Anúncio d'*A Ilustração* no catálogo da Casa David Corazzi e na *Gazeta de Notícias*, 1884.

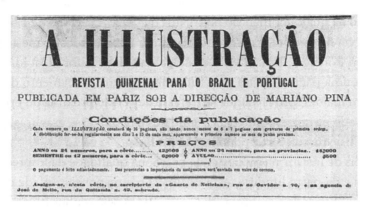

Fonte: *Gazeta de Notícias*, anoX, n.134, 13/05/1884, p.4. O anúncio foi insistentemente reproduzido nos dias subsequentes.

Fonte: *Catálogo da Casa Editora David Corazzi*. Empresa Horas Românticas. Lisboa: Casa Editora David Corazzi, 1884, p.53. Biblioteca Nacional de Portugal.

O fato de somente o nome de Pina figurar como responsável nas páginas da revista constituía-se num trunfo importante e que desde logo lhe assegurou outro tipo de acesso ao mundo letrado, uma vez que impressos periódicos são espaços de poder tanto simbólicos quanto bem concretos, que se materializam, por exemplo, na decisão de franquear (ou não) as páginas da publicação e de oferecer compensações materiais pela colaboração. Exemplo da repercussão do lançamento d'*A Ilustração* em Portugal é o excerto de carta enviada de Lisboa, em junho de 1884, pelo poeta português Cesário Verde (1855-1886), seu companheiro dos tempos do *Diário da Manhã*:[94]

> A sua *Ilustração* impressa neste tumultuoso Paris, em formato grande, composta por tipógrafos franceses que devem achar muito drôle a abundância de *til* e a falta do *acento grave*, anunciada com reclames estonteantes e um taraze ensurdecedor nesta pacífica Lisboa, tão morna e tão dorminhoca, a sua *Ilustração* duma tiragem muitíssimo reparável, fez-me nascer o desejo de lhe oferecer a Você minha colaboração. Conquanto V. não me enviasse o seu cartão de convite, o meu ideal de luxo e a minha pretensão de ver os meus versos numa elegante toilette parisiense, instigaram-me a recomendar-lhe um pequeno poema que fiz com todo o esmero de que sou capaz, e cujas provas eu quero ver pessoalmente no caso de ser publicado.[95]

Bem diverso era o tom do gravador e aquarelista Luciano Lallemant (1863-1929), que na mesma época escreveu a Pina nos seguintes termos: "Peço-te [...)] se me podes arranjar algum trabalho de gravura, podendo eu reproduzir desenhos, fotografias de quadros portugueses e costumes etc. para a *Ilustração* de que tu és digno e zeloso diretor". E depois de se referir às dificuldades de viver da arte, apelava para a amizade: "Se há de dar a ganhar a um estranho que não conheces mais deves ajudar um amigo [...]. Tu conheces a mim e minha família e sabes que somos pessoas de confiança.

---

94 Cesário Verde frequentava a redação do *Diário da Manhã*, integrada por Pinheiro Chagas, Guilherme de Azevedo, Gervásio Lobato, Urbano de Castro, Jaime Batalha Reis, Fialho de Almeida, Fernando Caldeira, João Costa, Augusto de Melo, conforme evocou o próprio Pina, Crônica, *A Ilustração*, ano1, v.1, n.9, p.130, 05/09/1884.

95 Carta de Cesário Verde, remetida de Lisboa em 29/06/1884. BNP, Lisboa, Espólio N17/292 (grifos no original; as palavras em língua estrangeira foram mantidas sem grifos, tal como no original).

Aqui fico esperando a tua amável resposta, suplicante que não te esqueças de mim e de quem é teu verdadeiro amigo".[96]

A presença constante nas páginas da *Gazeta*, como correspondente na cidade que era sinônimo de cultura e que arrancava suspiros nos quatro cantos do mundo, teve efeitos imediatos na carreira do jovem jornalista,[97] que pouco depois acumulou a condição de diretor de uma elegante publicação ilustrada. Nas palavras de um contemporâneo:

> Os jornais de Lisboa começaram a transcrever as correspondências do moço jornalista [publicadas na *Gazeta de Notícias*], encomiando-as, e a cotação literária de Mariano Pina, já bastante elevada, subiu a olhos vistos. Em Paris há muito que ver, e ele sabia contar, ferindo sempre a nota precisa.
>
> Um belo dia, o seu nome aparece-nos na cabeça de um magnífico jornal português, impresso e publicado em Paris – *A Ilustração*, que rivaliza com as suas congêneres francesas. Mariano Pina arvora-se em diretor desta excelente publicação, firmando crônicas por vezes brilhantes.[98]

Não admira que também do Brasil partissem ofertas explícitas de colaboração para *A Ilustração*, fosse dos que não haviam recebido convite para tanto[99] ou daqueles que, como Valentim Magalhães, à época responsável pela coluna "Notas à margem", publicada quase diariamente na *Gazeta de*

---

96 Carta de Luciano Lallemant a Mariano Pina, datada de 09/07/1884, única conservada no espólio. BNP, Lisboa, Espólio N17/111.

97 Ver carta que Carlos de Moura Cabral enviou-lhe em 08/02/1885 solicitando, em nome dos antigos colegas, colaboração para o *Correio da Manhã*, na qual se fazem nítidas as vantagens de estar em Paris, livre das lidas de ordem burocrática: "Este meio é pobríssimo de acontecimentos; tu, em Paris, encontra-os a cada passo... Como homem de letras deves avaliar bem essa felicidade. E depois nós todos, com as nossas ocupações de escritório ou de secretaria, temos forçosamente, de lutar muito para fazermos alguma coisa em favor deste jornal, que só nos dá a vantagem de fazermos alegremente...". BNP, Lisboa, Espólio N17/59. Para comentários sobre textos de Pina, publicados na imprensa lisboeta, e pedidos de colaboração, ver: BNP, Lisboa, Espólio N17/09, N17/59, 105, N17/177 e N17/276.

98 O Comitê da Exposição Portuguesa em Paris. Mariano Pina (secretário do Comitê), op. cit.

99 Ver carta enviada do Rio de Janeiro, em 19/03/1885, pelo escritor e professor José Júlio da Silva Ramos (1853-1930): "É bem possível que nem já se recorde de quem lhe escreve esta carta. A mim tem-me sido fácil imaginar-me na sua alegre convivência, porque tenho acompanhado o seu espírito, passo a passo, nas correspondências para a *Gazeta de Notícias* e, ultimamente, na *Ilustração*. É para este último jornal que eu envio incluso soneto, se lhe não parecer que chega aí fora de tempo. Aqui fico às ordens". BNP, Lisboa, Espólio E17/142.

Figuras 1.4 e 1.5: Busto e monograma de Mariano Pina.

Fonte: *Diário Ilustrado*, Lisboa, ano18, n.5893, p.1, 01/09/1889, disponível na BNP-BND. Monograma de Mariano Pina. BN, Lisboa, Espólio N17/451.

Notícias, eram distinguidos com solicitações. Magalhães, quiçá justamente por ser figura admirada e próxima dos proprietários da *Gazeta*, esteve entre os contatados logo à primeira hora, tanto que em 20 de julho de 1884 remetia do Rio de Janeiro resposta à solicitação de Pina para que ele e os amigos colaborassem com a futura publicação. A longa missiva era acompanhada de produções suas e de Alberto de Oliveira (1857-1937), Filinto de Almeida (1857-1945), Luís Delfino (1834-1910), Luís Murat (1861-1929), Raimundo Correa (1859-1911), Silvestre de Lima (1859-1949), além da promessa de trabalhos em prosa, já solicitados, "segundo a tabela da *Ilustração* e de acordo com a autorização da sua carta de 04 de maio". A informação é importante, pois indica que, se os poemas eram remetidos graciosamente, pelo menos parte das colaborações em prosa era paga, o que por certo contava na decisão de participar da empreitada.

Valentim foi além e, depois de reafirmar seu apreço pela publicação – "Tenho gostado imenso da *Ilustração* e todo o meu desejo é poder auxiliá-la. Independentemente de outros motivos – presto-me a lhe dedicar toda a minha boa vontade" –, ponderava:

Tive, entretanto, uma ideia. Pareceu-me que V, precisaria constituir aqui um correspondente, espécie de diretor, ou coisa que o valha – no Brasil – o qual se incumbisse de alimentar continuamente uma colaboração escolhida e boa, de forma a tornar a revista extremamente variada e abundante em textos de escritores de ambos os países. Presto-me a isso se lhe aprouver. Como, porém, terei de fazer despesas com Correio e outras, se V. arranjar qualquer verba que dê para cobrir esses gastos – não será mau.

A condição de diretor ou correspondente, além de representar uma fonte constante de recursos, oferecia ao proponente a chance de atuar como representante oficial da revista no Brasil. Os argumentos apresentados possibilitam a compreensão de que Valentim não sabia da participação de Elísio Mendes no negócio, até porque ponderava: "A *Gazeta* pode servir-lhe como correspondente comercial, para o expediente da folha; mas não acredito que possa prestar os mesmos serviços, como correspondente literário", uma vez que "não estão no íntimo da *colmeia literária*, não acompanham tão de perto e com o interesse que por acaso alguém suponha e fora para desejar". A justificativa estaria, na opinião de Valentim, na separação entre jornalismo e literatura, na medida em que o público clamaria pelo primeiro e não pela segunda.

É plausível que o poeta, assíduo colaborador da imprensa, expressasse a tendência, que já se insinuava, de os jornais priorizarem a informação e a notícia. Sem muita modéstia, ele se apresentava como especialmente talhado para desempenhar a pretendida função, pois: "Justa ou injustamente, com ou sem direito a isso, estou hoje intimamente ligado aos mais distintos representantes das nossas letras e sou honrado com a sua estima e simpatia". Quiçá preocupado em não ultrapassar os limites e comprometer o diálogo, afavelmente declarava: "Quando mesmo não possa realizar-se o que me lembrou propor-lhe, continuarei a fazer pela sua interessantíssima publicação quanto em mim couber". A amabilidade e a deferência de Magalhães desapareceram na carta subsequente, bastante ríspida diante da demora tanto da resposta de Pina quanto da publicação do que lhe fora enviado, o que revela o quanto figurar na revista era considerado importante.[100]

---

100 Carta de Valentim Magalhães a Pina, de 20/07/1884 (grifo no original). A subsequente está datada de 15/10/1884. BNP, Lisboa, Espólio N17/269. Porém, numa Nota da redação,

À posição de editor somava-se o fato de Pina residir em Paris, trajeto obrigatório para escritores, artistas e diplomatas, refúgios de exilados, não raro reunidos em torno de comunidades nacionais e/ou linguísticas. É compreensível que Lopes Trovão, militante republicano brasileiro saído do Rio de Janeiro, e Mariano Pina, enviado à capital da França pelo jornal fluminense *Gazeta de Notícias*, tivessem se conhecido. Em fevereiro de 1883, cartas discutiam a possibilidade de o primeiro alugar moradia deixada pelo segundo.[101] Não é improvável que tenham se cruzado no Café Bas-Rhin, localizado no Boulevard Saint Michel, ponto de encontro de portugueses e brasileiros que moravam ou passavam por Paris.[102]

Importa destacar que o proprietário da *Gazeta* percebeu possibilidades de lucro num segmento específico da imprensa e, não sendo talhado para a empreitada, valeu-se do seu correspondente em Paris, que não desfrutava do prestígio de outros colaboradores internacionais da *Gazeta*, para levar adiante a empreitada, comparecendo como investidor oculto do negócio, pelo menos no Brasil. Pina, por sua vez, assumiu por inteiro as múltiplas tarefas que compreendiam a função de editor, que acumulou com a de correspondente e cronista da *Gazeta*. Aliás, Elísio foi bem explícito e, ao rece-

---

A Ilustração, ano1, v.1, n.9, p.142, 05/09/1884, lê-se: "*A Ilustração* acaba de receber as mais simpáticas adesões de poetas e prosadores brasileiros que vão honrar as colunas da nossa revista com a sua colaboração. A publicar proximamente vários sonetos inéditos do distinto poeta Luiz Delfino e um trabalho em prosa de Valentim de Magalhães". Esse volume deveria ter chegado às mãos dos leitores em 01/10, mas os problemas causados pelo surto do cólera na França comprometeram as remessas de mercadorias, conforme se informa em: Idem, ano1, v.1, n.10, p.146, 20/09/1884 e Idem, ano1, v.1, n.13, p.194, 05/11/1884.

101 No espólio há três cartas de Trovão, datadas de 16/02 e 05/03/1883 e outra de 22/02, sem indicação do ano, mas cujo conteúdo permite remeter a 1883. BNP, Lisboa, Espólio N17/277. Não é possível determinar o endereço que Pina estava prestes a abandonar, dado que os envelopes não foram conservados. Trovão registrou o seu no corpo da missiva: Rue Gay-Lussac n. 45, mas acabou não se mudando para a morada deixada pelo amigo.

102 Sobre as reuniões e os frequentadores, ver a evocação de: Pina, Crônica. O grupo do Bas--Rhin, *A Ilustração*, ano2, v.2, n.14, p.210, 20/07/1885, que menciona Trovão. Em carta a Bordalo, remetida do Grand Hotel du Globe n. 50, Rue des Écoles, assim que chegou a Paris, afirmou: "[...] estou contentíssimo de aqui estar e sinto que vou levar uma vida feliz. Paris é encantadora por todos os modos. Só é detestável a vida do café como no Bas-Rhin. As primeiras noites bastou (sic) para me enfastiar e para entrar lá apenas pela novidade de encontrar um ou outro amigo com que vá passear". A carta não está datada, mas foi escrita em meados de 1882 e revela que ainda não estava hospedado num hotel. BNP, Lisboa, Manuscritos avulsos, A/5866.

ber em Lisboa o primeiro número da revista, escreveu: "Recomendo-lhe de modo que não deixe de se dedicar ao serviço da *Gazeta* e não se esqueça de mandar correspondências noticiosas. É preciso que aquela não seja prejudicada pela nova folha".[103]

Concretização do projeto

A revista instalou-se, entre maio e junho de 1884, na Rue de Parme n. 7. É curioso notar que tal endereço já fora mencionado no orçamento do impressor, datado de 15 de novembro de 1883, o que pode sugerir tanto que o escritório da redação foi instalado bem antes do lançamento ou, o que parece mais provável, que não havia distinção entre a morada de Pina e o endereço da revista. A hipótese é reforçada por carta enviada de Lisboa pelo amigo Carlos de Cabral que, em 8 de fevereiro de 1885, lamentou que ele não tivesse recebido os exemplares do *Correio da Manhã*, jornal lançado por seus ex-companheiros de imprensa em 1º de dezembro de 1884, nos seguintes termos: "Desde que se publica o *Correio da Manhã* tivemos o cuidado de lho mandar para a Rue de Parme, mas vejo que tu mudaste e que não o recebeste. Senão depois que a tua carta veio dizer-nos que lho enviássemos para a Rue de Saint-Pétersbourg". Cabral era um correspondente assíduo e para o ano de 1884 registram-se várias missivas, a última datada de 28 de novembro.[104]

---

103 Carta de Elísio Mendes a Mariano Pina, de 02/05/1884. BNP, Lisboa, Espólio N17/165.
104 Carta de Carlos de Moura Cabral, de 08/02/1885. BNP, Espólio N17/59. Conta-se apenas com indícios a respeito dos endereços pessoais de Pina. É certo que em março de 1883 residia na Rue d'Assas n. 87, conforme declarou em texto no *Diário da Manhã* de Lisboa de 15/03/1883, p.1-2, e também atesta bilhete-postal enviado por Eduardo Garrido no mesmo momento. BNP, Lisboa, Espólio N17/180 e N17/117, respectivamente. As cartas de Trovão há pouco citadas foram trocadas nessa época. Um ano e meio depois, escreveu a Reis Batalha: "Peço-lhe que dirija cartas e original para o escritório [da revista, Rue Saint-Pétersbourg n. 6]. Vou por estes dias mudar de meu apartamento de *garçon* para a minha casa definitiva – para me inscrever no rol dos homens que se prezam". BNP, Lisboa, Espólio E4, Caixa 35, maço 35, carta datada de 15/10/1884. Não foi possível precisar a que endereço ele se referia: Rue d'Assas n. 87 ou Rue de Parme n. 7? Tampouco há menção ao novo endereço. O que se sabe, com certeza, é que morou, pelo menos desde abril de 1886, na Rue d'Aumale n. 27, onde permaneceu até o seu regresso definitivo a Lisboa.

Entretanto, a revista já estava instalada na Rue Saint-Pétersbourg n. 6 desde julho de 1884 e lá permaneceu até novembro de 1885, indício de que a redação saiu da Rue de Parme, que talvez tivesse continuado a ser o endereço pessoal de Mariano Pina (ver Tabela 1.1, nas p.94-5). Destaque-se a existência de cartas remetidas em papel timbrado da revista que traziam o novo endereço, o que não ocorre com o antigo, que pode ser considerado provisório.

Figura 1.6: Papel timbrado d'*A Ilustração*.

Fonte: BNP, Lisboa, Espólio E20/Cota 2115. Carta remetida por Mariano Pina a Oliveira Martins em papel timbrado da revista em 31/03/1885.

O lançamento parecia indicar resultados promissores, pelo menos em Portugal. Em fins de maio de 1884, Corazzi apressou-se em enviar cumprimentos ao diretor: "Continue o amigo a enviar números como os dois publicados e deixe a direção dos negócios por minha conta. Dentro de seis meses devemos ter 5.000 assinantes em Portugal".[105] O entusiasmo inicial também foi registrado por Elísio:

> O Corazzi está animadíssimo. Ele precisa de mais números [...]. Para o Brasil também acho, apesar de não saber ainda do que por lá se faça, deve haver aumento na edição. Para aqui [Lisboa] vieram 3.000 [exemplares] do primeiro [número]. Do segundo não sei quantos vem. Do terceiro devem vir 5.000 e igual número daí em diante. É preciso portanto reimprimir o primeiro e o segundo números.

---

105 Carta de David Corazzi a Mariano Pina, de 28/05/1884. BNP, Lisboa, Espólio N17/161.

Do primeiro tirar mais 3.500, sendo 2.500 para Lisboa e 1.000 para o Rio. Do segundo tirar um número de exemplares que complete 5.000 para Lisboa e 1.000 para o Rio, isto é, um número que complete também 5.000 para o Rio. De modo que do terceiro número por diante são 5.000 para Lisboa e 5.000 para o Rio. A reimpressão dos dois números é preciso fazê-la com toda a brevidade possível, mandando-a para aqui logo esteja pronta e pelo primeiro paquete. Os números reimpressos para o Brasil podem ir juntamente com a primeira remessa quinzenal dos paquetes franceses em que calhar.[106]

E, efetivamente, no terceiro número da revista há notas comemorando a venda de 6 mil exemplares em Portugal e a promessa de reimpressão dos dois primeiros volumes, de modo a atingir a casa de 9 mil, totais que podem ser considerados superestimados, tendo em vista as ordens de Elísio. No que tange ao Rio de Janeiro, não há dados específicos, a não ser a referência genérica de que "êxito igual nos auguram do Brasil".[107] Contudo, a correspondência indica várias dificuldades, pelos menos nos momentos iniciais. Assim, o primeiro número estampava a data de 5 de maio, o que significa que deveria ter chegado ao Rio de Janeiro no dia 15. Entretanto, no exemplar da *Gazeta de Notícias* que circulou na sexta-feira, dia 30 do referido mês, anunciava-se "talvez para domingo" a sua distribuição,[108] o que sugere que houve decalagem entre a impressão e a distribuição. Já a edição subsequente, datada de 20 de maio, só foi despachada em 5 de junho e deveria ter chegado ao Rio de Janeiro no final desse mês. Porém, em 2 de julho, Elísio ainda não tinha notícias do paradeiro do segundo número. E esse não era o único problema:

O [Ferreira de] Araújo diz-me que o público embirrou deveras com a diferença de preço entre Portugal e Brasil e que ameaça mandar assinar indireta-

---

106 Carta de Elísio Mendes a Pina, sem local e data, mas cujo conteúdo remete ao momento subsequente ao lançamento da revista. BNP, Lisboa, Espólio N17/165.
107 Expediente, *A Ilustração*, ano1, v.1, n.3, p.35, 05/06/1884, e na p.47: "Nunca esperávamos semelhante êxito – esgotaram-se os 6.000 exemplares de um só número – e vamos refazer inteiramente todo o trabalho dos dois números. Prevenimos portanto aos nossos assinantes que já demos todas as ordens à nossa tipografia de Paris para que se faça nova tiragem dos números que faltam, devendo ser expedidos com o 4º e 5º números".
108 Senior, Balas de Estalo, *Gazeta de Notícias*, anoX, n.151, p.2, 30/05/1884.

mente a Lisboa e que embora o não faça não assina por embirração. No dia 15 [de junho], isto é, 15 dias depois de distribuído o 1º número, só havia 250 assinaturas, segundo me diz o empregado da administração Júlio Braga [...]. O Júlio diz-me também que lhe parece impossível colocar mais de 2.000 números. Enfim o horizonte escurece e eu estou em dúvida se se deve ou não diminuir a edição para o Rio. Daqui [Lisboa], um grande sucesso (3.000), mas do que não se recebe nada, lá [RJ] um sucesso falho [...]. A correspondência do Rio pôs-me de mau humor e eu não sei que resolução devo tomar a respeito da *Ilustração*. Vou pensar nisso.[109]

A diferença nos preços mereceu detidas explicações na edição da *Gazeta de Notícias* de 17 de julho de 1884. Depois de muitos elogios ao conteúdo dos números 4 e 2, este último de retorno ao Rio de Janeiro depois de ter ido parar no porto de Montevidéu, o jornal publicava, sob a forma de carta enviada pela empresa d'*A Ilustração*, justificativas para os valores cobrados no Brasil, os quais eram atribuídos ao câmbio, à taxação diversa dos impressos em cada país e aos custos do frete.[110] Graças à correspondência, sabe-se que o texto foi escrito por Elísio, que perguntou a Pina: "Viu uma carta publicada na *Gazeta* em seguida a uma extensa notícia do nº 4, distribuído com o nº 2? Mandei-a eu para explicar a diferença de preço. Creio que deve ter produzido bom efeito, porque afinal é verdadeira".[111]

A medida não deve ter bastado, pois a prática de apresentar, lado a lado, os valores para cada um dos países alterou-se a partir do sexto número (05/08/1884), com a adoção de cabeçalhos diferentes, que informavam o distribuidor e os custos apenas para os leitores do país a que se destinava a edição. Já na França, a assinatura e a compra avulsa poderiam ser efetuadas

---

109 Carta de Elísio Mendes a Mariano Pina de 02/07/1884. BNP, Lisboa, Espólio N17/165.
110 Nota sem título e assinatura, *Gazeta de Notícias*, anoX, n.199, p.2, 17/07/1884. Observe-se que a defasagem entre a distribuição e a data da publicação persistia, pois no cabeçalho do n.4 lia-se: Paris, 20/06/1884.
111 Carta enviada por Elísio Mendes a Pina em 18/08/1884. BNP, Lisboa, Espólio N17/165. O fato também é confirmado pela carta que Ferreira de Araújo enviou a Pina em 14/07/1884 e na qual dava conta da chegada ao Rio de Janeiro, naquele exato dia, da caixa com os exemplares do segundo número d'*A Ilustração*. O remetente referiu-se à carta de Mendes relativa aos preços, destinada aos leitores da *Gazeta de Notícias*. BNP, Lisboa, Espólio 17/4, erroneamente atribuída a Ferreira de Amorim.

no endereço da redação. As alterações podem ser acompanhadas nas figuras abaixo:[112]

Figuras 1.7-1.9: Distribuidores e preços *d' A Ilustração.*

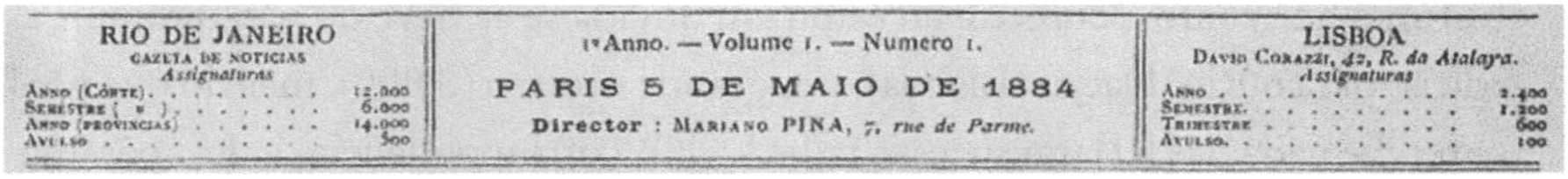

RIO DE JANEIRO
GAZETA DE NOTICIAS
Assignaturas
Anno (Côrte) 12.000
Semestre (») 6.000
Anno (provincias) 14.000
Avulso 500

1º Anno. — Volume 1. — Numero 1.
PARIS 5 DE MAIO DE 1884
Director : Mariano Pina, 7, rue de Parme.

LISBOA
David Corazzi, 42, R. da Atalaya.
Assignaturas
Anno 2.400
Semestre 1.200
Trimestre 600
Avulso 100

Padrão do cabeçalho até o quinto número (05/07/1884), idêntico para o Brasil e Portugal, com o preço indicado para os dois países. Salvo indicação em contrário, a fonte é sempre a coleção da biblioteca da FCL/Assis.

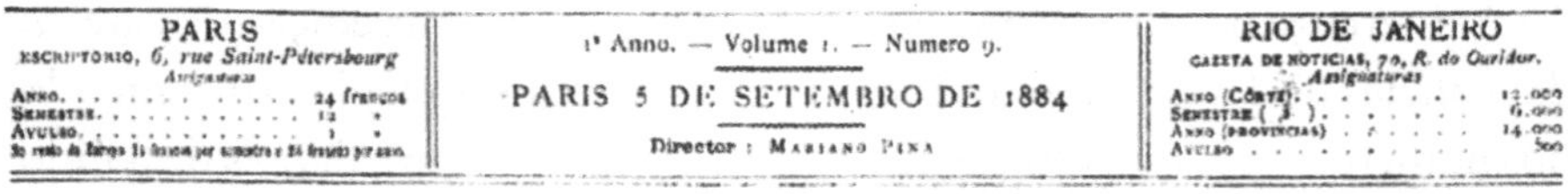

PARIS
Escriptorio, 6, rue Saint-Pétersbourg
Anno . . . . . 24 francos
Semestre . . . . . 12 »
Avulso . . . . . 1 »

1º Anno. — Volume 1. — Numero 9.
PARIS 5 DE SETEMBRO DE 1884
Director : Mariano Pina

RIO DE JANEIRO
Gazeta de Noticias, 70, R. do Ouvidor.
Assignaturas
Anno (Côrte) 12.000
Semestre (») 6.000
Anno (provincias) 14.000
Avulso 500

Fonte: BND-HDB.

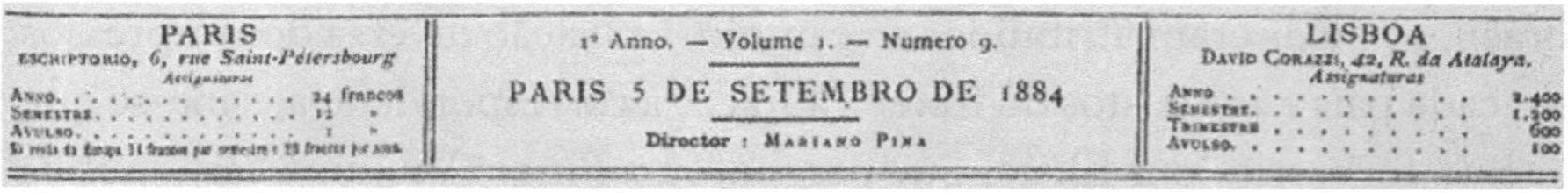

PARIS
Escriptorio, 6, rue Saint-Pétersbourg
Anno . . . . . 24 francos
Semestre . . . . . 12 »
Avulso . . . . . 1 »

1º Anno. — Volume 1. — Numero 9.
PARIS 5 DE SETEMBRO DE 1884
Director : Mariano Pina

LISBOA
David Corazzi, 42, R. da Atalaya.
Assignaturas
Anno 2.400
Semestre 1.200
Trimestre 600
Avulso 100

Novo padrão vigente a partir do sexto número (20/07/1884), com preços indicados para cada país, o que implicava a impressão de cabeçalhos específicos para o Brasil e Portugal. Esta era a única diferença entre as edições.

Para Portugal, os valores não sofreram alterações ao longo de todo o período de circulação da revista: assinatura anual, 2.400 réis; semestral; 1.200; trimestral, 600; e número avulso, 100 réis, o que era bem menos do que se pagava pelo *O Ocidente*, publicação do mesmo gênero, contemporânea d'*A Ilustração*, cujos preços, em maio de 1884, estavam em 3.800 réis (ano), 1.900 (semestre), 950 (trimestre), 120 (exemplar avulso), ao que se deve somar a qualidade superior, em termos gráficos, da revista impressa em Paris.

112 A Biblioteca da Unesp, campus de Assis, possui a coleção completa e encadernada. A BND-HDB tem os exemplares publicados entre 05/1884 e 12/1890, enquanto a BNP-BND dispõe da coleção integral. A confrontação dos exemplares indica que as instituições conservam exemplares que ora se destinavam a Portugal, ora ao Brasil. A existência dessas diferentes impressões da página inicial é a causa do desacordo quanto à data do último exemplar: na capa destinada a Portugal, que traz a informação correta, lê-se: Lisboa, 01 de janeiro de 1892, n.184, enquanto na destinada ao Brasil está estampado: Lisboa, 01 de fevereiro de 1892, n.184.

No Brasil, os leitores da Corte despendiam 12 mil réis pela assinatura anual e a metade desse valor para a semestral; nas províncias oferecia-se apenas a possibilidade de subscrição anual, no valor de 14 mil réis, enquanto o número avulso era vendido a 500 réis. Pelo menos desde 15 de dezembro de 1890 houve pequena majoração somente para as assinaturas anuais no Rio de Janeiro, que passaram a 12.400 réis e assim se mantiveram até o encerramento da publicação.[113] A título de comparação, vejam-se os valores do último número da *Ilustração Brasileira*, que circulou em abril de 1878, seis anos antes do lançamento d' *A Ilustração*, cuja subscrição anual montava a 14 mil réis na Corte e 15 mil nas províncias, e a semestral de 7.500 (Corte) e 8.000 (províncias). Já o quinzenário *Ilustração do Brasil* foi lançado em julho de 1876 ao custo de 12 mil réis por ano, valor que baixou para 10 mil réis, a partir de janeiro de 1878, quando a periodicidade tornou-se mensal, e caiu à metade seis meses depois, numa malfadada estratégia para aumentar o número de leitores.[114]

Perante esse quadro, entende-se o otimismo de Elísio Mendes que, logo após a publicação do primeiro número, declarou:

> Nós podemos conservar-nos numa região serena, em que as outras se não conservaram, perdendo a cabeça e diminuindo preços e aumentando prêmios loucamente. Deixá-los. O que se segue é que eles não souberam ou não sabem assentar as suas empresas em alicerces inatacáveis. Florescem num dia e já no dia seguinte se sentem morrer, ou abrir luta de morte com os novos adversários. Nós não temos luta a abrir, porque somos superiores a todos na qualidade e no preço – no preço relativo bem entendido.

O investidor parecia alternar otimismo em face das possibilidades e avaliação cuidadosa dos resultados, tanto que nessa mesma carta informava ter recebido a conta do Corazzi, que registrava, em relação ao primeiro número, déficit diante das despesas com "desenhos, fotografias, etc.".

---

113 Nos acervos pesquisados predominam exemplares com preços para Portugal. Em relação a 1890, os números lançados em 15/11 e 15/12/1890, pertencentes à Biblioteca Digital de Portugal, indicavam os preços para o Brasil. No primeiro, ainda estavam vigentes os de 1884, enquanto o outro já trazia os valores majorados, o que permite afirmar que, de fato, o aumento no Brasil foi implementado em fins do referido ano.

114 Andrade, *História da fotorreportagem...*, p.168-82, trata das ilustrações que circularam no Brasil na década de 1870.

E emendava: "Continue com perseverança e a máxima economia e creio bem que a *Ilustração* levará interesse. Conto muito com o Brasil".[115]

Mas, em agosto de 1884, os resultados pareciam pouco auspiciosos, como indica o panorama traçado pelo mesmo Elísio ante as demandas de Pina. Não se conta com a missiva que originou a resposta, contudo é possível inferir que o diretor argumentou em prol da presença de contribuições literárias originais, ou seja, que demandavam pagamento, como aliás lhe havia sugerido Eça de Queirós antes mesmo de o primeiro número vir a público: "Não lhe convém a Você, nem à *Ilustração* publicar excerto de romances. Isso dá imediatamente um ar pobre". E depois de sugerir que deixasse essa prática para o momento em que a revista estivesse bem consolidada, alertava: "Agora o que lhe convém são artigos feitos *exprès*, para dar a entender ao público, que se têm redatores *pshutt*. É isso que Você se deve esforçar por obter, sobretudo para este [sic] primeiros números. Eu cá estou às ordens para um artiguinho". Ele não se furtou a recomendar o amigo: "E se V. escrever ao Ramalho [Ortigão], estou certo, que ele tem prazer nisso. Quanto sai a *Ilustração?*".[116]

Os anseios de Pina esbarravam na frieza dos números. O instantâneo das despesas e da situação financeira da revista importa por explicitar o papel dos envolvidos no empreendimento. Assim, a forma ríspida como os custos eram apresentados ao diretor tornava patente, ainda uma vez, que este não tinha autonomia quando o tema era gasto, além de dissipar qualquer dúvida em relação aos objetivos da publicação e explicitar os termos da participação do distribuidor português:

> Sabe quanto custa cada número da *Ilustração*? A despesa de 2 números, isto é, a despesa mensal é de 6 a 7 mil francos. Digamos 6 mil. Cada nº 3 mil francos. Ora cada exemplar sai a 30 c[entime] e 30 c[entime] a 180 escudos-fracos é equivalente a 54 réis. Nós vendemos ao Corazzi a 55 réis, donde tiramos 1 *real* em exemplar, e isto ainda sujeito às despesas que ele aqui [Lisboa] tem feito, com desenhos pagos, artigos, etc.

---

115 Carta de Eliseu Mendes a Pina, remetida de Lisboa em 16/06/1884. BNP, Lisboa, Espólio N17/165.
116 Carta de Eça de Queirós a Pina, de 26/03/1884, BNP, Lisboa, Espólio N17/130. Sobre o termo *pshutt*, ver: Matos, *Suplemento ao dicionário de Eça de Queiroz*, p.493.

> Bem se vê que se ainda lhe der capa e não sei que mais, ao jornal, por 1 real, o que nós fazemos não é uma empresa industrial, mas uma filantropia de um gênero novo e de que seremos os iniciadores. [...] Está completamente fora do nosso programa previamente ajustado, a publicação de artigos pagos. O preço do jornal não comporta mais despesas. Com a acumulação de despesas que propõe posso desde já dizer-lhe que esgotados os 5.000 de Lisboa e os 5.000 do Brasil (oh! quem dera) o lucro seria tão insignificante que não valeria a pena ter o jornal [...].
> Enquanto ao Corazzi não vejo meio de diminuir a comissão. Já lhe falei nisso e ele disse-me que 20 e 25% pagava ele a todos os seus agentes, e que o resto era o seu lucro e para cobrir as despesas de administração feitas com o jornal.

Os detalhes do negócio vão sendo revelados aos poucos, como nos trechos da carta em que se especifica que Corazzi pagava 55 réis portugueses por exemplar, vendido avulso a 100 réis, além de se responsabilizar pela administração e custos da distribuição em Portugal. Do montante recebido por Elísio saíam todas as despesas relativas aos colaboradores (textos e imagens), impressão e taxas de transporte, além do seu lucro e da remuneração para Pina. De toda forma, é evidente que as motivações financeiras sobrepunham-se às necessidades literárias e não era sem certa dose de má vontade que o proprietário via-se forçado a concordar com algumas das ponderações do diretor:

> Eu também penso que será necessário ter alguma colaboração original e boa. Pelo menos de um artigo original, de um escritor diverso, mas de cunho, em cada número. Isto já dava variedade e interesse. Pelo preço que diz de 8 frs [francos] 50 cada coluna parece-me conveniente desde já dar colaboração para 3 colunas, o que corresponde a 25,50. Mas com certeza não seria por este preço nem o Eça nem o Ramalho porque mais, muito mais paga a *Gazeta*,[117] a não ser que lhe façam isso por camaradagem.

E depois de lamentar o atraso do segundo número, que "prejudicou muito o negócio", lembrava que "se não se arranjam de 3 mil a 4 mil assina-

---
117 Na já mencionada carta de 1884, enviada por Mendes a Pina, sem local e data, mas que deve ter sido escrita logo após o lançamento d'*A Ilustração*, ele precisou que "*A Gazeta* propôs ao Eça [de Queirós] 3 libras por folhetim e ao Ramalho [Ortigão] 15". BNP, Lisboa, Espólio N17/165, o que evidencia a significativa diferença entre as remunerações.

turas no Rio, as despesas não serão cobertas. Portanto, toda a prudência é necessária".[118] Elísio Mendes parecia pouco disposto a pagar pelos textos e imagens difundidos na revista, quiçá acreditando que o fato de ver o nome impresso numa publicação elegante bastasse para o autor, tal como ocorreu com Cesário Verde. O interesse em torno da revista irritava-o e, num misto de ciúmes e avareza, reclamava com o diretor:

> O Columbano [Bordalo Pinheiro (1857-1929)], como a coisa lhe cheirou agora a dinheiro, veio me dizer que v. o convidou para ser o correspondente e queria falar comigo a respeito. A sua ideia era dar dois desenhos por mês. Todos estão com olhos cobiçosos a esse respeito. A não ser coisa extraordinária, como a quermesse, não devemos sair fora dos limites traçados, pelo menos enquanto não souber os resultados do Brasil.[119]

As lamúrias pelos 500 francos pagos a Rafael Bordalo pelo desenho sobre a quermesse em Lisboa, publicado no quarto número d'*A Ilustração*, foram recorrentes: "São terríveis estes artistas para nos tirarem a pele. Cara aprendizagem [...]. Dizendo-lhe que era caro, respondeu-me que era o preço que pagava o *Graphie*, etc. Mas isto é falta de consciência. Nós não somos nem nunca seremos o *Graphie*", ou ainda: "O desenho do Bordalo quanto mais olho para ele mais choro os 500 francos. Não faz vista nenhuma".[120]

Bem diversas eram as ponderações do artista, que insistia nas dificuldades envolvidas na execução de uma vista geral do evento e confessava a Pina:

> Sei que o Elísio achou caro o meu preço, compreendo que para um jornal que começa é pesado, mas tu sabes que eu não posso trabalhar barato, fiz-lhe o preço que faço sempre [...] os meus croquis para a *Illustred* eram-me pagos a dez libras,

---

118 Carta enviada por Elísio Mendes a Mariano Pina em 18/08/1884. BNP, Lisboa, Espólio N17/165.
119 Carta de Elísio Mendes a Pina, sem local e data, mas que deve ter sido escrita em fins de 05/1884. BNP, Lisboa, Espólio N17/165.
120 Cartas de Elísio Mendes a Pina de 18/05 e 30/06/1884. BNP, Lisboa, Espólio N17/165. O desenho, que ocupou as páginas centrais, está em: *A Ilustração*, ano1, v.1, n.4, p.56-7, 20/06/1884.

estampas de página [...]. Diz-me ele que o preço de Paris são 100 francos – não duvido sendo *clichês*, desenhos feitos expressamente não me parece.[121]

Entende-se a postura de Bordalo que, por sua reconhecida competência, integrava o mercado internacional de produção de imagens, no qual era frequente que os artistas vendessem seus préstimos para diferentes periódicos. No caso d'*A Ilustração*, sempre era possível recorrer ao estoque iconográfico fornecido pelo *Le Monde Illustré*, o que não sucedia com as colaborações literárias de contemporâneos, dificilmente obtidas sem qualquer custo. A já mencionada carta de Valentim Magalhães indica que havia uma tabela de pagamentos estabelecida quando do lançamento da revista, o que também é confirmado pela resposta do médico e jornalista Oscar de Araújo (1860-?) que, em 14 de dezembro de 1884, escreveu: "Nunca escrevia a menos de 15 *centimes* e isso mesmo para fazer favor. Portanto a este preço pode contar com a minha colaboração a menos não. No caso de aceitar, fica entendido que cada artigo me será pago nos oito dias que se seguirem à publicação. Nestas condições, mantenho-me às suas ordens",[122] ou seja, mais do que o estipulado para o colaborador padrão, como indica o montante referido por Elísio (8,50 francos por coluna) e que é praticamente o mesmo ofertado, em 28 de outubro de 1885, para Jaime Batalha Reis: "O nosso preço a linha continua sendo de 10 cêntimos – nove francos por coluna, cêntimos mais, cêntimo menos".[123]

Ao que parece, a tabela comportava exceções, tanto que para Oliveira Martins, respeitosamente tratado de V. Ex.ª, Pina referia-se à *Ilustração*

---

121 Carta de Rafael Bordalo Pinheiro a Pina, remetida de Lisboa em 16/06/1884, grifo no original. BNP, Lisboa, Espólio N17/163.
122 Carta de Oscar de Araújo remetida de Paris a Mariano Pina em 16/12/1884. BNP, Lisboa, Espólio N17/67.
123 Carta de Pina a Jaime Batalha Reis de 28/10/1885. BNP, Lisboa, Espólio E4 Caixa 35, condições já explicitadas a Batalha na carta de 15/10/1884: "Na minha qualidade de diretor industrial devo preveni-lo de que por enquanto os recursos da folha só permitem o preço de 10 *centimes* por linha dos colaboradores especiais, o que representa termo médio, 50 francos por cada duas páginas – o tamanho regular de um artigo em corpo IX. Isto ainda não é positivamente a independência, mas os bons colaboradores é que fazem o bom jornal, e apenas formos protegidos por ventos propícios e singrarmos ligeiramente pelos oceanos da prosperidade; os intrépidos argonautas que ora nos acompanham serão principescamente recompensados". BNP, Lisboa, Espólio E4 Caixa 35. Note-se que diretor industrial explicitava a condição de não proprietário.

como "o jornal cuja direção me confiaram" e depois de afirmar que havia "consultado a administração", solicitava a sua colaboração e "a especial fineza de me dizer quais são as suas condições", uma rara deferência. Como para convencer o interlocutor, o remetente listava os escritores que publicaram na revista, entre os quais figurava Eça de Queirós. A resposta de Martins não tardou: "quanto a condições, eu nem nunca vi o seu jornal, nem sei o que deva propor-lhe. Diga-me o que pagou ao Eça de Queirós, mande-me um número da *Ilustração* e veremos".[124]

Na correspondência conservada, Elísio raramente opinou a respeito do conteúdo propriamente literário e, ao que parece, o fez motivado por preocupações relativas à aceitação e ao sucesso econômico do periódico. Assim, bastaram alguns números para que viesse o alerta em relação ao "sabor português" da revista, "que parece até ser feita para Portugal e não para o Brasil".[125] Esse clamor pela presença mais efetiva do país não o impedia de emitir juízos poucos lisonjeiros sobre nossos literatos:

> Quem escreve lá [no Brasil] de modo suportável é o Valentim [Magalhães] e o Machado de Assis. Escreve bem o [Ferreira de] Araújo, mas esse não tem tempo. Aqueles escrevem para a *Gazeta* que lhes paga bem, e de modo que a *Ilustração* não lhes pode pagar. Todos os outros escrevinhadores são incapazes de porem para ali duas ideias em prosa corrente. Do Brasil só se poderá aproveitar algum poeta. Aí sim.[126]

Diálogo cada vez mais difícil, que expressava perspectivas diversas a respeito da revista. Vale lembrar que, ao receber esta carta do dono d'*A Ilustração*, Pina já havia remetido outra para Valentim Magalhães, solicitando seus préstimos como colaborador. Elza Miné, pesquisadora que vasculhou o espólio dos irmãos Augusto e Mariano com olhar atento, bem assinalou que o arquivo não guarda evidências explícitas dos desentendimentos que, contudo, podem ser percebidos nas entrelinhas. A exceção fica por conta da

---

124 Carta de Mariano Pina a Oliveira Martins de 31/03/1885. BNP, Lisboa, Espólio E20, cota 2115, e carta de Oliveira Martins a Mariano Pina de 06/04/1885. BNP, Lisboa, N17/433.
125 Carta de Elísio Mendes, remetida de Lisboa em 02/07/1884. BNP, Lisboa, Espólio N17/165.
126 Carta de Elísio Mendes, remetida de Lisboa em 18/08/1884. BNP, Lisboa, Espólio N17/165.

breve menção do escritor e cônsul português Jaime de Séguier (1860-1932) que, em carta de 13 de fevereiro de 1885, escreveu:

> Entristeceu-me a tua penúltima carta. Com os diabos esse Elísio é um traste. Como pode ele deixar a você esfalfar-se com trabalho, sem se lembrar de repartir consigo os lucros que a folha dá? Diga-me você uma coisa. Eu não poderia ajudá-lo a você em qualquer maçada material da folha; revisão de provas por exemplo ou qualquer de igual natureza. Veja se descobre em que lhe poderia ser útil. Tem-me ao seu dispor.[127]

Numa de suas "Crônicas", Mariano Pina fez referências às suas tarefas de diretor, que incluíam a resposta às cartas enviadas pelos leitores, com suas demandas as mais variadas ("de um lado adesões, e de outro são censuras, protestos e ameaças. Do fundo de Trás-os-Montes bradam-me que chegou um número amarrotado, e de uma terra do Algarve afiançam-me que o serviço do correio é péssimo"), ao que se somavam os pleitos dos colaboradores ("um chama-me bandido por que uma palavra saiu sem letra dobrada, e outro ameaça-me com a cadeia até com a forca, por que em vez de dois pontos num período trabalhado com amor e com febre apareceu – ó desgraça! – um traidor ponto e vírgula"). Já na oficina, os problemas eram de outra ordem:

> Em Paris, é a oficina, o inferno de uma tipografia, maços de provas que chegam à meia-noite e que é necessário rever até a madrugada; gravadores que faltam à última hora, quando só se espera por esses senhores, com duas páginas de gravuras; um *cliché* que se perde e um *cliché* que se quebra; um nevoeiro mais denso que impediu o vapor da Mancha, onde vinha o retrato de certa celebridade da última hora, de fazer a travessia... E perde-se o correio. E quando se pensava que o jornal estava pronto para entrar na máquina – é necessário pôr de parte meio trabalho e recomeçar de novo, com toda a precipitação e toda a desordem de um à última hora. Acho-me num desses terríveis momentos.[128]

---

[127] Carta de Jaime de Séguier a Mariano Pina de 13/02/1885. BNP, Lisboa, Espólio N17/226. O conjunto de quarenta cartas de Séguier, compreendidas entre 1884 e 1890, é o mais numeroso do espólio.

[128] Pina, Crônica, *A Ilustração*, ano1, v.1, n.15, p.226, 05/08/1885.

Sem perder de vista que se trata de texto literário, cujo compromisso não era a enumeração e descrição de fatos concretos, pode-se supor que as tarefas enumeradas fossem efetivamente as desempenhadas e que, na sua perspectiva, estas não eram devidamente reconhecidas por Elísio. Ao que parece, os aspectos monetários foram ingredientes fundamentais nas desavenças e quiçá não os únicos. O fato é que o último exemplar do ano de 1885, publicado em 20 de dezembro, trouxe mudanças significativas: o endereço da redação foi alterado para o Quai Voltaire n. 13, ou seja, no mesmo edifício do impressor, e Pina, até então qualificado de diretor, foi alçado a diretor proprietário, posto que manteve até o fechamento da publicação.

Figuras 1.10-1.11: Alterações no cabeçalho da revista (dezembro/1885).

Note-se que estão indicados os preços para Portugal. Nos exemplares disponíveis na BND-HDB, constam os relativos ao Rio de Janeiro.

Entrelaçando trajetórias: Pina e *A Ilustração*

A alteração coloca desafios. Afinal, o que teria levado Elísio a desistir da publicação? Em vista de seus objetivos econômicos com a revista, é difícil imaginar que ele tenha aberto mão do capital investido, o que leva a outro problema: de onde provieram os recursos que tornaram Pina proprietário?

Não há respostas precisas para essas questões, mas o que se pode afirmar, sem qualquer dúvida, é que o rompimento entre Pina e Elísio Mendes trouxe outras consequências para *A Ilustração*. Assim, o jornal *Gazeta de Notícias* compareceu pela última vez como representante da revista no Brasil no exemplar que traz a data de 5 de dezembro de 1885. E não tardou para que também se efetivasse a separação definitiva entre Pina e o matutino, selada em 23 de março do ano seguinte por meio de carta lacônica, assinada por Elísio e na qual o habitual "meu caro" foi substituído por "Exmo. Sr. Mariano Pina: Atendendo a conveniência da administração da *Gazeta de Notícias*, de que V. Exa. tem sido correspondente, em Paris, fica este cargo suprimido no fim do corrente mês".[129]

A medida parece ter surpreendido o jornalista que, de imediato, recorreu a Ramalho Ortigão, em Lisboa, o que atesta, ainda uma vez, a sua força junto à *Gazeta*. Em 31 de março, o escritor respondeu a carta recebida no dia anterior e esclareceu: "[...] procurei, como era natural, Elísio Mendes. Este motiva a sua demissão a uma série de pequenas queixas relativas a questões econômicas, extraliterárias, em que me parece melhor não intervir". E diante das reclamações econômicas que Pina deve ter apresentado, Ortigão reproduzia as ponderações do proprietário da *Gazeta*: "Ele [Elísio] entende que a suspensão dos vencimentos como correspondente da *Gazeta* não equivale para V. a uma *débâche* por isso que não sei que *librairie* lhe garante mensalmente 500frs [francos] pela *Ilustração*".[130]

A informação evidencia que a separação entre Pina, *A Ilustração* e Elísio já ocorrera, agora era o vínculo com o jornal fluminense que se desfazia. Mediante a oferta do ex-patrão de assumir os custos do retorno de Pina à cidade de Lisboa, Ramalho apelou para a "equidade" e propôs que fossem pagos 600 francos ao correspondente demitido "quer quisesse quer não regressar imediatamente", o que foi concedido.

A referência aos honorários recebidos pela *Ilustração* é preciosa, pois revela que o pomposo título de proprietário, estampado na portada da revista, deve ser relativizado, pois a tal *librairie* só poderia ser uma referência ao impressor francês, já que o editor David Corazzi não seria tratado dessa

---

129 Carta de Elísio Mendes a Pina, endereçada de Lisboa em 23/03/1886. BNP, Lisboa, Espólio N17/165.
130 Carta de Ramalho Ortigão datada de 31/03/1886. BNP, Lisboa, Espólio N17/69.

maneira por Ramalho. A suposição encontra abrigo em carta de Pina, pertencente ao espólio de Jaime Batalha Reis, datada de 25 de abril de 1886, na qual o remetente pede desculpas pelo seu silêncio e explica que se deveu:

> [...] apenas pela doença, que ainda dura, e pela desordem em que dois meses de médico deixaram a minha vida. E ainda por cima de tudo isto, uma mudança, ou antes, duas mudanças: escritório definitivamente instalado no Quai Voltaire n. 13, ao lado do *Monde Illustré* com quem estou associado para a exploração da *Ilustração* – e apartamento de rapaz definitivamente instalado na Rue Aumale n. 27.[131]

O novo endereço da redação era mais do que simples coincidência, ainda que não seja possível, com os documentos disponíveis, estabelecer a natureza exata da "associação" entre Pina, o *Le Monde Illustré* e a Casa David Corazzi, distribuidora da publicação dos dois lados do Atlântico. Os contratos de impressão conservados para os anos de 1888, 1889 e 1891 são praticamente idênticos, cabendo destacar que cada edição quinzenal tinha tiragem de 4.500 exemplares, sem que se possa precisar a quantidade de exemplares destinados ao Brasil e a Portugal, cujos custos montavam a 1.485,00 francos nas duas primeiras datas e 1.350,00 em 1891, a serem pagos um mês após a chegada da edição em Lisboa, pela Casa David Corazzi, substituída pela Companhia Nacional Editora em 1891. Caso o contratante desejasse aumentar o número de exemplares impressos, eles foram estipulados em 33 centavos para 1888 e 1889 e 30 centavos para 1891.[132] Não se conta com os documentos relativos a 1884 e 1885, quando Elísio Mendes esteve à testa

---

131 Carta de Pina a Jaime Batalha Reis de 25/04/1886. Em 19/03/1886 ele já solicitava ao amigo: "Escreva-me para 13 Quai Voltaire, Paris. Estou instalando a redação ao lado da tipografia". BNP, Lisboa, Espólio E4, Caixa 35, maço 36. A transição deve ter ocorrido de maneira lenta entre fins de 1885 e início de 1886. Corrobora esse entendimento a informação de Matos, *Eça de Queiroz. Uma biografia*, p.163, segundo a qual Eça casou-se em 10/02/1886 e viajou para Madri e Paris. O autor toma o endereço de bilhete-postal (Rue de Saint-Pétersbourg n. 6), remetido por Eça a Pina em 19/02, como sendo o do casal. O que importa aqui é destacar não o engano, mas assinalar que, a despeito de *A Ilustração* ostentar em sua portada, há dois meses, a nova sede da redação (Quai Voltaire n. 13), Pina continuava a receber bilhetes pessoais no antigo endereço da revista, o que revela que a efetiva transferência deve ter ocorrido depois de o fato já estar consignado na publicação.

132 Em relação à estimativa fornecida no orçamento de 1883, os custos são bem mais elevados. BNP, Lisboa, Espólio N17/202 e N17/224-A.

do negócio. O primeiro orçamento, datado de 1883, informava a respeito dos custos da projetada revista, sem discriminar quem era efetivamente o contratante, já que se tratava de um simples orçamento, que não implicava, de fato, na contratação dos serviços.

Se um arquivo pessoal não fornece respostas a todas as minúcias que se desejaria esclarecer, ele também reserva boas surpresas. Augusto Pina (1872-1938), irmão de Mariano, organizou no início dos anos 1930 notas para um futuro livro de memórias, que nunca veio à luz. Nas páginas iniciais, ele relembrou a juventude em Paris, as salinhas d'*A Ilustração* e o trabalho do irmão:

> Subo hoje, uma manhã fria de Novembro, ao 5º andar do nº 13 do Quai Voltaire, *immeuble* onde estão instaladas as edições de P. Mouillot – a revista *Monde Illustré* e várias outras e depois de percorrer um verdadeiro labirinto de estreitos e escuros corredores abro a porta dos dois pequenos gabinetes reservados à *Ilustração*.
>
> Desta quase mansarda donde avisto um Paris coberto de neve estendendo-se pelos cais que aos meus olhos curiosos se apresenta num espetáculo de cenário *féerie*. [...]
>
> No gabinete onde meu irmão trabalha sinto por todos os lados o seu metódico espírito de ordem, nos seus livros, nos seus apontamentos, no esboço dos seus projetos, na sua correspondência, tudo está *classé*, tudo está anotado, etc., etc.
>
> Quantas manhãs se passaram a folhear os seus apontamentos, a aprender no bom senso observador das suas notas à margem, na lição da sua excepcional cultura e na curiosa preciosidade da correspondência com uma geração que nos deixou os mais brilhantes exemplares da nossa vida literária de há 40 anos.
>
> E hoje ao passar em revista esta série de folhas já um pouco amarelecidas pelo tempo não posso fugir à recordação dessas manhãs no Quai Voltaire que fizeram a delícia dos meus 19 anos.[133]

A evocação afetuosa de Augusto nos permite entreolhar a redação da revista e quase flagrar o diretor em seu trabalho cotidiano, rodeado por ori-

---

133 Pina, Apontamentos para um volume de memórias (1889-1929), documento datado de 02/01/1931, 72 páginas manuscritas. BNP, Lisboa, Espólio N17/238.

ginais e provas, num prédio compartilhado por várias outras publicações, no charmoso Quai Voltaire, às margens do Sena e com seus famosos vendedores de livros, atestando que ele se inseria numa organização comercial complexa, que reunia atividades de edição, produção de imagens, impressão e distribuição.

Figuras 1.12 e 1.13 Entrada do *Le Monde Illustré* e livreiros às margens do Sena no Quai Voltaire, por volta de 1900.

Fonte: Disponível em: http://www.parisrues.com/rues07/paris-avant-07-quai-voltaire.html. Acesso em: ago. 2016.

É muito provável que a transferência do escritório para o Quai Voltaire tenha desempenhado papel de relevo na manutenção da revista, que continuou a desembarcar regularmente em Lisboa e no Rio de Janeiro, a despeito dos rompimentos com *A Gazeta* e com Elísio Mendes. No Brasil, a responsabilidade pela distribuição foi assumida pela filial fluminense da Casa Corazzi, a qual, no cabeçalho, passou a figurar como "gerente em Portugal e Brasil", mudança que foi anunciada no último número de 1885 e insistentemente repetida nos primeiros meses do ano seguinte.

A propósito, no que respeita à sua circulação no Império, uma nota publicada no jornal *A Província de São Paulo* indica que os serviços da *Gazeta de Notícias* deixavam a desejar. Assim, após agradecer a remessa do primeiro exemplar relativo ao ano de 1886, detalhar e elogiar o conteúdo textual e imagético d'*A Ilustração*, a nota do jornal asseverou: "Em São Paulo fez-se sempre notar a falta desta revista, que aliás era procurada e dificilmente encontrada. Hoje que está entregue a sua distribuição ao sr. José Mello, agente no Rio de Janeiro da Empresa David Corazzi é de esperar que se receba com regularidade e que essa regularidade traga lucro à empresa".[134]

Figura 1.14: Nota da redação sobre a mudança do distribuidor no Brasil.

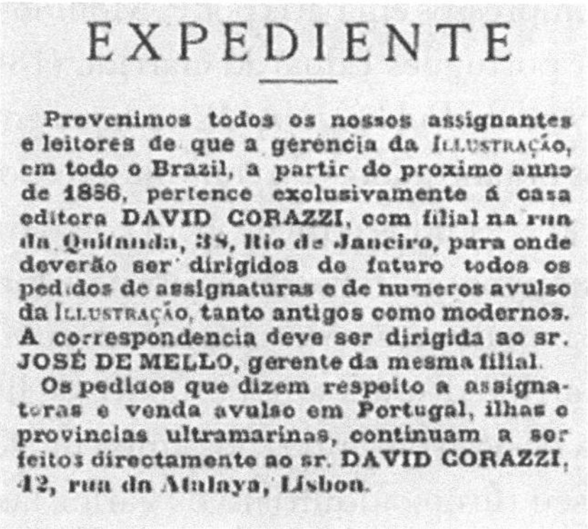

EXPEDIENTE

Prevenimos todos os nossos assignantes e leitores de que a gerência da ILLUSTRAÇÃO, em todo o Brazil, a partir do proximo anno de 1886, pertence exclusivamente á casa editora DAVID CORAZZI, com filial na rua da Quitanda, 38, Rio de Janeiro, para onde deverão ser dirigidos de futuro todos os pedidos de assignaturas e de numeros avulso da ILLUSTRAÇÃO, tanto antigos como modernos.
A correspondencia deve ser dirigida ao sr. JOSÉ DE MELLO, gerente da mesma filial.
Os pedidos que dizem respeito a assignaturas e venda avulso em Portugal, ilhas e provincias ultramarinas, continuam a ser feitos directamente ao sr. DAVID CORAZZI, 42, rua da Atalaya, Lisboa.

Fonte: *A Ilustração*, ano2, v.2, n.24, p.370, 20/12/1885.

A responsabilidade pela distribuição não se alterou depois de 1889, quando a empresa de Corazzi fundiu-se à Editora de Justino Roque Gameiro Guedes, originando a Companhia Nacional Editora. Na revista, houve considerável atraso no registro dessa mudança, que só se efetivou a partir dos exemplares publicados em dezembro do ano seguinte, quando a Companhia tomou o lugar de David Corazzi no cabeçalho, na condição de gerente em Portugal, deixando de mencionar explicitamente o Brasil, como ocorria antes.[135] As assinaturas continuaram a serem feitas na Rua da Quitanda, número 38, mas desapareceu a referência a José de Melo,[136] enquanto em Lisboa o endereço passou a ser o Largo do Barão, 50.

---

134 *A Província de São Paulo*, anoXII, n.3269, p.2, 17/02/1886.
135 Não há motivo plausível para explicar o atraso na substituição, tendo em vista que bastaria alertar o impressor francês. De toda forma, é sintomático que a alteração tenha ocorrido no mês seguinte à transferência da redação para Lisboa. A despeito da mudança da razão social, a nova empresa seguiu responsabilizando-se pela difusão da revista nos dois lados do Atlântico.
136 Como era praxe ao final de cada ano, notas da redação convidavam os leitores a adquirir as capas para reunir em volume os números publicados. Nas notas de 1890, José de Melo, cujo nome deixou de figurar no cabeçalho, continuava a figurar como agente no Brasil, o que já não se observa no ano seguinte.

Além de editar *A Ilustração*, Pina valia-se de outras oportunidades que Paris lhe oferecia. Seguia colaborando com diferentes periódicos lisboetas,[137] mas também participava de atividades de que, não fosse por papéis conservados no seu acervo, seria difícil precisar os detalhes. Veja-se o caso da preparação dos fascículos das *Fábulas de La Fontaine*, ilustradas por Gustave Doré (1832-1883), lançados em Portugal e no Brasil pela Casa David Corazzi, mas impressos em Paris por P. Mouillot. Graças ao contrato que Pina e o escritor português Eduardo Garrido (1842-1912) assinaram com a *Société Anonyme de Publications Périodique* em 1886, sabe-se que eles foram os efetivos organizadores do conjunto, responsabilizando-se por fazer os convites para os estudos críticos, bem como reunir as traduções já existentes e providenciar as que faltassem, cabendo-lhes entregar o volume pronto e tendo como remuneração porcentagem do montante adquirido por Corazzi.[138] Pina e Garrido dispunham, portanto, de liberdade para recrutar, o que reforçava a posição de ambos no campo intelectual.

Os leitores, por seu turno, adquiriam os vários fascículos que, posteriormente, poderiam ser reunidos em dois tomos. Finda a série, eram eles ofertados com diferentes tipos de encadernação. Na obra não há menção ao trabalho realizado por Pina e Garrido,[139] referidos apenas no prospecto do empreendimento e no catálogo de Corazzi, ou seja, em materiais fugazes e raras vezes conservados nos acervos.[140] Já nas páginas d'*A Ilustração*, a obra ocupou considerável espaço, com comentários que detalhavam o empreendimento e não poupavam elogios à edição, cuja responsabilidade foi devidamente creditada a Garrido e Pina. Para que o leitor da revista pudesse

---

137 No acervo há um conjunto de cartões de imprensa em que Pina era identificado como correspondente de *Novidades* (Lisboa, 1885-1964). BNP, Lisboa, Espólio N17/330.
138 Para o contrato, ver: BNP, Lisboa, Espólio N17/224. No que respeita às cartas remetidas a Pina por Garrido, ver: BNP, Lisboa, Espólio N17/177.
139 A BNP possui os dois tomos. Na folha de rosto lê-se: "Texto português por Bocage, Couto Guerreiro, Filinto Elísio, Curvo Semedo, Costa e Silva, Malhão, e muitos dos mais notáveis poetas modernos de Portugal e do Brasil". Os ensaios críticos ficaram a cargo de Pinheiro Chagas, Ramalho Ortigão e Teófilo Braga. BNP, Lisboa, Reservados Impressos 551 A e 552 A.
140 No *Catálogo da Casa Editora David Corazzi*, p.28, sem data, mas cujo conteúdo permite concluir que remonta a 1888, a obra é referida como "edição de luxo, feita em Paris sob a direção de Eduardo Garrido e Mariano Pina". Já na correspondência enviada a Pina em 1885 e 1886 pelo Barão de Oliveira, membro do corpo diplomático português, o diretor foi mencionado como possível editor de livro do remetente sobre o turfe em Portugal, projeto que parece não ter sido concretizado. BNP, Lisboa, Espólio N17/147.

avaliar a importância do lançamento, foram reproduzidas duas gravuras de Doré, uma delas ocupando a capa, devidamente acompanhadas de tradução das fábulas a que aludiam.[141]

É interessante notar que se trata de obra em português, distribuída no Brasil e em Portugal por *casa editora e impressora* de Lisboa, mas cujo trabalho de preparação foi contratado e pago pelo *impressor* parisiense. Ademais de atestar o intercâmbio entre papéis e responsabilidades no processo de produção dos fascículos, o exemplo coloca em relevo o interesse que o mercado externo tinha para a indústria gráfica francesa, que não dispensava essa demanda, o que convida a refletir sobre as múltiplas interconexões do mundo dos impressos no Oitocentos.

Pina envolveu-se também com o mundo do teatro, e, em 1886, *A Ilustração* informava que ele estava traduzindo *A Arlesiana*, peça de Alphonse Daudet (1840-1897), então em cartaz em Paris e programada para representação no teatro D. Maria II em Lisboa.[142] Sua participação no mercado de aquisição de peças francesas recém-encenadas lhe valeu polêmicas acerbas com colegas portugueses.[143] Além disso, ele firmou contratos para o aluguel de teatros em nome da trupe de Jean Coquelin (1864-1944)[144] em 1887, e de Sarah Bernhardt (1844-1923) no ano seguinte. Em março de 1888 anunciava ao amigo Jaime Batalha Reis: "Ando há um mês pela Espa-

---

141 As Nossas Gravuras. Fábulas de La Fontaine, *A Ilustração*, ano3, v.3, n.7, p.135-6 e 141, 05/05/1886 e Idem, ano3, v.3, n.22, capa e p.339, 20/11/1886.
142 Nota da Redação, *A Ilustração*, ano2, v.2, n.12, p.183, 20/06/1885. A peça foi escrita a partir da novela homônima, recolhida em *Lettres de mon moulin* (1869) e reproduzida nesta edição da revista, p.183 e 186. Imagens das principais cenas da montagem parisiense foram anunciadas em Idem, ano2, v.2, n.18, p.286, 20/10/1885. O correspondente em Lisboa do *Estado* assim se referiu ao trabalho: "O teatro está numa verdadeira e profunda decadência. Não tem autores nem atores, vive do que importa do estrangeiro, mascavado numa linguagem mestiça, como a tentativa de Mariano Pina, que desautorizou entre nós a Daudet". Videira, Correspondência de Portugal, *A Província de São Paulo*, anoXII, n.3227, p.1, 24/12/1885. Não era a primeira experiência de Pina com tradução, como se vê na nota publicada em *A Província de São Paulo*, anoVIII, n.2300, p.3, 15/08/1882, segundo a qual o então correspondente da *Gazeta de Notícias* estava traduzindo *Tête de Linotte*, de Théodore Barrière, à época em cartaz em Paris.
143 Ver carta remetida de Lisboa por Guiomar Torresão em 13/01/1888. BNP, Lisboa, Espólio N17/22 e rascunho da resposta, datado de 18/01/1888. BNP, Lisboa, Espólio N17/23.
144 Contrato de 29/04/1887 entre Mariano Pina, representante do diretor da trupe de Coquelin, e a Empresa do Teatro D. Maria II para aluguel da casa. BNP, Lisboa, Espólio N17/214.

nha e por Portugal tratando da tournée da Sarah".[145] Talvez ele carregasse nas tintas, uma vez que, a exemplo do que fizera para Coquelin, sua função era alugar o teatro, como estipula o contrato que assinou com o diretor da companhia da atriz,[146] atividade essa devidamente remunerada.[147]

Desse modo, entrecruzavam-se em torno de Mariano Pina e seu periódico atividades jornalísticas, editoriais e teatrais, num intenso trânsito que materializava, no âmbito da imprensa, as possibilidades de trocas transnacionais disponíveis em fins do século XIX. Responder pela *Ilustração* permitiu-lhe adentrar os meandros do mundo da impressão e, na seção "Crônica", que assinava regularmente na revista, ele tratou do tema em mais de uma oportunidade, como quando fez questão de destacar a importância dos aspectos materiais e tipográficos, não perdoando os jornais lisboetas, nos quais "[...] as notícias e os telegramas soltos baralham-se por todos os lados com os artigos especiais e as seções; há sempre uma desproporção enorme entre a largura das colunas e a espessura do tipo; a tinta empregada dias depois da impressão, alastra numa nódoa de gordura; o papel envelhece".[148]

A experiência que ele acumulou era reconhecida, tanto que quando Eça de Queirós, ainda residindo em Bristol, decidiu colocar em prática o velho sonho de lançar uma revista, foi com Pina que se associou, reservando para

---

145 Carta remetida de Lisboa por Pina a Jaime Batalha em 21/03/1888. BNP, Lisboa, Espólio E4, Caixa 35. Bordalo Pinheiro valia-se do amigo para presentear a atriz, como se vê na carta que lhe remeteu em 22/04/1888. BNP, Lisboa, Espólio N17/163.
146 Em 1888, Pina assinou dois contratos de aluguel de teatros na condição de representante do diretor da companhia de Sarah: para março, com o D. Maria II (Lisboa), e para abril, com o Teatro Real de Madri. BNP, Lisboa, Espólio N17/200 e N17/210, respectivamente.
147 Pina foi encarregado de cumprir tarefa idêntica em Barcelona e, neste caso, tem-se o contrato datado de 22/04/1888, que estipulou sua remuneração:"M. Jacques Goudstikker [diretor da trupe] payera à M. Mariano Pina tous ses frais de voyage; vingt-cinq francs par jour de chaque relâche; et une commission de trois du cent sur la recette de chaque représentation, après déduction faite sur la nette totale, du montant de la location du théâtre et du montant des droits d'auteurs. En plus, après les représentations de Barcelone, M. Jacques Goudstikker payera à M. Mariano Pina son voyage en première classe de Barcelone à Paris". BNP, Espólio N17/211. ["Sr. Jacque Goudstikker pagará a Mariano Pina todas as despesas de viagem; 25 francos por dia de folga e uma comissão de três por cento sobre a receita de cada apresentação, após dedução, do líquido total, do montante relativo ao aluguel do teatro e dos direitos de autor. Além disso, após as apresentações de Barcelona, Sr. Jacques Goudstikker pagará ao Sr. Mariano Pina viagem em primeira classe de Barcelona a Paris".]
148 Pina, A tipografia em Portugal, *A Ilustração*, ano2, v.2, n.20, p.306-7, 20/10/1885.

si a função de redator-chefe e para o colega a de diretor-gerente. O tema comparece na correspondência a partir de meados de 1888, logo após a viagem de Pina à Inglaterra.[149] O desenho do projeto inicial ancorava-se no exemplo d'*A Ilustração*, ainda que a natureza do impresso fosse bem diversa. Tratava-se de um mensário, com 120 páginas, no formato da *Revue des Deux Mondes*, com alguns artigos ilustrados, que tinha como destino Portugal e o Brasil, ao custo de 500 réis, tiragem entre 2 mil e 3 mil exemplares, impressos no Quai Voltaire, ou seja, repetia-se o mesmo arranjo que Pina tão bem conhecia. Chegou-se mesmo a imaginar um número amostra, para ser apresentado à firma Messieurs Lugan & Jules Genelioux, editores de Eça e então proprietários da Livraria Chardron, localizada na cidade do Porto, a quem se ofereceu o negócio. A discussão dos detalhes revela que os sócios, Pina e Queirós, avaliavam a melhor forma de viabilizar o empreendimento e as cartas iam e vinham, com cálculos, balancetes, variações no preço e na tiragem, numa triangulação levada a cabo por Eça a partir de Londres e Bristol e que seguia para Paris (Mariano) e para o Porto (Genelioux).

Foi justamente ao tratar da questão com seu editor que Eça referiu-se ao acordo mantido entre Pina e a *imprimerie* do Quai Voltaire, argumentando que, como todo o trabalho de organização do número, supervisão de sua impressão, obtenção de anúncios e de assinantes recaía sobre Mariano Pina, este ficava com dois terços dos lucros líquidos.[150] Ainda que seja difícil saber se a porcentagem apresentada era efetivamente esta, por se tratar de informação indireta e com nítida função persuasiva, ela confirma, por outra via, que P. Mouillot era mais do que um simples prestador de serviços de impressão, tal como David Corazzi que, sobretudo após a saída de Elísio Mendes, não se limitava a distribuir a publicação, como indicam os contratos de impressão.

A *Revista de Portugal* veio a público em julho de 1889, impressa no próprio país, sem ilustrações e dirigida apenas por Eça de Queirós que, já em agosto do ano anterior, informava a Genelioux: "*Mr. Mariano Pina*

---

149 As cartas que Eça remeteu em 05 e 07/06/1888 tratam da chegada de Pina a Londres. Ver, respectivamente, Queirós, *Correspondência. Página de vida íntima e literária*, p.122, e idem, *Cartas e outros escritos*, p.125. A respeito do tema, ver: LUCA, Tania Regina de. *A Ilustração* (Paris, 1884-1992) e a *Revista de Portugal* (Porto, 1889-1892): diálogos entre projetos editoriais e possibilidades técnicas. *Topoi. Revista de História*. Rio de Janeiro, v.18, n.34, p.91-115, jan.-abr. 2017.
150 Idem, *Correspondência*, v.2, p.513, carta enviada por Eça a Genelioux em 17/08/1888.

qui était dans ceci mon associe prend en main une autre affaire que réclame sa résidence en Portugal".[151] De fato, Pina envolveu-se com a representação de Portugal na Exposição Universal comemorativa do centenário da Revolução Francesa, atividade que o absorveu bastante e o obrigava a ir constantemente a Lisboa sem, contudo, deixar de ter residência fixa em Paris.[152]

Foi somente a partir do exemplar d'*A Ilustração* publicado em 15 de novembro de 1890 que Lisboa tomou o lugar de Paris no cabeçalho. Os assinantes e leitores por certo notaram a alteração no que concerne à data das edições, que passou dos dias 5 e 20 de cada mês para os dias 15 e 30 ou 31. Ao longo do ano de 1891, nova modificação, com um único número publicado a 15 de janeiro, enquanto de fevereiro até o último exemplar estampou-se a data de 1º e 15, exceção feita às edições do mês de junho, que saíram nos dias 5 e 15. Essas mudanças podem ser atribuídas às dificuldades envolvidas na remessa de material de Lisboa a Paris, tendo em vista que a redação e a impressão apartaram-se.

Outro ponto a ressaltar é a ausência do endereço de seus escritórios, exceção feita às duas edições de novembro de 1890, nas quais se mencionou a Rua Ivens n. 20. A inexistência de sede física por certo dificultava a comunicação da revista com leitores, assinantes, críticos e outros órgãos da imprensa, restando aos interessados a alternativa de dirigirem-se ao distribuidor. Vale lembrar que as pequenas salas que abrigavam as redações das revistas constituíam-se em locais privilegiados para contatos e conhecimentos, reuniam responsáveis, colaboradores e simpatizantes, atraíam literatos de passagem pela cidade, que até lá iam para encontrar colegas e prestar suas homenagens ao diretor, constituindo-se em espaços de discussões e trocas, nos quais se debatiam ideias, compartilhavam-se confidências

---

151 Ibidem, p.516, carta remetida por Eça em 29/08/1888. ["Sr. Mariano Pina, que era meu associado nisso, assume um outro negócio que exige sua residência em Portugal".] Para estudo sistemático da revista, ver: Coelho, *Londres em Paris*. Eça de Queirós e a imprensa inglesa, sobretudo p.69-136.

152 A seção "Crônica", sob a responsabilidade de Pina, permite acompanhar suas viagens pela Europa. Em abril de 1888 estava em Lisboa, em meados do ano visitou a Inglaterra e a Holanda, e o encontramos novamente na capital portuguesa em setembro e outubro, não sendo possível precisar até quando lá permaneceu. Essa segunda estadia em Lisboa ocorreu para tratar de questões ligadas à representação de Portugal na Exposição de 1889, na qual se envolveu diretamente, como atestam os textos que publicou n'*A Ilustração*. A oportunidade inviabilizou o trabalho na revista projetada por Eça de Queirós.

e fortaleciam-se amizades. Tal circunstância sugere que a publicação confundia-se com a figura do diretor proprietário, além de colocar questões a respeito do seu processo de fatura, que talvez tendesse a tornar-se uma atividade mais solitária, comprometendo a polifonia do conteúdo. Igualmente chama a atenção o desaparecimento da menção ao impressor francês, que deixou de ser feita no exemplar em que se anunciou a mudança para Lisboa. Sabe-se pelos contratos preservados no acervo de Pina, no entanto, que a revista continuou a ser impressa por P. Mouillot ao longo do ano de 1891, informação não disponível para os que folheavam a publicação e se fiavam nas justificativas de Pina para a transferência de endereço. Observe-se a ambiguidade de suas palavras, que não distinguem o trabalho da redação e o de impressão:

> O presente número da *Ilustração* já é feito em Lisboa... Tal era um dos melhoramentos que há muito desejávamos realizar na nossa revista, e que hoje conseguimos pôr em prática.
> A *Ilustração*, que nenhuma publicação do mesmo gênero ainda foi capaz de exceder no que respeita à sua parte artística, não podia muitas vezes competir com os seus concorrentes em assuntos de atualidade literária, crítica e mundana. O seu texto pecava pela demora nos transportes marítimos, nas expedições em caminhos de ferro, e nas passagens pelas alfândegas.
> Foi esse problema que procuramos resolver: é essa dificuldade que hoje vencemos, – apresentando aos nossos leitores de Portugal uma *Ilustração* feita em Lisboa, e que vai ser uma revista de família, uma revista de atualidades, com todos os atrativos da última hora [...].
> Para tudo quanto respeita a venda avulso [sic] e a assinatura, tanto em Portugal como no Brasil, continua sendo nosso único agente a Companhia Nacional Editora.[153]

A mudança era apresentada como fruto da necessidade de ganhar agilidade, argumento que poderia ser considerado de ordem mais retórica, sobretudo quando se tem em vista que a revista não assumia compromissos para além das novidades nos campos literário e crítico, com as devidas concessões ao mundanismo, o que implicava uma relação ainda bastante

---

153 Aos nossos leitores, A *Ilustração*, ano7, v.7, n.21, p.323, 15/11/1890.

frágil com a atualidade. As considerações restringiam-se à parte textual, na medida em que a artística – leia-se: imagética – continuaria a exibir o padrão em vigor, com gravuras que provinham, principalmente, do acervo do impressor francês.

Não deixa de surpreender o absoluto descaso em relação ao leitor brasileiro e ao Brasil, para os quais não se reservou nenhuma palavra de esclarecimento quanto aos novos rumos da publicação, com informações relativas apenas à maneira de adquiri-la. E, nesse passo, observe-se a decalagem entre o cabeçalho, que ainda ostentava o nome de David Corazzi, e a informação sobre o agente, que remetia para a Companhia Nacional Editora.

É certo, portanto, que pelo menos desde novembro de 1890 Mariano Pina estava de retorno a Lisboa, mas há fortes indicações de que a preparação tenha começado bem antes. O acervo guarda várias de suas cadernetas, com apontamentos que não precisam datas e nas quais ele tinha o hábito de anotar tarefas a cumprir, rascunhar projetos e ideias. As páginas não eram utilizadas de maneira sequencial, havendo várias que permaneceram em branco. Não é implausível que, diferentemente das agendas, sempre precisas na marcação do tempo e concebidas para servir o seu proprietário durante período bem determinado, esses caderninhos, livres das amarras dos calendários, tenham-no acompanhado sem que fossem respeitados o início e o fim de um dado ano civil. Num deles, escrito a lápis, como era seu hábito, ele registrou uma série de tarefas a cumprir em Lisboa. Nas páginas 16 e 17 precisou: "A tratar em Lisboa. Corazzi. *Ilustração* três vezes por mês a partir do mês de junho [...]. Em que sentido pensa alterar o contrato para 1890. *A Ilustração* com romances. Se quer ou pensa ter um agente em Paris. Em que condições?...".

A lista permite que se datem essas anotações do ano de 1889, pois há referência ao contrato para o ano seguinte, que deveria ser assinado em outubro, como estipulavam os que foram conservados no acervo. A menção ao encurtamento da periodicidade, previsto para julho nas suas anotações, permite recuar o registro para antes deste mês. Entretanto, n'*A Ilustração* tal possibilidade só foi aventada no exemplar de 5 de setembro de 1889, quando os leitores foram convidados a enviar para a redação o seu voto – pró ou contra a publicação de três exemplares por mês. O objetivo era tornar a revista "mais variada e mais interessante", prevendo-se a imediata inauguração dos romances ilustrados, textos para a família com imagens provenientes dos melhores artistas franceses. A ideia não foi adiante, a despeito de Pina anunciar, no exemplar datado de 5 de outubro, que já recebera 1.800 adesões a favor da alteração.[154] Merece destaque a menção à presença de um agente em Paris, indício de que ele já tinha em vista transferir a redação para Lisboa.

No mesmo caderno, algumas páginas à frente, há outra lista de tarefas. Se a primeira referia-se especificamente a assuntos para discutir com David Corazzi, a outra vinha encimada pelo título "Diversos" e continha algumas ações que diziam respeito diretamente à *Ilustração*:

> Saber o preço da composição e da impressão de 5 mil exemplares da *Ilustração* em Lisboa.
>
> Saber quanto pode custar o aluguel de um escritório (1º andar) na rua [ilegível] ou imediações.
>
> Saber o custo, por quilo, de direitos de entrada de França de gravura sem texto.
>
> Ver quanto custa cada número da *Ilustração* pelo correio dentro de Portugal.
>
> Quanto vale um empregado por mês? Caixeiro escriturário?
>
> Falar com Justino Guedes, e saber quem decide assuntos da nova Companhia Editora. Ver em que disposições ele se acha. Incutir-lhe a ideia da compra da *Ilustração* – parte de Mouillot – e depois explorarmos largamente o jornal em Portugal.
>
> Saber onde se registram títulos e ir *imediatamente* registrar nome da *Ilustração* como jornal a fundar em Portugal, diretor Mariano Pina.[155]

O rol continua a referir-se ao ano de 1889, que assinalou a organização da Companhia Nacional Editora, além de atestar que Pina estudava as possibilidades de transferir para Lisboa não apenas a edição, mas também a impressão da revista. O mais importante, porém, diz respeito à possível venda da parte de Mouillot a Justino Guedes, o que confirma, mais uma

---

154 Os exemplares d'*A Ilustração* de 05 e 20/09/1889 trouxeram a proposta, que foi reafirmada até o final do ano, inclusive com transcrição de trechos de cartas que teriam sido enviadas pelos leitores. Entretanto, no ano seguinte, o tema não foi mais mencionado ou discutido na revista.

155 BNP, Lisboa, Espólio N17/448, Livro de apontamentos de Mariano Pina, p.16-7 e p.20-5 (grifo no original). As páginas 18-9 estão em branco.

vez, que ele não era o único proprietário do negócio e permite compreender a razão da instalação da revista no Quai Voltaire n. 13, mesmo que nos contratos não se registre aumento das responsabilidades do impressor francês, que talvez se limitassem à cessão das duas salas ocupadas por Pina.

Não constitui tarefa simples precisar a cronologia do que ocorreu com Pina e sua *Ilustração* no decorrer do ano de 1890. O que se pode afirmar com certeza é que os anos em Paris não significaram o rompimento de seus laços com Lisboa, tendo em vista que ele nunca deixou de colaborar em várias publicações portuguesas e que suas crônicas, desde os tempos da *Gazeta de Notícias*, eram reproduzidas em periódicos do país. Além do mais, havia anos que atuava como editor de elegante publicação, o que lhe assegurava lugar privilegiado no mundo letrado dos dois lados do Atlântico.

Marco importante foi sua participação como secretário do Comitê Português que preparou a representação do país na Exposição Universal de 1889, alusiva ao Centenário da Revolução Francesa, que lhe deu a oportunidade de aproximar-se dos círculos do poder. Desde o início, os preparativos estiveram envoltos em polêmicas, das quais Mariano Pina e Bordalo participaram intensamente, criticando o rumo tomado pelo Conselheiro João Crisóstomo Melício (1836-1899), encarregado da tarefa desde agosto de 1888. Os ventos mudaram quando o governo decidiu substituí-lo pelo jornalista e influente político Mariano Cirilo de Carvalho (1836-1905), que acabara de deixar o cargo de ministro da Fazenda, exercido entre fevereiro de 1886 e fevereiro de 1889, sob a suspeita de uso pouco ortodoxo dos recursos públicos. *A Ilustração* saudou a escolha[156] e reservou largo espaço em seus números para o evento, que se estendeu de 6 de maio a 31 de outubro de 1889.

O ano de 1890 foi particularmente difícil para Portugal. Às questões de ordem econômica somou-se, logo em janeiro, a crise política resultante do Ultimatum inglês, que obrigou o país a renunciar às suas pretensões territoriais na África, fato que deu origem a uma onda de patriotismo em face do orgulho nacional ferido e que incluiu campanha de subvenção nacional, lançada por jornalistas para compra de material de guerra destinado à defesa das colônias. Pina não se furtou ao debate e publicou, na forma de carta

---

156 A capa d'*A Ilustração* foi dedicada ao tema e trouxe busto de Carvalho. *A Ilustração*, ano 6, v.6, n.7, p.97-8, 05/04/1889.

aberta ao Presidente do Conselho de Ministros, o opúsculo de dezesseis páginas, *Portugal perante a Europa*, editado por P. Mouillot, que não traz a data de publicação, mas que figurou originalmente como crônica n'*A Ilustração*.[157] Criticava-se duramente a negligência do governo português, incapaz de apresentar argumentos em prol das suas reivindicações na África e de mobilizar a imprensa internacional a seu favor. O clima de beligerância da revista contra os britânicos vinha expresso na seguinte nota da redação, que não deixava margem para dúvidas:

Figura 1.15: Nota da redação contra a Inglaterra.

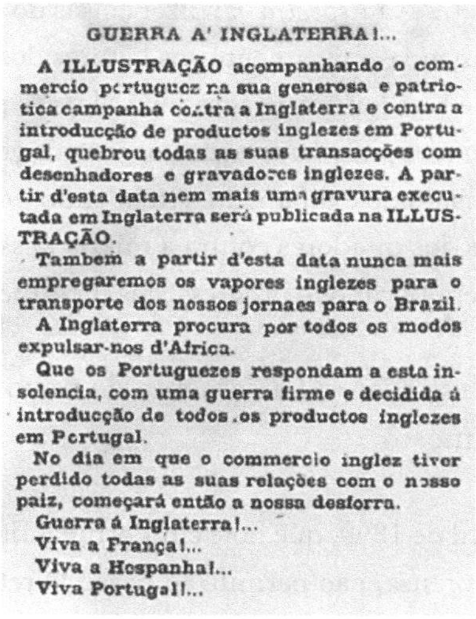

> **GUERRA A' INGLATERRA!...**
> A ILLUSTRAÇÃO acompanhando o commercio pertuguez na sua generosa e patriotica campanha contra a Inglaterra e contra a introducção de productos inglezes em Portugal, quebrou todas as suas transacções com desenhadores e gravadores inglezes. A partir d'esta data nem mais uma gravura executada em Inglaterra será publicada na ILLUSTRAÇÃO.
> Tambem a partir d'esta data nunca mais empregaremos os vapores inglezes para o transporte dos nossos jornaes para o Brazil. A Inglaterra procura por todos os modos expulsar-nos d'Africa.
> Que os Portuguezes respondam a esta insolencia, com uma guerra firme e decidida á introducção de todos os productos inglezes em Portugal.
> No dia em que o commercio inglez tiver perdido todas as suas relações com o nosso paiz, começará então a nossa desforra.
> Guerra á Inglaterra!...
> Viva a França!...
> Viva a Hespanha!...
> Viva Portugal!...

Fonte: *A Ilustração*, ano7, v.7, n.3, p.34, 05/02/1890.

Mesmo residindo em Paris, Mariano envolvia-se ativamente nas questões que agitavam Portugal, tanto que em 3 de maio de 1890 lançou *O Espectro: Castigo Semanal da Política*, que circulou até o início de agosto, totalizando catorze edições. Tratava-se de panfletos, com pouco mais de uma trintena de páginas, impressos em Paris pela mesma tipografia d'*A*

---

157 Pina, *Portugal perante a Europa*. Carta aberta ao Sr. Presidente do Conselho de Ministros. Paris: P. Mouillot, s/d. Publicado em: *A Ilustração*, ano7, v.7, n.3, p.34-5, 05/02/1890. Nota da redação na p.46 esclarecia que: "O nosso diretor Mariano Pina mandou fazer uma tiragem de 1000 exemplares da crônica do presente número da *Ilustração*, em folheto, vendendo-se cada exemplar ao preço de 100 réis. O produto desta venda é destinado integralmente à subscrição nacional".

Ilustração e que traziam ácidos comentários sobre a política portuguesa, especialmente sobre a legislação que limitou drasticamente a liberdade da imprensa em Portugal. Ao amigo Bordalo assim anunciou o novo empreendimento:

> A estas horas já deves ter recebido o 1º número de um panfleto semanal, o *Espectro* que acabo de lançar e que sairá todos os sábados. Esse panfleto será a expressão exata do asco que causa a todo o português a situação política e financeira que nos criou este governo no estrangeiro, e principalmente em França. Hoje somos perante a Europa mais do que um povo ridículo – somos um povo enlameado. [...] O *Espectro* vai dizer coisas do diabo. Ora enquanto o não suprimem, recomenda-o vivamente aos leitores dos *Pontos nos ii* [Lisboa, 1885-1891] e diz-me se a leitura te agradou. Mais te peço que me dês a tua opinião, e que *me mandes para Paris* todos os jornais governamentais em que eu vou passar a ser insultado e difamado. Atendendo a que me não chegam cá, e quero ler as cóleras dos ditadores contra a minha pessoa. Diz-me também o que vai por aí entre republicanos e progressistas. Põe-me ao fato de tudo [...].[158]

Nas páginas d'*A Ilustração*, o lançamento do novo periódico foi justificado nos seguintes termos:

> A lei de 08 de abril de 1890, que hoje em Portugal fiscaliza e castiga os chamados delitos de imprensa, não permite ao nosso Diretor – sem graves riscos de processo para a nossa revista, e mesmo de interdição em Portugal – que ele critique os gravíssimos acontecimentos que se tem dado e que desgraçadamente se continuarão a dar na política portuguesa.

---

158 Carta de Mariano Pina a Rafael Bordalo Pinheiro de 02/05/1890. BNP, Lisboa, Manuscritos avulsos, A/5865, na qual se insurgiu contra as draconianas medidas que restringiam a liberdade de imprensa em Portugal, instituídas pelo Decreto de 29/03/1890. Na resposta, datada de 22/05/1890, Bordalo escreveu: "O *Espectro* tem feito o barulho natural às peças de escândalo, é claro que os jornais do governo não te têm poupado e os da oposição têm te transcrito, já devias esperar isso, inclusivamente até o *Diário de Notícias* [Lisboa, 1864] te tem feito reclame [...]. Parabéns e coragem para continuar, estou certo que os lucros financeiros serão grandes e os morais serão nenhuns. Não há nada que levante o espírito público, eu cansado de bater-me desinteressadamente pelos princípios sãos e pelas coisas e homens que me parecem honestos, não tenho feito mais do que ser instrumento de elevação dos outros".

Para que a influência artística e literária que a *Ilustração* tem exercido em Portugal não sofra com alguma crítica justa e severa do nosso Diretor a algum sr. Ministro da coroa – Mariano Pina resolveu não tratar na *Ilustração* assuntos de política militante. E para ter mais larga independência de crítica e de palavra, para poder combater corajosamente por toso os princípios de Liberdade e de Justiça que sempre tem sido a sua divisa – acaba de empreender a publicação de um panfleto semanal, intitulado *O Espectro*.[159]

Na revista, foram frequentes as referências à publicação, com registro de elogios, novas edições e seus principais temas, publicação de excertos, além de reiterados convites para que os assinantes da revista solicitassem um exemplar gratuito.

Figura 1.16: Nota comunicando o lançamento do panfleto *O Espectro*.

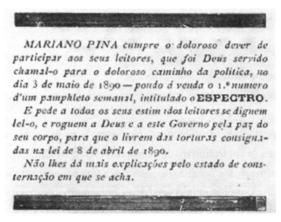

Na justificativa apresentada por Pina, tratava-se de proteger *A Ilustração* de possíveis represálias por conta da nova lei de imprensa.

Fonte: *A Ilustração*, ano7, v.7, n.9, p.130, 05/05/1890.

É muito provável que a repercussão dessas iniciativas, somada ao seu recente desempenho na secretaria do Comitê Português para a Exposição

---

159 Nota da redação. *O Espectro*. Castigo semanal da política, *A Ilustração*, ano7, v.7, n.9, p.131, 05/05/1890. Sobre a conjuntura aberta pelo Ultimato e pelas negociações com a Inglaterra, que levaram ao controle da imprensa e o cerceamento das manifestações pública, ver: Teixeira, Política externa e política interna no Portugal de 1890: o Ultimatum inglês. *Análise Social*, v.XXIII, n.98, p.687-719, 1987. Pina enganou-se sobre a data da lei, que trouxe a data de 7 de abril.

de 1889, tenha lhe valido notoriedade e aumentado seu capital político.[160] Entre junho e dezembro de 1890, inclusive, ele foi convidado para tomar a frente do *Diário Popular*, tarefa que não poderia ter cumprido de Paris. A folha atuava como caixa de ressonância dos interesses do influente Mariano de Carvalho, com quem Pina acabara de manter relações próximas por conta da representação portuguesa na Exposição Universal de 1889, e que agora era enviado em viagem à África, razão pela qual se afastava da direção do jornal, confiado a Pina.[161]

De fato, n'*A Ilustração* há menções de viagens a Portugal que impediram o diretor de escrever sua crônica[162] e a correspondência guarda alguns indícios de deslocamentos constantes entre Paris e Lisboa. Veja-se a seguinte carta de Cardoso de Bettencourt (1865-?), datada de 6 de agosto de 1890, em cujo envelope lê-se Hotel Universal de Lisboa, o que sugere que Pina estava de passagem e não residia na cidade, na qual ele relatava as dificuldades de se trabalhar com Augusto Pina:

> *J'ai eu enfin de vos nouvelles ! Je me réjouis de voir que tout marche bien et que vous allez nous revenir.*
>
> *Je savais seulement par les journaux portugais que vous étiez arrivé heureusement à Lisbonne.*
>
> *Bien que j'aille très régulièrement chez vous, je ne rencontre jamais votre frère Augusto, depuis la correction du dernier numéro de l'Ilustração.*
>
> *J'avais pris rendez-vous avec lui pour cette correction et il m'a dit, le jour indiqué par vous, qu'il ne pouvait se rendre à l'imprimerie, que tout avait été arrangé par lui et qu'il serait inutile que je fisse le voyage d'Issy. Je lui ai fait observer que vous m'aviez chargé de revoir les dernières épreuves avec lui, que je ne connaissais que le devoir – en matière de journalisme, – et que j'irais le lendemain chez Mouillot. Ce que j'ai fait.*

---

160 O cargo conferiu-lhe prestígio e novas oportunidades de trabalho, a exemplo do convite feito em 30/04/1889 por Sebastião de Magalhães Lima para que ele ou Xavier de Carvalho, que o ajudava n'*A Ilustração*, enviassem para *O Século* (Lisboa, 1881-1983) uma ou duas correspondências semanais sobre a Exposição, mediante remuneração não estipulada. BNP, Lisboa, Espólio N17/15.

161 Para análise da viagem de Mariano de Carvalho e do contexto que o levou novamente ao Ministério de Fazenda, ver: Fernandes, *Mariano Cirilo de Carvalho. O "poder oculto" do liberalismo progressista (1876-1892)*, p.323-50.

162 Ver: *A Ilustração*, ano7, v.7, n.5 e 15, publicados em 05/05 e 05/08/1890, respectivamente.

Je l'ai vu à l'imprimerie, j'ai corrigé les épreuves, mais, avant d'avoir vu le numéro, il m'est impossible de vous dire s'il a tenu compte de mes corrections.

Depuis lors, je n'ai rencontré Augusto que par hasard, un soir que j'étais allé au Moulin Rouge [...].

Quant à Augusto, je sais qu'il rentre habituellement entre 1 et 2, et même 3 heures de matin – Où Diable ! Peut-il bien aller ?

Je lui écris pour lui demander quel jour nous irons à Issy. Va-t-il me répondre ? – Je suppose que oui, car il m'a quitté en bons termes et se montre, vous le savez, généralement obéissant, quand ce qu'on lui demande ne le dérange pas trop [...].

Revenez vite, mon cher Directeur [...].

Votre ami dévoué et futur rédacteur.[163]

Não admira que "o futuro redator" estivesse ansioso pela volta de Pina. Este, por seu turno, enviou carta para o seu endereço em Paris (Rue d'Aumale n. 27), que curiosamente trazia o dia da semana (quinta-feira), mas não a data, a qual pode ser parcialmente inferida a partir do envelope (outubro de 1890). Augusto recebia indicações bem explícitas:

Recebes esta carta no sábado, e vai a Issy ver as provas do que mando hoje. A minha crônica vai amanhã, de modo que na 2ª feira volta a Issy, com o [Cardoso] Bettencourt, e que tudo fique pronto nesse dia. Continuo a não receber notícia tuas, e não receber nem *Ilustração*, nem *Monde Illustré*... Muito obrigado.

Mariano.

---

163 Carta de Cardoso Bettencourt remetida a Pina em 06/08/1890. BNP, Lisboa, Espólio N17/321. O fato de morar num hotel indica que sua presença em Lisboa era transitória. ["Recebo enfim notícias suas! Alegro-me de ver que tudo corre bem e que você voltará. Eu soube *somente pelos jornais portugueses* que você tinha chegado bem a Lisboa. Ainda que eu vá muito regularmente à sua casa, eu nunca encontro o seu irmão Augusto desde a correção do último número da *Ilustração*. Eu havia marcado um encontro com ele para esta correção e ele me disse, no dia indicado por você, que ele não podia ir à tipografia, que tudo havia sido resolvido por ele e que seria inútil que eu fizesse a viagem de Issy. Eu lhe disse que você me havia encarregado de rever as últimas provas com ele, e que eu só conhecia – em matéria de jornalismo – o dever e que eu iria no dia seguinte ao Mouillot. Foi o que eu fiz. Eu o vi na tipografia, eu corrigi as provas mas, antes de ver o número, me é impossível dizer se as minhas correções foram feitas. Desde então, eu só encontrei o Augusto por acaso, uma noite que eu fui ao Moulin Rouge {...}. Quanto ao Augusto, eu sei que ele retorna habitualmente entre 1 e 2, e mesmo 3 horas da manhã. – Onde diabo ele vai? Eu lhe escrevi para perguntar quando nós iremos a Issy. Ele irá me responder? Suponho que sim, pois foi em bons termos que nos despedimos e ele se mostra, você o sabe, geralmente obediente quando aquilo que se solicita não o aborrece muito {...}. Volte logo, meu caro Diretor {...}. Seu amigo devotado e futuro redator".]

A mamãe está aqui e manda-te recado. Peço-te a especial fineza de não andares em pagodes e de não fazeres o que fizeste da outra vez, quando estive ausente. Se precisares de dinheiro procura a Maria, a quem vou mandando a pouco e pouco.[164]

Note-se que a referência à mãe constituía-se num reforço de cunho moral, pois se tratava de evitar que Augusto adotasse o mesmo comportamento anterior, bem expresso na carta de Bettencourt, tanto que Pina o advertiu para que não repetisse o que fez *da outra vez* em que ele esteve ausente. Fica evidente que Mariano estava em constante trânsito entre Paris e Lisboa, em função da circunstância de responder pela edição de duas publicações bem diversas.

A ajuda de Augusto era ainda mais necessária uma vez que, desde meados do ano anterior, ele já não contava com a presença de Xavier de Carvalho,[165] seu companheiro nos trabalhos da redação desde 1885, por conta das críticas que este fez à presença de literatos na comissão portuguesa na Exposição de 1889, sugerindo que fossem substituídos por industriais sérios e comerciantes honestos, o que atingia diretamente a Pina.[166]

---

164 Carta de Mariano Pina a Augusto. BNP, Lisboa, Espólio N17/49. A forma de datar indica que, mais do que o precisar dia do mês e ano, Pina fez mesmo questão de marcar o dia da semana, quiçá para estreitar a margem de manobra do irmão.

165 Carvalho foi um colaborador assíduo em diferentes periódicos portugueses, inclusive do paulistano *Diário Popular*. Republicano convicto, simpatizava com o socialismo e foi um dos fundadores da Fédération Universelle des Peuples. É considerado um dos introdutores do decadentismo na literatura portuguesa.

166 Ver carta de Xavier de Carvalho a Pina, endereçada do Porto em 15/09/1885, em que aceita a oferta do amigo e acerta sua transferência a Paris. BNP, Lisboa, Espólio N17/8. O rompimento deu-se por carta que Mariano dirigiu-lhe em 05/07/1889: "O número da *Província*, de 2 de julho corrente, acaba de me convencer plenamente de que nós andamos divergindo em muitos pontos, e de que não podemos, com dizem os franceses: – *faire bon ménage ensemble*. Parece-me portanto da maneira conveniente desligarmo-nos de relações de interesse, e cada qual seguir o caminho que mais lhe convier, havendo entre nós apenas as relações pessoais e de boa camaradagem jornalística, que tínhamos antes de nos ligarmos pela *Ilustração*. Acredite que é com bastante mágoa que me vejo forçado a escrever estas linhas, – mas deves compreender que todas as leviandades devem ter um limite, e que as tuas progridem assustadoramente. Em todo o caso, separados como vamos ficar, sempre me encontrarás, se alguma vez precisares d'um camarada sincero e dedicado. E acredita-me *sans la moindre rancœur*". BNP, Lisboa, Espólio N17/8. O exemplar do jornal, com o texto de Xavier que originou o rompimento, foi preservado no acervo. BNP, Lisboa, Espólio N17/183.

A própria revista fornece pistas sobre os passos do seu diretor, que habilmente propalava suas atividades recorrendo às aparentemente neutras e informativas notas da redação. Sabe-se assim que, pelo menos desde outubro de 1890, logo quando respondia pelo *Diário Popular* na ausência de Mariano de Carvalho, Pina estava às voltas com a organização de um jornal, a ser lançado em Lisboa e que, naquele momento, ainda nem sequer tinha título, como se vê no anúncio abaixo.

Figura 1.17: Anúncio de futuro jornal, ainda sem título.

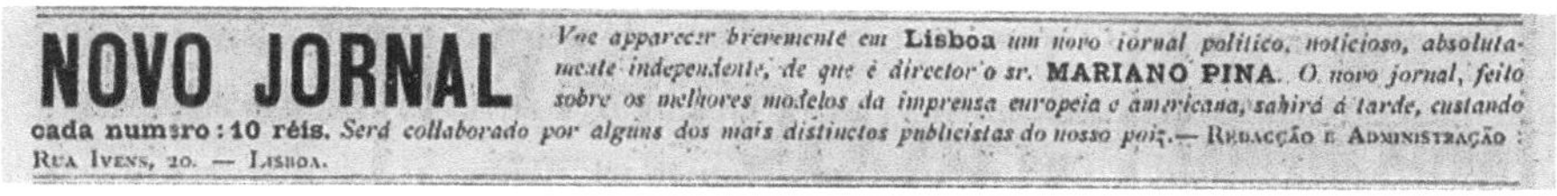

NOVO JORNAL *Vae apparecer brevemente em* **Lisboa** *um novo jornal politico, noticioso, absolutamente independente, de que é director o sr.* **MARIANO PINA**. *O novo jornal, feito sobre os melhores modelos da imprensa europeia e americana, sahirá á tarde, custando* **cada numero: 10 réis.** *Será collaborado por alguns dos mais distinctos publicistas do nosso paiz.* — REDACÇÃO E ADMINISTRAÇÃO: RUA IVENS, 20. — LISBOA.

Fonte: *A Ilustração*, ano7, v.7, n.19, p. 304, 05/10/1890.

Os seus papéis guardam muitos projetos e anotações para jornais, como atesta a maquete da primeira página de um semanário intitulado *O Diabo*, projetado para circular em 3 de janeiro de 1887 e para o qual se estipulam preço, seções, colaboradores e programa.[167] Entretanto, essa precisão pode ser considerada uma exceção. Um dos caderninhos de anotações conservados no espólio, que se abre com nota sobre a necessidade de ir à cidade de Lisboa em abril de 1889, contém em suas páginas, ocupadas de modo irregular, projetos detalhados sobre a fundação de vários jornais: o diário *A Gazeta*, os semanários *A Parvónia*, Jornal das Classes Aborrecidas, e *Dom Quixote*, além d'*A Tarde*, planos que não se realizaram, pelo menos com tais títulos.[168]

Há outros documentos relativos à fundação de periódicos. Para o ano de 1890, Pina esboçou um *Annuaire du Portugal*, cujo projeto foi redigido em francês, mas se destinava ao público português, o que permite concluir que a sua impressão deveria ser negociada a partir da França, quiçá com o impressor d'*A Ilustração*. A tiragem prevista era de 3 mil a 5 mil exemplares e cada uma das quatro partes estava descrita em detalhes.[169] Ainda no que

167 BNP, Lisboa, Espólio N17/395. Trata-se de folhas cuidadosamente desenhadas, com indicações precisas da distribuição do conteúdo.

168 *Ilustração* e *Gazeta*. BNP, Lisboa, Espólio N17/404. No caderno as menções à *Ilustração* são bissextas.

169 Planos para o *Annuaire du Portugal*, 1890. BNP, Lisboa, Espólio N17/328, sem que se saiba a data na qual foram escritos.

concerne especificamente a jornais, registrem-se as observações feitas numa folha de papel almaço que detalhava título, horário, política para anunciantes, natureza do conteúdo – a ser lido por toda a família –, colaboradores, seções, enfim uma lista diversificada de questões sobre a projetada folha. Essas notas parecem ter sido retomadas, de modo ainda mais minudente e sistemático, em dois outros documentos, ambos sem data, um com 26 folhas e outro com uma dezena, que faziam referência explícita a um jornal que deveria intitular-se *Gazeta*. No primeiro, estão previstas despesas com móveis, livros para consulta na redação, rol de colaboradores, programa, mapa com disposição física da tipografia e da administração, serviço telegráfico, enfim todos os detalhes para instalação e funcionamento de um periódico. As outras dez folhas, materialmente idênticas ao conjunto anterior, abordam questões relativas aos meios de divulgar a futura folha, indicando que Pina despendeu significativa energia nesse projeto.[170]

Não é possível afirmar se a escritura desse material guarda relação imediata com o jornal anunciado n'*A Ilustração* e cujo nome só foi divulgado no exemplar da revista de 30 de novembro de 1890. De todo modo, Pina confessou, nas páginas d'*A Ilustração*, acalentar o sonho de talvez um dia lançar seu próprio diário, com o intuito de diferenciar-se da maioria que se vergava a interesses partidários e dos raros que, apesar de independentes, não intervinham na vida política:

> Ora em Portugal, o grande filão a explorar, o jornal que há de ser um dia uma força e uma fortuna, há se ser justamente o jornal independente, mas entrando decididamente nas lutas políticas; intervindo em todas as questões; não querendo saber das pessoas para apenas pensar no país; [...] imprimindo todos os dias a opinião dos que se queixam, opinião que nenhum jornal ousa imprimir; sendo finalmente – o órgão dos descontentes![171]

---

170 Observações, que me sugere fazer, à criação de um jornal em Lisboa, 26f. BNP, Lisboa, Espólio N17/198; *A Gazeta*. Instalação, redação, administração, tipografia, organização. BNP, Lisboa, Espólio N17/207 e *A Gazeta*. Publicidade, meios de propaganda e reclame, 10f. BNP, Lisboa, Espólio N17/229, todos sem data.
171 Pina, Imprensa lisbonense. Crônica, *A Ilustração*, ano5, v.5, n.3, p.34, 05/02/1888.

Figura 1.18: Anúncio de *O Nacional*.

Fonte: *A Ilustração*, ano7, v.7, n.22, p.351, 30/11/1890.

O Nacional, Jornal Político, Noticioso, Absolutamente Independente, efetivamente circulou entre de dezembro de 1890 e setembro de 1891.[172] Assim, mais do que a evocada "proximidade dos fatos", a mudança de Paris para Lisboa explicava-se pelas novas tarefas assumidas por Pina no campo do jornalismo. É de se notar a coincidência entre o retorno de Mariano de Carvalho de sua viagem da África (10/12/1890), o que significava que Pina deveria deixar o posto ocupado no jornal do ex-ministro, e o início da circulação da nova folha, que ocorreu em primeiro de dezembro.

Bordalo dedicou página inteira do seu *Pontos nos ii* à iniciativa e, de forma explícita, relacionou o retorno do amigo a Lisboa ao lançamento do *Nacional*. No acervo dos irmãos Pina há duas maquetes de capa, desenhadas por Augusto, no que parece ser um rascunho.

O Nacional tem interesse todo particular por ter sido editado conjuntamente com *A Ilustração* e, muito provavelmente, ter jogado papel decisivo para o retorno definitivo de Pina à cidade de Lisboa. Note-se que ele sempre figurou como diretor, enquanto a independência da folha, consignada no próprio subtítulo, era apresentada como sua característica mais

---

172 Para a última referência ao vespertino, cuja impressão era feita na Tipografia do *Nacional*, Rua do Carmo n. 3, ver: *A Ilustração*, ano7, v.7, n.28, p.367, 15/12/1890. Note-se que o endereço do jornal (Rua Ivens n. 20) era o mesmo indicado nos dois exemplares de novembro de 1890, únicos que trouxeram dados sobre a localização da redação em Lisboa.

Figuras 1.19-1.21: Anúncio d'*O Nacional* em *Pontos nos ii* e maquetes de Augusto Pina, conservadas no espólio.

Fonte: *Ponto nos ii*, ano6, n.284, p.386, 05/12/1890, disponível na BNP-BND.

Fonte: BNP, Lisboa, Espólio N17/322.

emblemática no "Ao público", que deu conta dos objetivos do novo periódico. Sem filiar-se a partidos ou grupos literários, apresentava-se como um diário "honesto e ousado".[173] No entanto, a exemplo do que ocorreu com *A Ilustração*, Pina entrava para a empreitada com o trabalho, mas não com os capitais necessários.

No seu acervo foram conversadas poucas missivas dos irmãos Moser (Henrique, que ostentava o título de Conde, Carlos e Eduardo), financiadores da publicação. A breve carta remetida de Lisboa por Carlos, em 9 de setembro de 1890, pode ser interpretada como um sinal verde para que Pina se mudasse para Lisboa: "Meu irmão recebeu a sua carta de 04 do corrente e pede-me para lhe dizer que você poderá partir quando entender – apreciou muito as suas informações sobre a fundação da empresa e espera que os seus cálculos e os seus estudos sejam tão completos quanto possível". A hipótese é reforçada pelo pedido que se segue: "Henrique tem a receber algum fato de Paris, se você não me disser nada em contrário, vou ordenar ao alfaiate que entregue a encomenda em sua casa, para você ter a bondade de ser seu portador".[174]

Alguns meses depois, em 23 de abril de 1891, o tom do outro irmão, Eduardo, era bem menos amistoso e revela os bastidores do negócio:

> O jornal que está confiado à sua direção, sobre custar-nos uma quantia importante, está-nos sendo origem de graves desgostos pela sua índole acentuadamente republicana. Nem eu nem ninguém da minha família temos sombras de tais ideias políticas, que absolutamente condenamos. O Henrique está ausente, e não pode portanto definir por uma vez a sua atitude perante a direção do jornal, mas eu como seu representante não posso calar em mim quanto a marcha política do jornal me desgosta, especialmente por estar me completa oposição com as nossas convicções, e deixo por esta carta lavrado o meu protesto, até que ele regresse e proceda como entender.[175]

---

173 Pina, Ao público, *O Nacional*, Lisboa, 01/12/1890, p.1. A Biblioteca Nacional de Portugal tem os exemplares compreendidos entre 01/12/1890 a 30/06/1891.
174 Carta de Carlos de Moser remetida a Pina em 09/09/1890. BNP, Lisboa, Espólio N17/301. "Fato" é o termo utilizado para terno em Portugal.
175 Carta de Eduardo Hofacker de Moser a Pina de 23/04/1890. BNP, Lisboa, Espólio N17/196.

Por certo, a missiva deixou Mariano bastante apreensivo, e ele preparou sua resposta logo no dia seguinte, como se vê no rascunho de sua carta, um dos raros preservados entre seus papéis:

> Se *O Nacional* um jornal de luxo e de interesse particular, e portanto são escusadas as tuas recriminações acerca do que ele custa, que ainda assim é muito menos do que o orçamento escrito em Cintra por teu mano Conde; – ou o *Nacional* é uma mercadoria que é preciso vender, que precisa encontrar leitores entre o povão, e então tem de entrar ao lado do elemento popular, e servi-lhe numa leitura a seu sabor, que não pode certamente agradar nos salões que tu frequentas.
>
> Se *O Nacional* é um jornal de luxo, para ser lido em meia dúzia de salas e por meia dúzia de amigos, precisamos transformá-lo nesse sentido. Se é uma folha popular, tem fatalmente de estar ao lado dos liberais avançados – como está o *Diário Popular*. D'aqui a concluíres que é uma folha republicana, vi uma grande distância.
>
> A política do *Nacional* tem sido até hoje a do *Diário Popular*, porém é a única aceitável pelo povo. Se há tumultos republicanos no Porto; se o governo e a Monarquia estão em crise, – a culpa nem é minha, nem é tua. É a fatalidade das coisas. Eu, porém, diretor de um jornal, sou obrigado e registrar o que se passa, o que se diz, e o que se escreve, pela simples razão de que não posso negar o que salta aos olhos de todos. Seria uma loucura, ou uma cegueira.
>
> Eis o que se me oferece responder à tua carta, ela me deixa profundamente desorientando, sem saber o que fazer.[176]

A filiação do jornal à família Moser não era um segredo, ainda mais porque Pina sempre figurou claramente como diretor e não como proprietário. Antes mesmo da estreia da folha, em conversa mantida entre Eça de Queirós e Antônio Nobre (1867-1900), devidamente registrada por este em sua correspondência, o nome de Pina veio à baila, assim como a menção às suas atividades em Lisboa: "Naturalmente comentámos outros inúteis que se vão arranjando. Por exemplo o Pina, citei eu, Oh *mas esse é um videiro*, berrou o

---

[176] Carta rascunho de Mariano Pina a Eduardo Hofacker de Moser de 24/04/1891. BNP, Lisboa, Espólio N/17/196. Vale assinalar que, para chegar a este texto, Pina cuidou de bem escolher as palavras, o que se percebe pela existência de vários rabiscos e reformulações no material preservado.

Eça: *veio, aqui para Paris, criou A* Ilustração, *foi vivendo e ei-lo agora em Lisboa com 200 mil réis por mês, num jornal dos Mosers. Oh, esse é um videiro!*".[177]

Em setembro de 1891, *O Nacional* deixou de circular, o que pode ter frustrado Pina, mas não o colocou na inatividade, pelo contrário, além de continuar a responder pela *Ilustração*, galgou importante posto no segundo escalão do poder, ao tornar-se secretário de Mariano de Carvalho que, entre junho de 1891 e janeiro de 1892, foi reconduzido ao Ministério da Fazenda, num momento particularmente complicado para as finanças portuguesas.[178]

As exigências do poder tinham o seu preço. Navegando ao sabor dos ventos políticos e tendo que emprestar sua pena a tarefas diversificadas, é provável que *A Ilustração* tivesse se tornado um fardo não muito rentável. A circulação, pelo menos a estipulada nos contratos com Mouillot, estava estacionada nos 4 mil e 500 exemplares, e é difícil precisar qual era, realmente, a parte de Pina. No caderno de anotações relativo ao ano de 1890, estava consignada a intenção de negociar a revista com a Companhia Nacional Editora, sem que se saiba em que termos e tampouco se o projeto chegou a realizar-se. De outra parte, desde a mudança para o Quai Voltaire n. 13, há fortes indícios de que o impressor francês era mais do que um simples prestador de serviços.

Aliás, as cartas são preciosas justamente por permitir acompanhar tratativas que os leitores d'*A Ilustração* não tinham como suspeitar, como bem exemplifica a correspondência, datada de 2 de janeiro de 1892 e enviada por J. Bolbach, funcionário da *Société Anonyme de Publications Périodiques*, que dá a conhecer os projetos de Pina em relação à *Ilustração* ou, mais precisamente, à parte que detinha da revista:

J'ai bien votre lettre du 29 écoulé. Ainsi que vous le disait ma dernière lettre, M. Mouillot avant de prendre une décision, tient à s'assurer, par lui-même, du parti

---

177 Matos, (org. e coord.), *Dicionário de Eça de Queiroz*, p.675, reproduz a íntegra da carta remetida em 25/11/1890 ao escritor e diplomata português Alberto de Oliveira (1873-1940), anterior à publicação do primeiro número d'*O Nacional*. É difícil confirmar o montante recebido por Pina, mas é possível ter uma ideia do que ele significava à época a partir das afirmações de Fernandes, *Memórias do Esculápio*, p.128, que evocou sua entrada para *O Século*, em fevereiro de 1893, com salário de 30 mil réis. Não é de admirar que o responsável por um diário recebesse bem mais do que um colaborador ou funcionário subalterno.

178 Ver as cartas enviadas por Fernand Xau a Pina em 07 e 08/1891, propondo ao secretário do Ministro da Fazenda campanha pela imprensa francesa favorável a Portugal. BNP, Lisboa, Espólio N17/360.

que l'on peut tirer du journal dans les circonstances actuelles. Il ne pourra le faire qu'autant qu'il aura sous les yeux, la liste des abonnés. Au surplus, il n'y a pas urgence absolue de faire imprimer immédiatement le premier n. de 1892, puisque les abonnés n'ont pas encore reçu les numéros de novembre et décembre. Lorsque vous nous aurez adressé la liste des abonnés, M. Mouillot examinera l'affaire et je vous ferai part de sa décision.[179]

Observe-se a referência à carta de 29 de dezembro de 1891, momento em que Pina ainda estava no Ministério da Fazenda. A resposta de Bolbach deve ter chegado pouco antes de ele perder seu cargo em decorrência da demissão de Carvalho do Ministério da Fazenda, ocorrida no dia 17 de janeiro. A missiva também revela que a periodicidade da revista estava bastante comprometida, com quatro números ainda não impressos, possivelmente por não terem sido remetidos ao impressor. A insistência em resolver o assunto parecia esbarrar na lógica do impressor francês, que não decidiria fiando-se apenas na palavra de Pina; ele queria ver a lista de assinantes e avaliar as vantagens que o negócio lhe proporcionaria.

O certo é que em janeiro de 1892 foi publicado o último número da revista que, inclusive, não trouxe o nome de Mariano Pina, contrariando prática vigente em todos os números anteriores, nos quais ele compareceu primeiro como diretor e depois na condição de diretor proprietário. E tampouco se dirigiu aos leitores para dar conta do encerramento da publicação, tarefa que coube à Companhia Nacional Editora que, na última página, comunicou a decisão de "deixar de ser agentes do jornal A Ilustração" em função da exagerada diferença do câmbio com o exterior e da elevação dos direitos aduaneiros sobre trabalhos tipográficos importados. Anunciava-se a intenção de, em futuro não estipulado, voltar a editar publicação congênere, mas que fosse exclusivamente portuguesa, "no texto e na gravura". A empresa informava prejuízo de "alguns contos de réis", mas ponderava: "não perdemos foi o crédito, a confiança que ao público tem merecido a

---

179 Carta de J. Bolbach a Mariano Pina de 02/01/1892. BNP, Lisboa, Espólio N17/327. ["Tenho sua carta de 29 passado. Tal como eu lhe disse na minha última correspondência, antes de o Sr. Mouillot tomar uma decisão, ele precisa se assegurar, por ele mesmo, das vantagens que se pode obter do jornal nas circunstâncias atuais. Ele só poderá fazê-lo tendo sob os olhos a lista dos assinantes. Além do mais, não há urgência absoluta de imprimir imediatamente o primeiro número de 1892, pois os assinantes ainda não receberam os exemplares de novembro e dezembro. Assim que nos tenha enviado a lista de assinantes, o Sr. Mouillot examinará o negócio e eu lhe comunicarei sua decisão".]

Companhia Nacional Editora. Foi por esse motivo que nos sacrificamos, e é nesta convicção que com certo orgulho escrevemos na capa desta revista: IN PACE SEPULTIS".[180]

Figura 1.22: Último cabeçalho d'*A Ilustração*, sem mencionar Mariano Pina.

Algumas edições trazem a data de fevereiro de 1892. Fonte: *A Ilustração*, ano9, v.9, n.184, 01/01/1892.

Depois d'*A Ilustração*

Após o término d'*A Ilustração*, Mariano Pina continuou a atuar na imprensa, tendo enfrentado significativos dissabores. Do jornal "absolutamente independente" que, como se viu, lhe impunha limites bem claros em relação ao que publicar, Pina passou a redator do *Correio Nacional* (Lisboa, 1893-1906), folha política católica que começou a circular em fevereiro de 1893 e na qual a sua liberdade de ação também não deveria ser muito significativa.

Continuava próximo de Mariano de Carvalho, tendo sido o idealizador e o organizador do volume que reuniu artigos publicados pelo ex-ministro no *Diário Popular* entre fevereiro e abril de 1893. Na longa apresentação, Pina defendeu as ideias políticas e econômicas do ex-chefe e não é um mero detalhe o fato de a folha de rosto informar que se tratava de "edição grátis", impressa e distribuída às expensas de amigos pessoais e políticos do conselheiro, constituindo-se, portanto, em eloquente demonstração de apoio dos seus admiradores e correligionários.[181]

---

180 Aos leitores e assinantes da *Ilustração*, *A Ilustração*, ano9, v.9, n.184, 01/01/1892, última página, sem numeração. Há certa ambiguidade em relação ao local de impressão da revista, tanto que se lê: "Como é sabido, a impressão das gravuras da *Ilustração* era feita em Paris". No entanto, os documentos do espólio atestam que, até 1891, toda a revista era impressa nas oficinas da *Société Anonyme de Publications Périodiques*.
181 Carvalho, *Questões de hoje. Os planos financeiros do Sr. Mariano de Carvalho*. A introdução de Pina, intitulada *Ao leitor*, está entre as p. V-XVIII. O volume deve ter sido publicado em meados do ano, pois, em 20/06/1893, Cardoso de Bettencourt referiu-se à obra nos seguintes termos: "*J'attends avec une légitime impatience votre livre*". BNP, Lisboa, Espólio N17/321. ["Eu espero com grande impaciência o seu livro".]

É compreensível que em julho Pina recebesse do mesmo Mariano de Carvalho um convite para, juntamente com António Centeno, constituírem uma empresa que, por vinte anos, exploraria o *Diário Popular*. Os dois primeiros figuravam como sócios capitalistas e Pina como sócio industrial, eufemismo para o fato de entrar apenas com o seu trabalho, assumindo em julho de 1893 a direção da folha. Contudo, as dívidas do jornal foram se acumulando, assim como os seus desentendimentos com os sócios, que se negavam a fazer frente às despesas, do que resultou o afastamento de Pina em setembro de 1894 e um processo judicial no qual ele foi derrotado pelo ex-ministro. Inconformado e sentindo-se prejudicado moral e financeiramente, lançou o opúsculo *O caso do Diário Popular*, no qual apresentou sua versão dos acontecimentos.[182] Tendo que viver da sua pena, ele passava de um periódico a outro e sentia os efeitos dos sempre mutáveis ventos políticos.

Em agosto de 1895, Mariano Pina esteve no Brasil por cerca de três meses, visita que resultou no livro *Portugal e Brasil* (1896), reunião de material publicado no *Jornal do Comercio* de Lisboa. Na obra expressou seu assombro em relação ao crescimento do país, com especial destaque para São Paulo, e propôs uma série de medidas a ser adotadas pelo governo português com vistas a estimular as trocas comerciais entre os dois países.[183] Na chegada ao Rio de Janeiro foi recebido com um almoço pelos colegas do *Jornal do Brasil* (RJ, 1891), periódico no qual atuava como correspondente e assinava, semanalmente, a coluna "Cartas da Europa". Logo foi convidado a participar de várias atividades da colônia portuguesa radicada na capital, devidamente registradas na imprensa.[184] A boa acolhida é um indício da recepção de seus textos, publicados desde os idos de 1882 em diferentes jornais fluminenses, e do trabalho à frente da recém-extinta *Ilustração*. Para a mãe, confidenciou: "Tenho continuado de excelente saúde, e a ser aqui festejado cem mais vezes [do que] tenho sido na minha terra".[185]

---

182 Pina, *O caso do* Diário Popular. A questão foi tratada em Idem, Notas Portuguesas, *O Estado de S. Paulo*, anoXX, n.5843, p.1, 13/10/1894.
183 Idem, *Portugal e Brasil*.
184 A sua chegada no dia anterior, junto com João Chagas e a bordo do navio Chile, foi anunciada no *Jornal do Brasil*, anoV, n.234, p.2, 22/08/1895, e na *Gazeta de Notícias*, anoXXI, n.234, p.2, 22/08/1895. Para o discurso na festa de aniversário da Sociedade Portuguesa de Beneficência ver: *Gazeta de Notícias*, anoXXI, n.260, p.1, 16/09/1895.
185 Carta remetida do Rio de Janeiro à sua mãe, em 19/11/1895, na qual também informava: "Daqui a oito dias tenciono partir daqui, com destino a Lisboa, mas demorando-me quatro ou cinco dias na Bahia, – o que quer dizer que estarei em Lisboa a 15 ou 16 de dezembro. Vou pois em breve dar-lhe um apertado abraço". BNP, Lisboa, Espólio N17/365.

É certo que seguiu nutrindo as relações construídas na França, tanto que em 1895 lançou o primeiro (e até onde se sabe único) volume da coleção "Grandes Obras Ilustradas", da empresa editora homônima, que fundou com João Pinheiro Chagas (1863-1925), intitulado *Thomaz Ribeiro e sua obra*. Observe-se que se tratava de repetir, no âmbito da produção de livros, a mesma fórmula utilizada na revista e que já fora ensaiada com as fábulas de La Fontaine: edição bem cuidada, *in-folio*, capa de percalina, fartamente ilustrada e impressa em Paris, aliás, na tipografia do Quai Voltaire n. 13. A *Gazeta de Notícias* não poupou elogios ao volume, enviado ao jornal quando Pina e Chagas encontravam-se no Brasil, não sendo improvável que a viagem também tivesse em vista a divulgação da nova empresa.[186]

Ao falecer de tuberculose[187] em São João do Estoril a 30 de março de 1899, Pina ocupava, pelo menos desde 1896, o cargo de redator-gerente do *Jornal do Comércio* de Lisboa e seguia como correspondente do *Jornal do Brasil*, segundo as notas relativas ao seu passamento, que sempre destacaram o fato de haver fundado e dirigido *A Ilustração*.[188] Sua trajetória, se única como qualquer percurso individual, é instrutiva das possibilidades que os novos meios de comunicação e a preocupação com a informação possibilitavam. De polemista e cronista relativamente modesto, a chance de se instalar em Paris lhe descortinou, por si só, um rol diversificado de oportunidades, ainda mais multiplicadas pela tarefa de editar uma publicação concebida e financiada por um dos proprietários da *Gazeta de Notícias*, que o enviou para Paris.

Cronista, crítico literário, tradutor, correspondente, editor de periódicos e de livros, representante de grupos teatrais: atividades exercidas pelo mesmo indivíduo, o que alerta a propósito das condições do campo intelectual brasileiro e português, do processo de profissionalização das atividades no seu interior e da intensa circulação entre diferentes lados do Atlântico.

---

186 Notícia sobre o lançamento na *Gazeta de Notícias*, anoXXI, n.260, p.2, 18/09/1895. Quando de sua passagem por São Paulo, o livro foi mencionado n'*O Estado de S. Paulo*, ano-XXI, n.6216, p.1, 12/11/1895. Os rascunhos da obra foram conservados no acervo. BNP, Lisboa, Espólio N17/212.

187 A doença já o acompanhava há tempo, como se vê na nota Cura da tuberculose, *O Estado de S. Paulo*, anoXXV, n.7898, p.2, 16/02/1889, na qual o seu caso foi mencionado como exemplo das possibilidades de vencer a doença graças ao novo método proposto por médico português.

188 Ver, por exemplo, Necrologia, *O Ocidente. Revista Ilustrada de Portugal e do Estrangeiro*, ano22, v.22, n.730, p.84, 10/04/1899; Mariano Pina, *Jornal do Brasil*, anoIX, n.91, p.1, 01/04/1899; Falecimentos, *O Estado de S. Paulo*, anoXXV, n.7487, p.3, 02/04/1899.

94 A ILUSTRAÇÃO (1884-1892)

Tabela 1.1 – *A Ilustração* (1884-1892): dados do expediente tal como constam na revista

Período	Data de circulação	Título/subtítulo	Responsável	Redação	Impressor	Distribuição
05 a 06/1884	05 e 20	*A Ilustração. Revista Quinzenal para Portugal e Brasil*	Mariano Pina (diretor)	Maio/Junho Rue de Parme 7, Paris	Imprimerie P. Mouillot, Quai Voltaire 13, Paris	Lisboa: David Corazzi, Rua da Atalaya, 42 RJ: *Gazeta de Notícias*, Rua do Ouvidor, 70
07 a 12/1884				Julho/Dezembro Rue de Saint-Pétersbourg 6, Paris		
01 a 11/1885	05 e 20	*A Ilustração*: Revista Universal Impressa em Paris (ou sem subtítulo)	Mariano Pina (diretor)	Rue de Saint-Pétersbourg 6, Paris	Imprimerie P. Mouillot, Quai Voltaire 13, Paris	Lisboa: David Corazzi, Rua da Atalaya, 42 RJ: *Gazeta de Notícias*, Rua do Ouvidor 70
12/1885		*A Ilustração*: Revista de Portugal e do Brasil	Mariano Pina (diretor proprietário)	Quai Voltaire 13, Paris		Lisboa idem RJ: José de Melo, Rua da Quitanda, 38
01 a 12/1886	05 e 20	*A Ilustração*: revista de Portugal e do Brasil	Mariano Pina (diretor proprietário)	Quai Voltaire 13, Paris	Imprimerie P. Mouillot, Quai Voltaire 13, Paris	Lisboa: David Corazzi, Rua da Atalaya 42 RJ: José de Melo, Rua da Quitanda, 38
01 a 07/1887	05 e 20	*A Ilustração*: Revista de Portugal e do Brasil	Mariano Pina (diretor proprietário)	Quai Voltaire 13, Paris	Imprimerie P. Mouillot, Quai Voltaire 13, Paris	Lisboa: David Corazzi, Rua da Atalaya 42 RJ: José de Melo, Rua da Quitanda, 38
08 a 12/1887		*A Ilustração*				
01 a 12/1888	05 e 20	*A Ilustração*	Mariano Pina (diretor proprietário)	Quai Voltaire 13, Paris	Imprimerie P. Mouillot, Quai Voltaire 13, Paris	Lisboa: David Corazzi, Rua da Atalaya 42 RJ: José de Melo, Rua da Quitanda, 38.

Continua

Tabela 1.1 – *Continuação*

Período	Data de circulação	Título/subtítulo	Responsável	Redação	Impressor	Distribuição
01 a 12/1889	05 e 20	*A Ilustração*	Mariano Pina (diretor proprietário)	Quai Voltaire 13, Paris	Imprimerie P. Mouillot, Quai Voltaire 13, Paris	Lisboa: David Corazzi, Rua da Atalaya, 42 RJ: José de Melo, Rua da Quitanda, 38
01 a 10/1890	05 e 20	*A Ilustração*	Mariano Pina (diretor proprietário)	Janeiro/Outubro Quai Voltaire 13, Paris	Janeiro/Outubro Imprimerie P. Mouillot, Quai Voltaire 13, Paris	Janeiro/Novembro Lisboa: David Corazzi, Rua da Atalaya, 42 RJ: José de Melo, Rua da Quitanda, 38 Dezembro
11/1890 12/1890	15 e 30 15 e 31			Novembro Rua Ivens, 20 Lisboa Dezembro Não consta	Novembro/ Dezembro Não consta	Lisboa: Companhia Nacional Editora, Largo do Conde Barão, 50 RJ: Rua da Quitanda, 38
01 a 12/1891	Jan.: 15 Fev./Dez.: 01 e 15 Jun.: 05 e 15	*A Ilustração*	Mariano Pina (diretor proprietário)	Não consta	Não consta	Lisboa: Companhia Nacional Editora, Largo do Conde Barão, 50 RJ: Rua da Quitanda, 38
01/1892	01	*A Ilustração*	Mariano Pina (diretor proprietário)	Não consta	Não consta	Lisboa: Companhia Nacional Editora, Largo do Conde Barão, 50 RJ: Rua da Quitanda, 38

2
CONTEÚDO:
ORGANIZAÇÃO E PROCESSO DE PRODUÇÃO

Tendo sido estabelecida a trajetória da revista, cabe adentrar agora às suas páginas. Afinal, como estava organizado o material publicado n'*A Ilustração*? Quem eram os seus principais colaboradores? Qual a natureza dos textos e das imagens que compunham a publicação? As mudanças no endereço e na redação tiveram impacto na revista? As respostas não são simples, pois se lida com grande quantidade de exemplares (184) e de páginas (quase 3 mil), o que exigiu a construção de um banco de dados, ferramenta que muito contribuiu para a organização das informações, mas que demandou longo e paciente trabalho de indexação, revisão e correção.[1] Neste capítulo, objetiva-se fornecer um panorama, o mais completo possível, a respeito da estruturação interna e distribuição do material textual e iconográfico presente na revista, bem como de seus autores, passo importante para estabelecer a linha editorial.

Conforme já se assinalou, *A Ilustração*, em consonância com o modelo de publicação que lhe deu origem, sempre ostentou dezesseis páginas e reservou quase a metade de cada um dos seus números à iconografia que, não raro, ocupava toda a página. É certo que o seu maior atrativo residia nas imagens, tanto que a quantidade era saudada, como se vê no excerto em que se prestavam contas das promessas feitas no jornal *bijou*: "Prometemos seis e sete páginas de gravuras, isto é: podíamos sem escândalo ficar apenas nas

---

[1] Luca; Oliveira, *Sistema de indexação para revistas* (SIR). Programa de computador, registro no INPI BR 51 2014 000195-4, em 16/09/2014.

seis páginas e de tempos a tempos chegar a sete. Pois temos dado sempre as sete; os três primeiros números trouxeram oito páginas com gravuras; e este número chega a trazer dez páginas ilustradas!".[2]

Isso não significa, porém, falta de atenção à porção textual, que perfazia a outra metade do impresso, mas alerta para o fato de o projeto não pressupor, necessariamente, integração entre a parte icônica e a textual. A grande maioria dos números era, aliás, concebida e estruturada de forma a manter a independência entre imagem e texto, circunstância que se alterava apenas em casos excepcionais, quando o número tratava preponderantemente de uma única temática, fosse a morte de um rei ou de um escritor famoso, ou ainda eventos de grande repercussão, como a Exposição Universal de 1889. Tal perspectiva exprimia-se materialmente nos sumários, alocados na segunda página e que foram presença constante até o início de 1885, quando deixaram de ser publicados. O procedimento era compartilhado pelas várias revistas do gênero, estando longe, portanto, de se tratar de uma particularidade da publicação em apreço.

Figura 2.1: Exemplo de sumário, distinguindo textos e imagens presentes no exemplar.

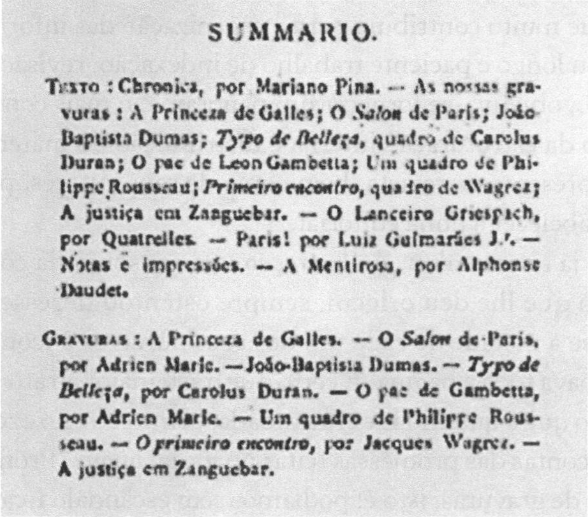
SUMMARIO.

TEXTO : Chronica, por Mariano Pina. — As nossas gravuras : A Princeza de Galles; O *Salon* de Paris; João Baptista Dumas; *Typo de Belleza*, quadro de Carolus Duran; O pae de Leon Gambetta; Um quadro de Philippe Rousseau; *Primeiro encontro*, quadro de Wagrez; A justiça em Zanguebar. — O Lanceiro Griespach, por Quatrelles. — Paris! por Luiz Guimarães J.^r. — Notas e impressões. — A Mentirosa, por Alphonse Daudet.

GRAVURAS : A Princeza de Galles. — O *Salon* de Paris, por Adrien Marie. — João-Baptista Dumas. — *Typo de Belleza*, por Carolus Duran. — O pae de Gambetta, por Adrien Marie. — Um quadro de Philippe Rousseau. — *O primeiro encontro*, por Jacques Wagrez. — A justiça em Zanguebar.

Fonte: *A Ilustração*, ano1, v.1, n.1, 05/05/1884, p.2. O padrão manteve-se ao longo de todo o ano de 1884, não se registrando ocorrências sistemáticas posteriores.

---

2 Expediente, *A Ilustração*, ano1, v.1, n.5, p.74, 05/07/1884.

Não foi diversa a lógica que presidiu os índices de cada um dos volumes que, diligentemente, também separavam textos e imagens. O inaugural, relativo ao primeiro ano de circulação, foi distribuído graciosamente no início de 1885, oportunidade em que se recomendou aos assinantes colocar "as quatro primeiras páginas (rosto e índice), logo ao abrir do volume [...], sistema utilizado pelas ilustrações inglesas por ser o mais simples e o mais cômodo".[3]

Pode-se imaginar o passo seguinte, que consistiu em colocar à venda as capas, "em magnífico *chagrin* vermelho acetinado, com ornatos de puro estilo renascença a preto e ouro, capas de uma grande novidade e elegância, fugindo inteiramente aos velhos estilos religiosos e alegóricos", que os subscritores eram instados a adquirir para compor mais um volume d'*A Ilustração*, que deveria ser colocado "na mais escolhida estante ou na sala mais luxuosa",[4] o que fornece bem a medida do público visado. É evidente o esforço de tentar perenizar a *Ilustração*, livrando-a de uma existência passageira, marca inerente do seu suporte. Incentivava-se o proprietário a coloca-lá à vista de todos, como atestado de seu bom gosto e refinamento.[5] Sempre idênticas, o que reforçava a noção de continuidade, as capas traziam a assinatura de Mariano Pina e isso mesmo quando ele apenas dirigia o periódico, o que colaborou para apagar o papel desempenhado por Elísio Mendes no projeto.

---

3 *A Ilustração*, ano2, v.2, n.3, p.34, 05/02/1885. A sugestão, que se nos afigura óbvia, foi seguida nos conjuntos disponíveis nos acervos consultados.

4 As nossas capas, *A Ilustração*, ano2, v.2, n.5, p.66, 05/03/1885. O material era cobiçado, tanto que, do consulado de Bordeaux, Pina recebia pedidos: "Você anunciou que ia mandar aos assinantes um frontispício para o 1º ano da *Ilustração*. Cá o espero ansioso a fim dar a esse volume uma capa condigna. Não esqueça este ponto que é importante". Carta de Jaime de Séguier remetida a Mariano Pina em 13/02/1885. BNP, Lisboa, Espólio N17/226. A BNP-D-HDB possui exemplar destinado ao Brasil, no qual se informa que o preço da capa era de 3 mil réis no Rio de Janeiro e 3.300 nas províncias. O pertencente à Biblioteca da FCL/Assis, por sua vez, traz os valores para Portugal: 800 réis em Lisboa e 870 nas províncias.

5 Segundo a ficha catalográfica da Biblioteca Nacional, a coleção, que não ultrapassa dezembro de 1890, foi doada por Salvador de Mendonça (1841-1913) e preservou a capa original que, contudo, não foi digitalizada. Já as informações da Biblioteca Nacional de Portugal, que possui a coleção completa, são mais econômicas e não mencionam a encadernação. Em ambas as instituições, o pesquisador não tem acesso aos volumes em papel, os quais por seu turno estão disponíveis na BnF, mas encadernação original não foi preservada, o que se observa na Hemeroteca Municipal de Lisboa, que adquiriu a coleção completa em julho de 1939. O catálogo de periódicos da Universidade de Coimbra registra a presença da coleção completa.

Figura 2.2 Frente e verso da capa anual para encadernação dos exemplares.

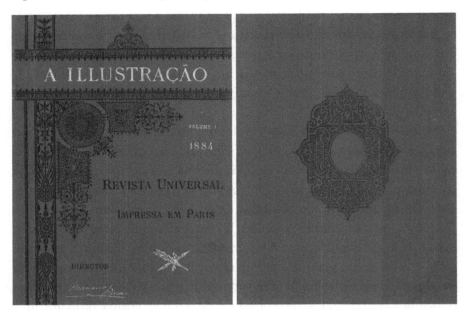

Fonte: Hemeroteca Municipal de Lisboa.

O fato de a estampa central não conter impressão no verso permitia sua retirada sem prejuízo do conteúdo do exemplar, o que favorecia a multiplicação das possibilidades de utilização, fosse para ser emoldurada, colecionada em separado ou para compor outros conjuntos, como atestam dois volumes pertencentes ao acervo da Biblioteca Nacional de Portugal, que reúnem um rol de estampas provenientes d'*A Ilustração* e da *Ilustración Artística* (Barcelona, 1882-1916), com indicação do encadernador lisboeta (A. M. Verol Senior, Livraria e Oficina), mas sem título, editor, organizador ou data da publicação, o que sugere tratar-se de compilação encomendada por algum leitor, livreiro ou colecionador.[6] Cabe lembrar que a página central era uma das marcas distintivas desse tipo de periódico e, de acordo com o que aponta a historiografia, na França sua presença foi registrada desde

---

6 Os volumes foram adquiridos pela instituição num leilão de A. H. de Oliveira, realizado em 18/12/1960. Já o título foi atribuído pelo catalogador: [A Illustração] [Visual gráfico] [Suplemento artístico]: [Gravuras], que creditou a autoria a Mariano Pina, por ser o diretor d'*A Ilustração*, e a Charles Baude, gravador de várias das estampas.

1851 na *Illustration*,[7] embora não fosse comum a prática de não se imprimir em seu verso, tal como ocorria com a verão luso-brasileira.

No alvorecer do século XX, uma livraria do Rio de Janeiro dispunha de volumes encadernados da revista, conforme anúncios publicados na *Gazeta de Notícias*,[8] e em 30 de novembro de 1960, logo mais de setenta anos após o lançamento d'*A Ilustração*, a Faculdade de Ciências e Letras de Assis adquiriu a coleção completa, vendida pela Livraria Olímpio de Mourão, localizada na capital paulista. Em 2014, estava disponível num sebo de Campinas, interior paulista, o último volume da revista, relativo ao período 1891-1892, que traz o carimbo da Casa Mousinho, importante livraria da cidade. Várias instituições de pesquisa contam com a coleção (completa ou parcial) do quinzenário em seu acervo – Instituto Histórico e Geográfico Brasileiro, Biblioteca Nacional, Real Gabinete Português de Leitura, Biblioteca Nacional de Portugal, Hemeroteca Municipal de Lisboa, Biblioteca Nacional da França, elementos que se constituem em indícios de sua circulação.

Vale a pena analisar mais de perto a dinâmica da organização da revista, na sua parte textual e imagética, que fornece pistas significativas sobre o trabalho envolvido na sua fatura.

Seções textuais a cargo da redação

O material textual publicado n'*A Ilustração* tanto poderia comparecer de forma avulsa quanto integrar seções fixas, encimadas por títulos, vinhetas, capitulares e molduras, cuja duração era bastante variável. Para efeitos da análise, cada conjunto será tomado separadamente, mas é relevante alertar que, nas páginas da revista, sempre prevaleceu a mescla e a convivência entre conteúdo textual e icônico, que desfilavam ao sabor das demandas do *mise en page*. Se é possível divisar certa ordem na sequência do que se ofertava ao leitor, esta não implicava esquemas e divisões rígidas.

---

7 Watelet, La presse illustrée. In: Chartier; Marti, *Histoire de l'édtition française. Le temps des éditeurs*, p.375, informa que a primeira gravura de página dupla foi publicada em 14 de março de 1851, tendo por temática a Exposição Universal de Londres.

8 Ver anúncios da Quaresma e Companhia publicados na *Gazeta de Notícias*, anoXXVII, n.198, p.3, 17/07/1901, e anoXXX, n.1666, p.3, 15/06/1903.

No que concerne às seções, a publicação não experimentou mudanças muito expressivas ao longo de sua trajetória, especialmente quando se tem em vista que circulou ininterruptamente por mais de oito anos. A mais perene de todas foi a seção "As Nossas Gravuras", única presente em todos os números e sempre a cargo da redação, que trazia comentários individualizados para cada imagem publicada na revista, com vistas a contextualizá-las e explicitar seus significados, em sintonia com preocupações de cunho pedagógico e com o ideal de *ilustrar, iluminar,* ao que se somava o não menos importante esforço de justificar a presença das imagens na revista. Tal investimento concretizava-se nessa seção, que ocupava de duas a três páginas e cuja intenção era guiar o olhar do leitor, auxiliá-lo a compreender e desfrutar da grande novidade da revista que, dessa forma, fazia jus à sua denominação. Era nesse espaço que texto e imagem cruzavam-se e articulavam-se, aspecto mais raramente contemplado no restante do conteúdo publicado. Considerando-se que aqui o texto servia à imagem, não podendo ser dela dissociado, esse conjunto será analisado no item consagrado à parte icônica.

À capa, que invariavelmente trazia uma estampa, devidamente comentada na seção "As Nossas Gravuras", seguia-se, na segunda página, "Crônica", que desempenhava a função de editorial e estava a cargo de Mariano Pina. Distinguiu-se pela regularidade até fins de 1890, estando presente em 84,2% dos números publicados. Em 1889, o envolvimento de Pina com a Exposição Universal afastou-o do cotidiano da revista, como se fez questão de explicitar: "A Exposição de Paris privou-nos algumas vezes da colaboração do nosso diretor, que era secretário da Comissão portuguesa presidida pelo Sr. Conselheiro Mariano de Carvalho. Tendo terminado a exposição, a partir do próximo número Mariano Pina recomeçará a sua colaboração assídua nas páginas da nossa *Ilustração*".[9] A partir de 1891, as ausências antes circunstanciais tornaram-se rotineiras, tanto que em tal ano há registro de sete ocorrências para "Crônica", apenas três delas assinadas pelo diretor,[10] o que é compreensível diante das múltiplas tarefas assumidas por Pina – direção d'*O Nacional* entre dezembro de 1890 e setembro de 1891, quando

---

9 Nota da redação, *A Ilustração*, ano6, v.6, n.22, p.338, 20/11/1889.
10 Ao longo de 1891, "Crônica" trouxe duas assinatura de Jaime de Magalhães Lima, uma de Alfredo Mesquita e outra de Dionísio.

o cotidiano deixou de circular, e sua atuação como secretário particular do ministro da Fazenda, entre junho de 1891 e janeiro do ano seguinte.

"Crônica" trazia textos de natureza variada, comportando crítica literária, teatral ou de artes, referências a eventos da cena parisiense (Salão de Artes, exposições, prêmios, corridas de cavalos, novidades da estação) ou lisboeta, reminiscências de caráter pessoal, comentários sobre o falecimento de personalidades do mundo da cultura e da política, informes sobre a própria *Ilustração* e as atividades de seu diretor, enfim, uma miríade de temas que desfilavam ao sabor dos acontecimentos do momento, do gosto e dos interesses de Pina que, diga-se de passagem, quase nunca deixava de referir-se a Portugal, mas raramente se lembrava que a revista também se destinava ao público brasileiro.

A preocupação com os leitores manifestava-se por intermédio de informes, em geral destacados por elementos gráficos (letras de tipo diferente, uso de itálico ou negrito) e, por vezes, encimados pelos termos "Expediente" ou "Nota da Redação". Nesses espaços, anunciavam-se futuras contribuições de escritores e artistas; justificavam-se eventuais atrasos na remessa da revista, como ocorria nos casos de surtos de cólera; comunicava-se o aparecimento de seções; apresentavam-se novos colaboradores e explicavam-se as razões da ausência de outros; dava-se conta de alterações na distribuição e no endereço da redação; publicavam-se erratas; comentava-se a trajetória da revista; noticiavam-se as viagens e iniciativas do diretor; tomavam-se posições políticas, como no caso do Ultimato inglês de 1890; e, sobretudo nos números iniciais, informava-se acerca da recepção da revista por outros órgãos de imprensa e sua boa acolhida junto ao público.

Esse material esteve presente em muitas edições e espraiou-se por diferentes espaços da revista, por vezes com várias ocorrências num mesmo número. Sua relevância prende-se ao fato de conter o que seus responsáveis consideravam apropriado comunicar e, nesse passo, permite que se vislumbrem opiniões, ações, escolhas, configurando intervenções de cunho editorial.[11] Note-se que não havia propriamente a intenção de estabelecer um diálogo, pois se tratava, quase exclusivamente, de notificações da di-

---

11 Tendo em vista as diferentes formas que esses comunicados assumiam na publicação, decidiu-se enfeixá-los na rubrica "Nota da Redação", cujo montante decaiu abruptamente a partir de 1891.

reção para os assinantes ou compradores, o que resultava numa via de mão única.[12] Observa-se que, em especial a partir de fins de 1890, esse tipo de comunicado da redação praticamente desapareceu, o que aponta para a perda de dinamismo da publicação, que parece não ter o que comunicar aos seus leitores.

Foi principalmente no ano de lançamento que se buscou, com maior afinco, estabelecer proximidade com o público por intermédio de seções específicas. No quinto número, datado de 05 de julho de 1884, anunciou-se que os escritórios da revista, recém-instalados na Rue de Saint Pétersbourg n. 6, atuariam como uma agência, a fim de auxiliar os assinantes em qualquer compra que desejassem efetuar em Paris: livros, artigos de farmácia ou papelaria, perfumes, ourivesaria, moda ou, simplesmente, obter informações, tudo isso mediante o pagamento do valor das mercadorias solicitadas e das taxas de envio, sem qualquer outro custo adicional.

O endereço também era franqueado aos que se encontravam em viagem pela Europa e quisessem receber suas correspondências ou encomendas em Paris. Já os leitores de passagem pela capital francesa eram convidados, entre duas e cinco da tarde, a lá comparecer para ler jornais brasileiros e portugueses, receber orientação sobre hotéis, teatros, exposições, estabelecimentos comerciais, enfim, ter suas dúvidas sanadas na redação d'*A Ilustração*, que almejava tornar-se "um grande centro de comunicações com todos os seus leitores de Portugal e do Brasil – e tudo isso GRATUITAMENTE",[13] o que, por via indireta, reforça a provisoriedade do endereço anterior, Rue de Parme n. 7, mencionado nos quatro primeiros números.

Antes de colocar em prática a iniciativa, Elísio Mendes foi consultado e, como de hábito, suas preocupações diziam respeito a eventuais aumentos nas despesas, como se percebe no excerto da missiva remetida a Pina em 16 de junho de 1884:

> A ideia de fazer do escritório da *Ilustração* uma pousada e uma agência para os viajantes portugueses e brasileiros é boa, mas que isso seja sempre muito

---

12 A exceção fica por conta da consulta aos leitores, levada a cabo em 1889, a propósito do aumento da periodicidade da revista, já referida no capítulo anterior.

13 Aos nossos leitores, *A Ilustração*, ano1, v.1, n.5, p.67, 05/07/1884, grifo no original. A seção "Nossa Agência" esteve presente em 3,8% dos exemplares publicados.

nítido e muito correto, não envolvendo despesas, nem compromissos. É mesmo conveniente ter à mão para indicar guias que falem português e anunciar que aí serão indicados. Há muita gente que sai do Brasil e não sabe francês. Mas muito cuidado em não criar compromissos diretos a respeito do que quer que seja.[14]

A proposta da seção parece ter inspirado Jaime de Séguier, como se vê por cartas suas, de setembro e outubro de 1884, nas quais ele propôs a Pina a organização de um *Guia do viajante português e brasileiro em Paris*, com gravuras e colaboração de escritores brasileiros e portugueses conhecedores da cidade – "Eça, Ramalho, G. Junqueiro, M. Cahae, Cesário Verde, Garret, Luiz Guimarães etc." –, cabendo aos responsáveis informações práticas: onde comprar, precauções a tomar. Animado, prognosticava:

> [...] isto é o esqueleto da coisa. Se você a ver reluzir como eu, formaremos um plano detalhado. Parece-me que com os elementos da publicidade da *Gazeta de Notícias* é livro para dar uma pequena fortuna a um revestimentozinho anual. Com os anúncios – que é necessário agenciar primorosamente – pagam-se as despesas. Todo o resto será lucro. Que lhe parece? Responda breve e *très* calado com os amigos.[15]

Não consta que o *Guia* tenha sido efetivamente produzido, mas já no número subsequente ao anúncio da agência, o diretor respondia às cartas dos leitores e não é improvável que os pedidos tenham se avolumado, pois a partir da nona edição, de 5 de setembro de 1884, informava-se que para "não roubar enorme espaço à *Ilustração* com os negócios da Agência Gratuita, que tem tido o mais favorável acolhimento do nosso público, resolvemos acusar recepções de cartas, ordens de dinheiro, expedição de encomendas, por bilhetes-postais", figurando nas suas páginas somente as respostas que pudessem interessar a vários leitores.[16] Contudo, é preciso relativizar tal explicação e não perder de vista que foi a partir da edição anterior, de 20 de agosto, que a última página começou a ser ocupada por anúncios, medida

---

14 Carta remetida de Lisboa a Mariano Pina, em 16/06/1884. BNP, Lisboa, Espólio N17/165.
15 Carta de Jaime de Séguier a Mariano Pina, datada de 10/10/1884. Ver também a carta de 13/09/1884. BNP, Lisboa, Espólio N17/226.
16 A Nossa Agência, *A Ilustração*, ano1, v.1, n.9, p.144, 05/09/1884.

de há muito reclamada por Elísio Mendes[17] e que, contrariamente à "A Nossa Agência", poderia representar ganhos econômicos.

Some-se a isso o dado de a iniciativa haver coincidido com o início da epidemia de cólera, que atingiu várias cidades da França, agravando-se nos meses subsequentes a ponto de afetar seriamente as rotas internacionais e o transporte de passageiros, mercadorias e correspondências. A *Ilustração*, que dependia dos vapores para chegar às mãos dos leitores no Brasil e em Portugal, não passou ilesa. As referências às dificuldades enfrentadas no envio da revista multiplicaram-se a partir de julho de 1884, com vários países, inclusive Portugal, impondo quarentena aos navios franceses, que acabavam não atracando em vários dos portos tradicionalmente servidos pelas companhias de navegação do Hexágono. Pina justificou-se perante os assinantes nos seguintes termos: "Mais de uma vez o nosso jornal ficou sobre o cais, em Bordeaux, sem encontrar um navio que o quisesse levar a Lisboa e ao Rio de Janeiro, mais de uma vez recebemos recambiadas do Havre encomendas que tínhamos feito seguir para Portugal e o Brasil".[18]

---

17 Na primeira correspondência que tratou d'*A Ilustração*, datada de 28/02/1884, ele afirmou: "A última página será vendida para anúncios pequenos. Nunca menos de quatro". E ainda: "A *Moda Ilustrada* do Corazzi tem muitos a um franco a linha. Diz ele que faz muito nisso. Ora, o nosso terá em Portugal mais do que a *Moda* e além disso terá também o Brasil com grande edição. Portanto não é muito pedir dois francos a linha do corpo b, quer dizer o espaço ocupado [...] e quatro francos a linha reclames. A comissão para arrumar os tipos pode ser a 30% mas comece oferecendo só 20%" (grifo no original). Pouco depois, em 02/05/1884, voltou a insistir no tema: "É bom aceitar anúncios pequenos, embora mais baratos, para a última página. O anúncio que agora vem da própria *Ilustração* não produz bom efeito. O Corazzi vai mandar pequenos clichés de anúncios seus para se lhe meterem, quando houver espaço, grátis já se sabe. Ao menos enfeita mais a última página". Enquanto na carta de 16/06/1884 ponderou: "É preciso pôr anúncios na 4ª página. Aquele anúncio da *Ilustração* na própria *Ilustração* é detestável do ponto de vista industrial do anúncio. Daqui [Lisboa] não pense em anúncios a não ser a 20 réis a linha. Não é o anúncio daqui nem do Rio que nos serve. Nunca pensei nele, e por uma simples razão: porque não o pagam. Aqui e lá, com a vista que têm, e com os negócios medíocres e acanhados que exploram, querem ver no dia seguinte o resultado do dinheiro que gastaram na véspera em anúncios. Daí [Paris] já não é o mesmo. Os fabricantes querem exportar. Os preparados de drogas é que mais se anunciam daí. Meta anúncios, ainda a preços baixos, sem compromisso, e vá aumentando o preço à proporção da concorrência". BNP, Lisboa, Espólio N17/165.
18 A Nossa Agência, *A Ilustração*, ano1, v.1, n.14, p.224, 20/11/1884. Em 10/06/1884, Elísio Mendes manifestava seus temores a Pina: "Acabo de saber que os paquetes de 5 não tocam em Lisboa, visto haver aqui quarentena para as procedências de França. Como virão as *Ilustrações* desta data? Será tomada [sic] as devidas providências? Provavelmente a via mais certa será a do Havre, porque os paquetes de passageiros evitarão, quanto puderem, atracar aqui [por conta da quarentena]. Que grande balbúrdia em que vai ficar o comércio de toda

Para além das dificuldades momentâneas, os serviços prestados pela agência constituíam-se em mais uma tarefa a cargo de Pina, à qual se deve acrescer o rol de atividades propriamente editoriais que envolviam a confecção da revista e suas obrigações como correspondente da *Gazeta de Notícias*. O fato é que, a partir do segundo número de 1885, cessaram completamente as referências à "A Nossa Agência", sem que se possa descartar o aspecto de a iniciativa ter se revelado mais trabalhosa do que se imaginou.

Igualmente dedicada a dialogar com o leitor e também acantonada nas páginas finais da revista, tal como "A Nossa Agência", a seção "Passatempo" foi introduzida logo no terceiro número. Propunha aos leitores a solução de enigmas e casos difíceis, num registro que, pelo menos inicialmente, prometia distanciar-se da tradição das adivinhações tão típicas dos almanaques. Os primeiros que conseguissem encontrar a solução receberiam "um primoroso artigo parisiense". Veja-se a forma como a inovação foi anunciada:

> Desejando inaugurar na *Ilustração* uma seção puramente recreativa, mas verdadeiramente moderna, à maneira do que se faz nos jornais literários de Paris e Londres, fugindo o mais possível ao conhecido e já velho sistema das charadas, e mais dos logogrifos, e mais dos enigmas – seção que traga sempre preso o espírito do leitor, que desperte interesse e sirva para entreter[...], resolvemos criar na nossa folha os *exercícios e casos difíceis*. Vamos explicar o melhor que pudermos esse gênero de passatempo inteiramente novo em jornais portugueses e que tinha necessariamente de ser inaugurado pela *Ilustração*, desde o momento que a nossa folha resolveu ser a introdutora em Portugal e Brasil de tudo quanto se faz de agradável e de curioso entre os jornais ilustrados de França e Inglaterra.[19]

A proposta parece ter caído no agrado do público, pois se multiplicaram as notas sobre cartas com as soluções, comentadas na seção "Correspon-

---

a Europa com o maldito cólera. De modo que Lisboa vai sofrer muitíssimo com isto". BNP, Lisboa, Espólio N17/165.
19 Exercícios e casos difíceis, A *Ilustração*, ano1, v.1, n.3, p.43, 05/06/1884. Insistia-se sobre a novidade para o jornalismo dos dois países: "[...] esperamos que os nossos leitores a recebam [a seção] com interesse e simpatia ligando-lhe a mesma atenção que outrora ligaram nossos avós às charadas e aos logogrifos", Idem, p.46.

dência", criada especialmente para tal fim e que figurava ao lado de "Passatempos". Solicitava-se aos leitores que participassem enviando material, como se lê na nota estampada no sétimo número, de 5 de agosto de 1884: "Todos aqueles dos nossos leitores que desejarem colaborar nesta seção ["Passatempo"], não terão mais que dirigir as suas cartas ao escritório da *Ilustração*". Porém, foi necessário recuar da proposta inicial e, "por desejo expresso por alguns dos nossos assinantes", passou-se a aceitar "charadas, logogrifos ou enigmas ilustrados que nos queiram enviar, encarregando-se a *Ilustração* de corrigir o desenho e de mandar fazer a gravura, que virá acompanhada com o nome do autor". Insistia-se, ainda, no fato de os prêmios – "magníficos artigos parisienses, perfeita novidade para Portugal e Brasil" – serem oferecidos em duplicata, um para cada lado do Atlântico.[20]

Mas, a exemplo de "A Nossa Agência", também "Passatempo" e "Correspondência", que guardavam íntima articulação, não tiveram perenidade, sendo que as duas últimas ficaram circunscritas ao ano de 1884, com pequena relevância quantitativa quando se tem em conta a totalidade das edições – 7,1% e 5,4%, respectivamente.

Um conjunto muito expressivo de seções era produzido a partir de material já publicado em outros órgãos de imprensa, o que significa que, antes de figurar nas páginas d'*A Ilustração*, demandava considerável trabalho de seleção, comentário e, não raro, elaboração de resumos. A tarefa estava a cargo do diretor e deveria tomar considerável tempo para ser cumprida no exíguo prazo de quinze dias. Pela sua correspondência sabe-se que, entre setembro de 1885 e julho de 1889, Xavier de Carvalho exerceu o cargo de secretário da redação a convite de Pina, cabendo notar, porém, que essa informação não está disponível nas páginas da revista, o que torna particularmente difícil estabelecer o núcleo responsável pela sua fatura e precisar se havia outros nomes ligados à redação. Nas suas anotações, Augusto Pina afirmou que foi a Paris a fim de ajudar o irmão em face da saída de Carvalho[21] e, em meados de 1890, Cardoso Bettencourt proclamava-se "futuro

---

20 Passatempo, A *Ilustração*, ano1, v.1, n.5, p.80, 05/07/1884, o que efetivamente ocorreu a partir do número seguinte.

21 "No meu contato com a *Ilustração*, vou preencher conforme puder o lugar deixado pelo Xavier de Carvalho". Pina, op. cit. O cargo era cobiçado, tanto que Oscar de Araújo, então residindo em Paris, enviou a Mariano Pina carta não datada, mas que deve ter sido expedida em meados de 1889, na qual declarava: "Acabo de saber que o [Xavier de] Carvalho deixou o lugar que ocupava na *Ilustração*. Eu aceitaria esse lugar nas mesmas condições se ainda

redator", conforme se destacou, o que parece indicar que, na maior parte do tempo, Pina contou pelo menos com um assistente.[22]

Importa ressaltar que parte significativa do conteúdo textual não era produzida especialmente para a revista, estratégia economicamente interessante por evitar gastos com a remuneração direta de colaboradores. Já do ponto de vista da análise, é possível fazer uma analogia entre a ação do editor de livro, primeiro leitor de originais, que decide sobre a pertinência (ou não) de publicá-lo e que "[...] *interroge un texte pour savoir s'il tient le bon auteur, pour décider quelles modifications apporter au texte et pour l'insérer dans l'intertexte de son catalogue*", o chamado ato editorial, que intervém na forma da obra e deixa rastros de sua presença na materialidade e no conteúdo, e a ação do redator d'*A Ilustração*, que também escolhia, recortava, adaptava e recolocava em circulação textos provenientes de outros periódicos ou livros.[23]

Não parece demais supor que Pina foi ganhando experiência no trato com esses textos já difundidos e ensaiando novas formas de utilizá-los. Dessa maneira, em 1885, a revista trouxe onze entradas encimadas pelo título "Ciências", seção composta por notas que não ultrapassavam alguns parágrafos e que davam conta de descobertas científicas e de novidades no campo da tecnologia, num leque variado que abrangia dos micróbios às manchas solares, passando pela inteligência dos animais, as potencialidades

---

      não está preenchido. Conto em todo o caso que me darás a preferência e fico à espera de sua resposta". BNP, Lisboa, Espólio N17/67.

22 Veja-se a missiva remetida de Lisboa em 07/02/1885 por Joaquim Miranda (1858-1904) a Pina: "[...] enviei ao Elísio Mendes uma carta declarando não ter recebido aí [Paris] nem receber dinheiro algum da *Ilustração*. Hoje porém consta-me que o mesmo Elísio estava julgando que saindo o Almeida daí, tu não tinhas ficado só pois me tinhas a mim para te ajudar, que quer isto dizer? Pensava ele que eu era teu empregado? Não sei. O que é verdade é que gosto pouco que me envolvam em qualquer coisa e muito obséquio me farás explicando-me isto que não posso compreender. É extraordinário e creio ainda nisto tudo um mal-entendido que é necessário resolver. Peço-te pois uma respostinha – por pequena que seja – e até breve em que te escreverei mais. Hoje desejava só perguntar-te isto e enviar-te um abraço". BNP, Lisboa, Espólio n17/405. Não foi possível identificar o referido Almeida.

23 Rigot, D'une esthétique de la réception à une pragmatique de la décision. In: Ouvry-Vial; Réach´Ngô, *L'Acte éditorial*. Publier à la Renaissance et aujourd'hui, p.215. Ao longo da obra, diversos pesquisadores evidenciam as intervenções da instância editorial, seus impactos no texto e na recepção do leitor, bem como insistem sobre a historicidade dessa prática, que sempre deve ser remetida a contextos e situações concretas. "[...] interroga um texto para saber se ele tem o bom autor, para decidir que modificações fazer no mesmo e para inseri-lo no intertexto do seu catálogo".

da eletricidade, o clima, a diminuição dos incêndios graças aos telefones ou os tremores de terra na Andaluzia. A nota da redação salientava que: "Numa desenvolvida seção científica os nossos leitores encontram notícias e informações preciosas, de que só poderiam ter conhecimento *se lessem todas as revistas* de França e de Inglaterra".[24]

No ano seguinte, porém, "Ciências" cedeu lugar a "Memento",[25] título mais amplo e que remete à ideia de resumo ou dado essencial a respeito de um tema qualquer. E, efetivamente, a denominação possibilitava ampliar o escopo do que se publicava e que não precisava circunscrever-se a assuntos de caráter científico, ainda que pudesse abrangê-los.[26] O processo de ampliação completou-se em 1887 quando "A Revista das Revistas", fórmula mobilizada por vários periódicos e que atravessou o século XIX para adentrar o seguinte, estreou n'*A Ilustração*, seção que foi definida, no índice dos textos publicados nesse ano, como "importante coleção de artigos, noticiosos, literários, artísticos, científicos, políticos, industriais, comerciais e geográficos",[27] e que se constitui num resumo bastante apropriado do que era veiculado. A seção, presente em 46,2% dos exemplares publicados (contra 6,0% de "Ciências" e 12,5% de "Memento") e que só deixou de figurar n'*A Ilustração* em 1890, trazia desde informes curtos sobre as temáticas as mais variadas e curiosas, até longos textos que retomavam polêmicas literárias, inéditos de escritores e ensaístas, formando um variado *pot-pourri* no qual o leitor passava de um tema a outro, com graus muito diversos de profundidade.

Outra seção a cargo da redação era "Notas e impressões", a qual arrolava um conjunto de pensamentos ou frases de autores famosos, contemporâneos ou antigos, bem como chegou, em ocasiões mais raras, a reproduzir longo excerto de uma única obra. Assim, ditos de Hesíodo, Balzac, La-

---

24 Nota da redação, *A Ilustração*, ano2, v.2, n.3, p.39, 05/02/1885 (grifo meu).
25 O termo "memento" foi utilizado em cinco oportunidades ao longo do ano de 1884 para referir-se ao que estava em cartaz no teatro. Cumpria, pois, função diversa da que teve em 1886, objeto dos comentários do parágrafo.
26 Veja-se, a título de exemplo, a lista de conteúdos numa das edições da seção: Memento. *A Ilustração*, ano3, v.3, n.10, p.159-60, 20/05/1886: Como conservar maçãs, Custo de um pombal, Exportação de ossos de animais, Meio de prevenir acidentes em manobras, Estatística sobre o Uruguai, Novo carvão, Movimento das populações da Europa, Novo processo na fabricação de açúcar, Estatísticas de estrangeiros no Rio de Janeiro, Definição da máquina elétrica.
27 Índice do texto. Revista das revistas, *A Ilustração*, ano4, v.4, s/p, 1887.

martine, Turgot, Grimm ou Fontenelle, para citar exemplos concretos,[28] sucediam-se compondo um conjunto de aforismos, em consonância com o gosto ou interesse daquele(s) que o(s) selecionava(m). Dotada de grande versatilidade em termos de dimensões, é provável que a seção também cumprisse a função estratégica de ocupar espaços que estivessem em branco numa dada página. Contudo, a exemplo das anteriormente citadas, demandava investimento no sentido de encontrar a frase ou trecho preciso, que ganhava legitimidade pela assinatura que os acompanhava. Apresentou maior regularidade nos anos iniciais e fez-se presente em 25,5% dos números publicados.

Observe-se que numa seção bastante diversa, "Músicas da Ilustração", composta por partituras para piano "consagradas por um largo e ruidoso sucesso" e dedicadas "muito especialmente às nossas simpáticas leitoras", vigorava exatamente o mesmo princípio até aqui descrito. Aliás, a nota de apresentação esclarecia, não sem uma dose de exagero, tratar-se de novidade "como não existe igual em jornais do mesmo gênero impressos em língua portuguesa", resultado de contrato firmado "com uma casa editora de Paris", além de insistir na importância artística da iniciativa, constituída por "páginas de música *arrancadas às primeiras revistas europeias* que se dedicam exclusivamente a assuntos musicais".[29] E, de fato, das 23 partituras publicadas entre 1885 e 1886 (12,5% dos exemplares), que incluía peças de Chopin, Handel, Schubert, Weber e Zipoli, apenas duas, uma de Carlos Gomes e outra do Visconde de Arneiro,[30] não reproduziam o que já havia

---

28 A lista completa para essa edição inclui ainda: Valtour, João-Paulo Richter, Lakanal, Nestor Roqueplan, Mme. Ackermann, Aurelien Scholl. Notas e impressões, A *Ilustração*, ano1, v.1, n.13, p.260, 05/11/1884. Havia exceções, a exemplo da transcrição de colaboração do diretor para o jornal lisboeta *Diário Popular*. Pina, Notas e Impressões, A *Ilustração*, ano3, v.3, n.19, p.299 e 302, 05/10/1886.

29 A *Ilustração*, ano2, v.2, n.3, p.39, 05/02/1885 (grifo meu). A redação não perdia a oportunidade de insistir na "completa novidade" da iniciativa e na "escrupulosa escolha" das composições". Nota da redação, A *Ilustração*, ano2, v.2, n.7, p.102, 05/04/1885.

30 "No próximo número de Natal oferecemos às nossas leitoras uma bela página de música inédita, assinada – Visconde de Arneiro. Escusado é fazer o elogio do ilustre maestro, e de dizer que esta sua composição há de ser acolhida com verdadeiro interesse pelo público". A *Ilustração*, ano2, v.2, n.22, p.339, 20/11/1885. Do "ilustre maestro brasileiro Carlos Gomes, aplaudido autor de *O Guarani*", publicou-se a música composta para a poesia "Sacra Bandeira". Nota da redação, A *Ilustração*, ano2, v.2, n.7, p.102, 05/04/1885. Para o poema, publicado em italiano, ver: Gigante, Sacra Bandeira, A *Ilustração*, ano2, v.2, n.8, p.126, 20/04/1885.

figurado no *Le Journal de Musique* (Paris, 1876-1882),[31] um dos periódicos editados pela empresa do Quai Voltaire n. 13, conforme revelou a comparação entre *A Ilustração* e o *Journal* que, nesse momento, já não circulava. Evidencia-se, mais uma vez, a enorme vantagem de contar com o diversificado acervo do impressor francês, que não se restringia ao *Le Monde Illustré*, mas poderia também incluir material publicado em outras revistas do grupo, o que não excluía esforço para contemplar a produção de autores nacionais, a exemplo das duas exceções, que certamente tocavam mais de perto os leitores brasileiros e portugueses. Em três outras oportunidades, a seção "As Nossas Gravuras" trouxe partituras, todas já estampadas no *Le Monde Illustré*.[32]

A revista estampou grande quantidade de poesia, sendo muito difícil precisar, para o caso de autores contemporâneos à circulação do periódico, o que foi encomendado ao autor, o que foi enviado espontaneamente ou o que foi selecionado pela redação. O espólio guarda poucos manuscritos de terceiros, cabendo notar que nem sempre era o próprio poeta que se dava ao trabalho de remeter o seu texto, como exemplifica a correspondência de Joaquim Araújo e de Valentim Magalhães.[33]

Entretanto, a literatura não foi deixada de lado nesse processo de recolha de material para compor seções, tanto que, entre 1886 e 1889 (ou seja, em 29,3% do total de exemplares), estampou-se, sob a denominação de "Antologia Portuguesa", significativo conjunto de poemas, ainda que nem toda a poesia originalmente escrita em português tenha sido abrigada na rubrica.

---

31 Há exemplares disponíveis para o período 1876-1881 na BNPF-Gallica.
32 Ver: As Nossas Gravuras, *A Ilustração*, ano2, v.2, n.12, p.190-1, 20/06/1885; Idem, ano3, v.3, n.24, p.381, 20/12/1886 e Ibidem, ano4, v.4, n.9, p.141, 05/05/1887. O *Le Monde Illustré* está disponível na BNPF-Gallica entre 1870 e 1899, ininterruptamente, além de outros anos relativos ao século XX.
33 Joaquim de Araújo remeteu, em cópias de próprio punho, poemas de João de Deus, do qual se conservou um original no espólio; Valentim Magalhães enviou produções de Luiz Murat, Filinto de Almeida, Silvestre de Lima, Alberto de Oliveira, Raimundo Correia, além de suas próprias, sem vestígios no espólio. De Olavo Bilac há quatro poemas, nos quais se especifica a cidade (RJ), sem indicação de quem os copiou, ainda que o papel, a tinta e a letra sugiram que foram encaminhados juntos. No acervo não há traços de correspondência entre Bilac e Pina. Consultar, respectivamente, BNP, Lisboa, Espólio N17/2, N17/269 e N17/249. Na direção contrária, veja-se o caso já citado de Cesário Verde, que fez questão de enviar colaboração à revista.

O que se nota na seção é a preponderância de autores já falecidos e que integravam o cânone literário – Bernardim Ribeiro (1482-1552), Camões (1524-1580), Garção (1724-1772), Garret (1799-1854), Tolentino Almeida (1740-1811), ou seja, que estavam disponíveis para reprodução. Mais rara era a presença de contemporâneos ou recém-falecidos – caso de Gonçalves Crespo (1846-1883), Duarte de Almeida (1844-1914), Costa Alegre (1864-1890), João de Deus (1830-1896), autores que também tiveram produções publicadas fora dos limites da seção. Procurar por uma lógica absoluta é tarefa fadada ao insucesso, mas o que parece evidente é que o adjetivo *portuguesa* referia-se menos à língua do que à nação, pois em apenas uma oportunidade um brasileiro – José Isidoro Martins Júnior (1860-1904) – aí figurou, enquanto Alberto de Oliveira, Luiz Murat, Olavo Bilac e Raimundo Correia, por exemplo, tiveram seus textos publicados em outros espaços da revista.

Conclui-se, portanto, que grande parte do que figurava nas seções – fossem notas de ciências, arte ou crítica literária, produção poética, páginas musicais, excertos ou frases de nomes famosos – provinha de outras fontes, ou seja, originalmente não foram textos escritos com o objetivo de figurar n'*A Ilustração*. Noutros termos, sua presença era fruto da ação do editor ou de seus prepostos, o que reduzia consideravelmente os gastos relativos ao pagamento de colaboradores, mas cobrava seu preço em termos de envolvimento da redação. De outra parte, a última novidade, proveniente principalmente da transcrição/resumo do que já fora publicado em outros periódicos, mesclava-se ao consagrado, como no caso dos poetas, num jogo complexo de temporalidades que atravessava um conteúdo muito diversificado e que resvalava na superficialidade do enciclopédico.

Tratava-se de um equilíbrio delicado, tendo em vista que era preciso não descuidar do compromisso com o tempo presente, num momento em que os meios de comunicação e transportes aguçavam o interesse pela notícia, que chegava quase instantaneamente via cabos telegráficos. Nesse sentido, pode-se contabilizar como esforços nessa direção o intento de informar o que estava em cartaz nos teatros parisienses, primeiro com o título "Memento" (cinco entradas em 1884) que, como se vê, foi mobilizado em diferentes ocasiões, e depois sob a rubrica "Teatros de Paris" (seis em 1884 e cinco em 1885), o que permitia aos leitores do Brasil e de Portugal ter conhecimento dos espetáculos que empolgavam o público parisiense. A seção ficou ausente por largo período para somente reaparecer em 1890 (seis registros), o que evidencia sua inconstância, expressa no fato de se fazer presente em 12% do total de exemplares.

A seção "Jornais e Jornalistas" também permitia atender às demandas do presente, com a vantagem adicional de atrair simpatias dos que atuavam no meio.[34] Ela foi anunciada em 20 de fevereiro de 1886, por meio de uma nota da redação esclarecendo que, dos jornais mais importantes de cada lado do Atlântico, A Ilustração publicaria uma página e o retrato do diretor, de modo a contemplar "a história contemporânea da grande imprensa dos dois países irmãos". Tratava-se, por conseguinte, de textos que demandavam a produção de estampas específicas, que importavam em custos. Além disso, não se perdeu a chance de explicitar os objetivos da revista: "Os nossos leitores podem ver que os fins a que A Ilustração se propõe não se resumem a simples futilidades. Não é nosso intento matar apenas horas de ócio. As nossas vistas são mais elevadas. Desejamos sobre todas as coisas fazer luz – e fazer justiça a todos os homens".[35]

A ideia não era propriamente nova. Em 1884, Pina já havia prestado homenagem à Gazeta de Notícias, na pessoa de seu proprietário e diretor, Ferreira de Araújo, de quem publicou o retrato, devidamente comentado em "As Nossas Gravuras". Em 1885, já se valendo do título "Jornais e Jornalistas", referiu-se à Semana (RJ, 1885-1895) de Valentim Magalhães, então recém-lançada, e à atuação do redator francês Henri Rochefort (1831-1913) no L' Intransigeant (Paris, 1880-1948). Nessas oportunidades, a despeito de já possuir o formato da série que seria lançada no ano seguinte, o conteúdo ainda estava alocado no interior de "As Nossas Gravuras", da qual se destacou para ganhar vida própria alguns meses depois.[36]

---

34 Veja-se a carta remetida por Carlos Lobo de Ávila (1860-1895), de 18/02/1889, quando estava à frente da redação do recém-fundado O Tempo (Lisboa, 1889-1904): "Mil agradecimentos pela sua amável carta e pela gentileza de sua Ilustração". BNP, Lisboa, Espólio N17/28. A nota sobre o jornal foi publicada n'A Ilustração, ano6, v.6, n.2, p.22, 20/01/1889.
35 Jornais e Jornalistas [nota da redação], A Ilustração, ano3, v.3, n.4, p.54, 20/02/1886.
36 Ver, respectivamente, A Ilustração, ano1, v.1, n.2, p.23, 05/05/1884; ano2, v.2, n.8, p.124, 20/05/1885 e ano2, v.2, n.18, p.283, 20/08/1885.

Figura 2.3: Seção "Jornais e Jornalistas".

Nesta seção, as estampas eram especialmente produzidas para a revista.
Fonte: A Ilustração, ano3, v.3, n.6, p.93, 20/03/1886.

O processo de produção da seção não poderia seguir o padrão até aqui descrito, pois não se tratava de garimpar textos e reproduzi-los, era necessário, de fato, escrevê-los. Graças à carta endereçada por Pina a António Enes (1848-1901), escritor e político português e, àquela altura, também diretor da Biblioteca Nacional e do Correio da Noite (Lisboa, 1881-1910), sabe-se que, pelo menos desde fins de 1885, a seção estava em preparação e que a intenção de Pina era contar com os próprios redatores e proprietários das folhas para dar corpo à nova empreitada, o que reforça o caráter de homenagem, em detrimento do analítico. Vale acompanhar a íntegra da missiva, na qual se explicitam as intenções da rubrica:

> Em janeiro próximo, a Ilustração vai começar uma série de jornais e jornalistas de Portugal. Eis a razão por que hoje me dirijo a V. Exa., pedindo-lhe a fineza de me mandar o seu retrato; alguns exemplares do Correio da Noite, para em Paris se fazer uma redução fotográfica do jornal; e um artigo da pena de V. Exa. com a história do jornal, da sua redação, da sua política e da sua vida material. Esperando de V. Exa. a maior brevidade nesta resposta, tenho a honra de me subscrever.[37]

---

37 Carta remetida de Paris por Mariano Pina a António Enes, datada de 15/12, sem indicação do ano, mas cujo conteúdo permite datá-la de 1885. BNP, Lisboa, MSS 146, n.723.

Nem a seção foi lançada na data pretendida e tampouco Enes respondeu com a presteza desejada, tanto que a série abriu-se com longo estudo acerca do *Diário de Notícias*, preparado pelo seu proprietário, Eduardo Coelho (1835-1889), cujos originais estão preservados no acervo,[38] enquanto os leitores só puderam ler sobre o *Correio da Noite* em março de 1887. No número subsequente, contemplou-se a *Gazeta de Notícias* e, a despeito de não conter assinatura, certamente o texto foi escrito por Pina, que ainda era apresentado como correspondente da folha em Paris. Os muitos elogios a Ferreira de Araújo e Elísio Mendes constam no número que trouxe a data de 20 de março, três dias antes de Mendes escrever a lacônica que o dispensou de suas funções de correspondente do jornal fluminense. Responderam ao convite os seguintes periódicos: *Novidades*, de Emídio Navarro, apresentado por Carlos Lobo d'Ávila;[39] o já citado *Correio da Noite*, comentado por Lino de Assunção, auxiliar próximo de Enes, e *A Província* (Porto, 1885-1904), de Oliveira Martins, com texto a cargo de Luiz de Magalhães (1859-1935).[40]

Já as notícias sobre *O País* (RJ, 1884-1930), de Quintino Bocaiúva, a *Gazeta de Portugal* (Lisboa, 1887-1892), de Antonio de Serpa Pimentel (1825-1900), e *O Tempo*, de Carlos Lobo de Ávila, ficaram a cargo da redação. Pode-se imaginar que, para imprimir certa regularidade à seção, os responsáveis pela revista tiveram que assumir a escritura de parte dos textos, em vista de atrasos e/ou eventual desinteresse dos órgãos de imprensa.

Tal circunstância talvez explique por que a seção não conseguiu firmar-se enquanto espaço independente, tendo voltado a integrar, em quatro oportunidades e tal como já havia ocorrido, a seção "As Nossas Gravuras", como se observa para o *Correio da Manhã*, de Pinheiro Chagas, *O Dia* (Lisboa, 1887-1926), então com António Enes à frente, *O Repórter* (Lisboa,

---

38 Coelho, *O Diário de Notícias*. Sem indicação de data ou local, 18 folhas, com autógrafo. BNP, Lisboa, Espólio N17/186. Ver: Jornais e jornalistas, *A Ilustração*, ano3, v.3, n.5, p.71-4, 05/03/1886.

39 Em 03/1886, Carlos Lobo de Ávila (1860-1895), então trabalhando em *Novidades*, acusa recebimento de carta de Pina e compromete-se a mandar o retrato de Navarro, números do jornal e "para breve" o seu artigo, promessa várias vezes repetida e sempre seguida de "tenha paciência". O texto veio a público n'*A Ilustração*, ano3, v.3, n.16, p.246, 20/08/1886, o que dá bem a medida dos atrasos. BNP, Lisboa, Espólio N17/28, cartas de 24 e 25/03, 21/04 e 07/05 de 1886.

40 Em carta remetida de Moreira da Maia em 11/03/1887, Luís de Magalhães enviou para Pina o artigo e o retrato de Oliveira Martins. BNP, Lisboa, Espólio N17/ 291.

1887-1890), fundado por Jayme de Séguier e tendo na chefia da redação Oliveira Martins, e *O Século* (Lisboa, 1881-1893), de Sebastião de Magalhães Lima (1850-1928).[41] As idas e vindas dos responsáveis pelos textos e da localização no interior da revista (dentro de "As Nossas Gravuras" ou enquanto seção independente) permitem considerá-la uma espécie de transição para o material que trazia a assinatura de colaboradores. De forma autônoma, a seção registra apenas oito entradas, ou seja, esteve presente em 4,3% dos números d'*A Ilustração*.

Vale observar o conjunto dos dados relativos às seções a cargo da redação (ver Tabela 2.1, nas p.130-1), que revela evidente estagnação a partir de 1887, quando não mais se registrou a publicação de novas seções e parece haver imperado uma rotina raramente abalada, seja pelo fato de os responsáveis julgarem-se satisfeitos com o padrão atingido, seja por certa dose de acomodação e/ou perda do vigor dos anos iniciais, quando a redação parecia mais ativa na busca por inovações.

Seções textuais assinadas

O outro subconjunto reúne as seções que traziam assinatura de um responsável, ainda que algumas vezes a redação acabasse por se encarregar da sua confecção. É importante assinalar que esse grupo tampouco se particularizou pela continuidade, e, individualmente, nenhuma delas ultrapassou os 13% de presença nos exemplares publicados.

O festejado folhetinista Júlio César Machado (1835-1890) encarregou-se das "Notas para um Dicionário dos Portugueses Notáveis do meu Tempo", que, como anunciou a redação, foi escrito "expressamente para a *Ilustração*" e "promete ser uma curiosidade literária do mais subido valor", uma "série de artigos [que] há de conquistar um brilhante sucesso, não só

---

41 As publicações foram espaçadas: 1886 (20/11), 1888 (05/02 e 05/06) e 1890 (20/04), respectivamente. Ao tratar do diário *O Repórter*, no qual Pina colaborava, assim se justificou a falta de regularidade: "Nossa série *Jornais e Jornalistas* de Portugal e do Brasil, às vezes interrompida por motivos alheios à nossa vontade, tais como a falta de elementos para compor as respectivas biografias – de novo reaparece para apresentar aos nossos leitores...". *A Ilustração*, ano5, v.5, n.11, p.167, 05/06/1888.

no público, mas também no mundo das letras".[42] Tratava-se de elaborar breves biografias nas quais o responsável revisitava escritores e jornalistas, valendo-se de seu conhecimento direto das personagens, o que lhe permitia colorir o texto com características pessoais e idiossincrasias raramente registradas nos verbetes dos dicionários biobibliográficos. Apresentou maior regularidade ao longo de 1887, mas não foi além da primeira letra do alfabeto e compareceu em 12,5% dos exemplares da revista.

Se as "Notas" amparavam-se na memória do cronista, que evocava suas lembranças, o restante das seções assinadas remetia às novidades do mundo da cultura, pois se tratava de informar o leitor sobre o que estava em curso no campo editorial, artístico e teatral, com resultados bastante desiguais. A seção "Artes", que tinha vinheta própria, indício de que foi concebida para ter continuidade, figurou na publicação apenas duas vezes, no ano de 1885, registrando a menor porcentagem de presença no conjunto das seções (1,1%), o que talvez se explique pela importância que o Salão de Arte de Paris e outras exposições assumiam no material iconográfico e nos comentários que o acompanhavam.

Já a crítica teatral ocupou, nos dois primeiros anos da revista, lugar de destaque, pois além dos já citados "Memento" e "Teatros de Paris", que listavam os espetáculos parisienses em cartaz, havia outra seção destinada a analisar (e não apenas arrolar) as peças, com clara predominância da cena parisiense, ainda que por vezes o foco recaísse nos teatros de Lisboa. Já no segundo número, os leitores eram informados da nova seção, que tinha em vista contemplar "todas as notícias parisienses que possam interessar a Portugal e ao Brasil" e para a qual se chamava a atenção de "críticos, atores, autores e tradutores".[43] A responsabilidade dos textos passou de Joaquim Miranda a Basílio, o último não identificado e que, muito provavelmente, valia-se de pseudônimo. Tomando-se em conta a importância do teatro, não deixa de surpreender que a revista tivesse rapidamente deixado de lado a temática, que reaparece de maneira bissexta em 1890 e 1891,[44] com um

---

42 Consultar as notas da redação presentes em *A Ilustração*, ano3, v.3, n.22, p.355, 20/11/1886; e ano3, v.3, n.23, p.338, 02/12/1886.

43 Aviso, *A Ilustração*, ano1, v.1, n.2, p.19, 20/05/1884. Informava-se ainda que a seção estava confiada "a pessoa competentíssima, a pessoa que conhece, como poucos, o assunto de que vai tratar", numa referência ao primeiro titular, Joaquim Miranda.

44 Das onze entradas de 1884, Miranda assinou as dez primeiras, substituído por Basílio na última de 1884 e nas cinco de 1885, ano que ainda trouxe uma nota não assinada, atribuída

total de 10,3% de comparecimento em termos percentuais. Por outro lado, é certo que se pode argumentar que artistas de grande destaque e montagens particularmente bem-sucedidas mereciam referências em outros espaços, como nas "Crônicas" de Pina ou em "As Nossas Gravuras". Assim, em setembro de 1885, uma nota da redação esclarecia: "Lembramos aos nossos leitores a propósito de teatro, que a *Ilustração* acompanhará com gravuras os grandes sucessos parisienses da época de [18]85 e [18]86, e que na sua seção de músicas para piano publicará trechos das melhores óperas e operetas que se cantem nos teatros de Paris"[45], testemunho da relevância do tema.

A produção literária não teve melhor sorte. A seção "Bibliografia", que deveria proceder à crítica das principais obras publicadas dos dois lados do Atlântico,[46] tampouco se firmou: iniciou-se em 1884, com três entradas, as quais diminuíram para duas no ano seguinte. Foi ao longo de 1886 que a seção fez-se mais presente, com onze registros. No conjunto, compareceu em 11,4% dos exemplares – e seu principal responsável, que assinava Figaro, ficou ausente por longas temporadas, como se vê numa de suas justificativas:

> Razões superiores, que a modéstia do meu pseudônimo me não permite dar à luz, aliás todos ficariam sabendo, como só o sabe este vosso criado, quem é que se oculta sob o nome de *Figaro* – razões superiores, estava eu dizendo, me forçaram a estar por tanto tempo afastado das minhas atribuições de bibliógrafo e crítico [...]. Mas estou aqui de volta queridos leitores e não menos queridos autores, leitores que me leem e autores que se fazem imprimir para dar assunto a esta minha seção. Aqui estou de volta, meus queridos amigos, como dantes preferindo rir do que chorar; preferindo dizer aos medíocres "Os senhores não têm talento, a agricultura tem falta de braços" a dizer-lhes que prometem muito, e que a Posteridade lhes há de erigir uma estátua na praça pública, e não hesitando, nem um instante, a tirar o meu chapéu diante de a toda obra onde se revela um temperamento de artista.[47]

à redação. As entradas isoladas de 1890 e 1891 são, respectivamente, de Jose Barbo A. e Figaro, mesmo pseudônimo presente em "Bibliografia".
45 Nota da redação, *A Ilustração*, ano2, v.2, n.18, p.284, 20/09/1885.
46 Por ocasião da estreia da seção, a redação esclareceu que: "Nesta seção bibliográfica falar-se-à de todas as obras recentemente publicadas, quando se tenha mandado um exemplar para o [nosso] escritório". *A Ilustração*, ano1, v.1, n.4, p.64, 20/06/1884.
47 Figaro, Bibliografia, *Ilustração*, ano3, v.3, n.23, p.320, 05/12/1886 (grifo no original).

Mesmo assim, no âmbito das seções, destacou-se como colaborador frequente, o que é compreensível diante da baixa frequência dos demais. Esse ponto é significativo, pois sugere que em torno da redação não se reuniu um grupo coeso, talvez por esta localizar-se além das fronteiras dos países aos quais se destinava e, ao mesmo tempo, depender dos respectivos mundos letrados para dar corpo à parte textual. Também não se pode desprezar a própria natureza da revista, que nasceu como um empreendimento de cunho comercial, embora possa, ao longo de sua trajetória, ter ultrapassado o escopo meramente financeiro. O fato é que mesmo tarefas aparentemente mais simples, caso das tão frequentes listas de publicações recebidas, tampouco foram constantes, cabendo notar que o subitem "Movimento Bibliográfico", articulado à "Bibliografia", foi publicado apenas em duas oportunidades ao longo de 1886.[48]

É interessante perceber a alternância entre "Bibliografia" e "Letras". Foi justamente ao longo de 1885 que esta seção ocupou as páginas d'*A Ilustração*, quiçá para fazer frente à inconstância de Figaro. Sua presença foi registrada em quinze dos 24 números publicados (8,1%) e deveria ficar a cargo de Jaime de Séguier. Em fevereiro, anunciou-se que o escritor "vem agora regularmente fazer a parte literária da quinzena. Da sua elevada competência – fino critério, brilhantismo de frase, naturalidade de exposição – dizem mais do que nós as duas revistas já publicadas".[49] No acervo de Mariano Pina está conservada a resposta do escritor e embaixador ao convite do diretor:

> Quanto à proposta que você me faz, *d'abord*, muito obrigado por me ter deitado o lenço, em seguida vou a dizer-lhe que aceito com todo o prazer. Preciso porém de fixar alguns pontos: quantas vezes sai o jornal por mês a partir de 01 de janeiro? De que espaço posso dispor em cada número? Quanto a condições, v. sabe que nunca isso há de ser, como nunca foi, questão entre nós. Escrevo mais pelo prazer de contribuir, dentro das minhas forças, para o interesse do seu jornal, do que para ganhar fundos. O que está estabelecido atualmente, convém-me muito bem. Quando o jornal lhe der a você 20.000 francos por ano, então aumente-me. Um ponto derradeiro a fixar. Para falar de livros e sobre-

---

48 Note-se que "Movimento Bibliográfico" não chegou a constituir-se em seção independente, mas compartilhava com o também pouco frequente "Teatros de Paris" o mesmo princípio ordenador, isto é, tratava-se de listar as novidades, dos palcos e das livrarias, sem quaisquer considerações de cunho analítico.
49 Nota da redação, *A Ilustração*, ano2, v.2, n.3, p.39, 05/02/1885.

tudo para dar deles trechos [...] é necessário comprá-los. Isso é que pode constituir numa despesa relativamente avultada. Diga-me você se entende se eu os deva comprar por minha conta ou pela do jornal. Franqueza, mancebo! Quanto ao movimento em Portugal, queira ter a bondade de anunciar em todos os próximos números, que toda a publicação portuguesa de que me forem enviados dois exemplares, terá artigo. Sublinho me para evitar viagens dos livros de Paris para Bordeaux. Eles ficam, bem entendido, ao seu dispor depois.[50]

O novo colaborador, aliás como os demais, não primou pela regularidade e, já em fevereiro de 1885, pedia desculpas pelo atraso e prometia: "Vou ser um prodígio de regularidade – em vez que um cronista, você terá em mim um cronômetro e, em vez do meu nome, vou assinar *Breguet* de hora em diante".[51] De fato, há apenas oito contribuições não consecutivas de Séguier, que davam conta de livros recém-lançados. É provável que a falta de pontualidade do titular, que afinal não se mostrou mais regular do que Figaro, obrigasse a redação a intervir. Mariano Pina, dessa maneira, ocupou "Letras" para reproduzir carta que lhe foi remetida por Abel Acácio (1856-1917), manifestando seu desacordo perante as considerações presentes numa das "Crônicas" do diretor a propósito do livro *Lira insubmissa*, devidamente comentada pelo destinatário, o que estava em consonância com o escopo da seção.[52]

Entretanto, as demais entradas trazem excertos de produções literárias, o que obviamente não se configura como recensões e introduz significativa ambiguidade na seção, além de colocar o desafio de distinguir quais, dentre os autores contemporâneos transcritos, devem ser considerados colabora-

---

50 Carta de Jaime de Séguier a Mariano Pina, datada de 06/12/1884. BNP, Lisboa, Espólio N 17/73.
51 Carta de Jaime de Séguier a Mariano Pina, datada de 13/02/1885 (grifo meu em *Brequet*, famosa marca de relógios que remonta ao século XVIII). Já Fialho de Almeida, em carta não datada, confessava: "As minhas promessas para com a *Ilustração* por tal forma tem falhado que eu, meu amigo, já nem tento justificar-me". BNP, Lisboa, Espólio N 17/73. As cobranças eram frequentes na correspondência de Pina. Veja a que enviou a Jaime Batalha Reis, eivada de ironias, que se inicia com "Se em New Castle ainda há papel e penas", para logo em seguida rematar: "[...] peço-lhe, meu caro Batalha, que se lembre pelo menos uma vez por mês que a *Ilustração* acolhe sempre com entusiasmo duas linhas suas. Não sou mais extenso, pela razão de que tenho que escrever a mais cem colaboradores do jornal que procedem exatamente como V. Exa". Carta remetida de Paris em 16/01/1886. BNP, Lisboa, E4 Caixa 35, Maço 36.
52 Acácio, Carta dirigida a Mariano Pina, *A Ilustração*, ano2, v.2, n.11, p.166,171-2 e 174. 05/06/1885, com notas críticas do destinatário.

dores no sentido próprio do termo. Note-se que a proveniência do material era bastante diversificada, com situações resultantes da ação da redação – a homenagem a Jules Vallès (1832-1885) quando do seu passamento, com a publicação de um capítulo de um de seus romances; a apresentação do advogado Bernardo Lucas (1865-1950), que estreava como poeta; a divulgação de trechos de um novo livro de Guerra Junqueiro (1850-1923), que mereceu análises detidas de Pina (em "Crônicas") e Séguier (em "Letras"); e a publicação de um conto de François Coppée (1842-1908). Já os excertos de inéditos de Teófilo Braga e Oliveira Martins (1845-1894) asseguram--lhes o estatuto de efetivos colaboradores, na medida em que os textos não poderiam ser obtidos sem anuência dos autores. No que tange a Oliveira Martins, sabe-se pela correspondência conservada no espólio de Pina que ele enviou um trecho da sua *História romana* para ser publicado n'*A Ilustração*, o que mereceu anúncio destacado, inclusive com reprodução de excerto de próprio punho devidamente autografado.[53] Se "Letras" não ultrapassou o ano de 1885, no seguinte Figaro retomou o seu posto e assinou dez textos da seção "Bibliografia", configurando a alternância entre as seções.[54]

Há uma entrada isolada para os anos de 1889, 1890 e 1891, evidência da perda de importância da seção enquanto espaço de crítica dos lançamentos no campo literário. Aliás, esse aspecto é confirmado pelo fato de a rubrica "Bibliografia" ser utilizada, no decorrer do ano de 1891, para abrigar anúncios de livros e instrumentos de cálculo, portanto muito distante do seu sentido original.

No registro da atualidade, o cotidiano das cidades foi tema constante dos periódicos, com o burburinho das avenidas, jardins, cafés e locais da moda, espaços que propiciavam novas vivências e sociabilidades. N'*A Ilustração*, a primeira seção consagrada ao mundo urbano foi "Lisboa em flagrante", encomendada por Pina a Abel Acácio, que ponderou:

> O que me propõe é difícil. Demanda talento e um grande conhecimento dos homens e das coisas. Não me julgo com forças para empreender essa tarefa dig-

---

[53] O excerto de Martins foi publicado em: *A Ilustração*, ano2, v.2, n.9, p.135 e 138, 05/05/1885, devidamente anunciado no número anterior. Já o trecho manuscrito veio a público em *A Ilustração*, ano2, v.2, n.18, p.279, 20/09/1885.

[54] As seções só compartilharam o mesmo número uma vez, oportunidade em que "Letras" não trouxe crítica, mas o conto de Coppée. *A Ilustração*, ano2, v.2, n.17, p.263 e 276, 02/09/1885, "Letras" e "Bibliografia", respectivamente.

namente. Em todo o caso, tenho a honra de enviar hoje ao meu amigo o incluso estudo, primeiro de uma série que, se esse agradar, continuarei mensalmente na *Ilustração*. A par da fixação do meio, há ali uma rápida apresentação de tipos, que eu farei jogar depois mais ou menos nos estudos subsequentes. Parece-me este o melhor sistema: procuras dar a nota social por meio de tipos genéricos, que tenham um fundo verdadeiro, e que deem uma síntese característica de nosso viver contemporâneo.[55]

E, de fato, em 20 de fevereiro de 1886 *A Ilustração* anunciava a "página curiosa, vivida, onde há observações de crítica que há de queimar alguns paladares, mas que hão de ser também lidas com prazer pelo público porque são sinceras". Nos seus textos, por vezes bastante longos, o autor perambulava por diferentes ambientes lisboetas, comentando hábitos, costumes e comportamentos. A exemplo de várias outras, também esta seção foi bastante irregular, a despeito de o autor tencionar "dar a *Lisboa em Fragrante* de quatro em quatro números, para não ser nem muito repetida, nem muito espaçada". A promessa não foi mantida e a justificativa para o atraso deu bem a medida das condições da produção literária:

> Mas – que quer? Isto é um futre de um país onde se não pode viver só da literatura e fazer quotidianamente e exclusivamente algumas páginas de verso ou prosa, numa regularidade tranquila. Nisto de regularidade, só conhecemos a do amanuense enfiando a manga de alpacas e agitando o anteparo de tafetá verde contra a luz.[56]

---

55 Carta de Abel Acácio remetida para Marino Pina de Lisboa em 22/01/1886. BNP, Lisboa, Espólio N17/29, grifo no original.
56 Carta de Abel Acácio remetida para Mariano Pina de Lisboa, em 24/04/1886. Em carta não datada, mas cujo conteúdo permite remeter a janeiro de 1887, solicitava pagamento de suas colaborações: "Convinha-me imenso receber no dia 8 ou 9 do próximo fevereiro [...]. Obsequeia-me muito o meu amigo, dando ordem ao Corazzi neste sentido. E desculpes a impertinência", o que bem indica a importância dos proventos ganhos com as colaborações. Jaime de Séguier, que como Eça vivia dos magros proventos de cônsul, escrevia: "Reabro a carta para lhe pedir que me indique o *quantum* dos meus recibos. A renda da casa está à porta e a minha senhoria é que é a verdadeira autora das crônicas que você aí tem publicado com o meu nome. Pelo menos é ela que empolga os cobres. Se ainda fosse só isso!". Carta a Mariano Pina, remetida de Bordeaux em 02/03/1885. BNP, Lisboa, Espólio N17/226. Compare-se com os termos da carta enviada em 06/12/1884, já citada, na qual ele diz não se importar com o pagamento.

A seção registrou cinco ocorrências, com magros 2,7% em termos percentuais.

Em 1889, quando "Lisboa em Flagrante" deixara há mais de um ano de figurar na revista, foi a vez de Paris ser contemplada com "Através de Paris", a cargo de um escritor português que assinava Giess. Na nota que anunciou a novidade, afirmava-se que os textos sairiam quinzenalmente e, como que para tranquilizar os assinantes, assegurava-se que "o cronista promete-nos que há de ser da máxima pontualidade com os nossos leitores. É o que sinceramente desejamos, porque Giess é um escritor brilhantíssimo...".[57] Coube ao próprio titular explicitar que foi encarregado de "contar em cada número alguma coisa do que se passou em Paris desde o número precedente". E o fez com surpreendente regularidade até fevereiro do ano seguinte, quando a seção deixou de ser publicada, registrando presença em 7,6% dos exemplares e concentrando-se em questões de natureza política, como os resultados eleitorais, passando por comentários a respeito das peças em cartaz, as mudanças no clima e no ritmo da cidade, os casamentos de personalidades famosas, a elegância das parisienses, os lugares em voga, com especial destaque para a Exposição Universal de 1889, então em curso.

Há sincronia entre o fim do "Através de Paris" e o início de "A Moda Parisiense", seção que ocupou as páginas d'*A Ilustração* entre março e dezembro de 1890, com dez entradas, ou seja, presente em 5,4% dos números publicados. De há muito a iniciativa vinha sendo prometida, mas só se pode citar como antecedente efetivo a presença, em 1885, de duas estampas em "As Novas Gravuras", o que é bem diverso de uma seção inteira dedicada ao tema. Nessas duas oportunidades, já era perceptível a intenção de atribuir sentido artístico ao que se ofertava às leitoras, distanciando *A Ilustração* das revistas convencionais de moda, afinal, em suas páginas somente se davam a conhecer trajes especiais, quer por terem sido produzidos por renomados estilistas, quer por haverem merecido atenção em eventos sociais de destaque.

Na seção "Moda parisiense", efetivamente, não se ofereciam moldes, mas uma página inteira com ilustrações cuidadosamente dispostas por entre o texto, revelando especial atenção na composição. É sintomático que trouxesse a assinatura de uma mulher, Marie Camors, com evidente alusão à França, o que poderia indicar a presença feminina na redação. A própria revista, no entanto, fornece elementos que permitem duvidar da efetiva

---

57 Nota da redação, Através de Paris, *A Ilustração*, ano6, v.6, n.14, p.213, 20/06/1889.

existência dessa colaboradora. Isso porque, de forma contrária ao que habitualmente ocorria, não houve preocupação de se destacar os méritos da responsável e sua competência para a tarefa, tendo toda a atenção recaído no conteúdo da nova seção, numa tentativa deliberada de esmaecer a autoria e enfatizar o rompimento com o que se tomava por convencional nesse campo, como se vê no texto inaugural da seção:

> Vamos hoje satisfazer um pedido feito por numerosas leitoras da *Ilustração*, publicando nas páginas dessa revista alguns desenhos de moda, aos quais daremos um verdadeiro aspecto artístico. Temos tenção de os acompanhar de um artigo explicativo que será ao mesmo tempo o comentário das *toilettes* de que apresentamos os modelos, e uma pequena crônica da moda parisiense. Este novo melhoramento, que representa para a *Ilustração* uma importante despesa de colaboração, significa o desejo que tem a empresa de tornar a nossa revista um verdadeiro jornal de família, com leituras e distrações para todos os espíritos. Teremos o maior cuidado em evitarmos a rotina dos jornais de moda, assim como as modas extravagantes ou excêntricas. Não são nem as ridículas excentricidades de amanhã, nem os erros de ontem, que tencionamos registrar nas páginas da *Ilustração*. É a moda de cada mês, a moda da alta sociedade parisiense, a verdadeira moda dos salões de Paris, a que tem por divisa: elegância na simplicidade. Moda bem diferente da maioria dos jornais de moda, que só mostram, ou extravâgancias de mau gosto, ou gravuras de *toilettes* para exportação. Ora o que a *Ilustração* quer tornar conhecido do seu numeroso público feminino é – a moda parisiense.[58]

A comparação entre o que Pina publicava em sua revista e o *Le Monde Illustré* é bastante reveladora e permite colocar em xeque as alegadas despesas e sacrifícios da empreitada, pois fica evidente que se tratava de seguir os passos da publicação francesa, na qual a seção "La mode dans le monde" estreou em janeiro de 1890, enquanto n'*A Ilustração* sua aparição deu-se em março. No *Le Monde* os textos eram assinados por Ludka, sobre quem não consta qualquer informação, o que denota certo descaso em relação ao conteúdo, indicando que ocupava espaço secundário no conjunto do projeto editorial. Nas duas publicações, a página era idêntica no que se refere à parte iconográfica, enquanto o texto tanto poderia ser apenas um extrato

---

58 Camors, A moda de Paris, A Ilustração, ano6, v.6, n.6, p.93, 20/03/1890.

dos principais pontos abordados no original, quanto a tradução integral e literal do que fora estampado no semanário francês,[59] ou sofrer ligeiras modificações, fosse para torná-lo mais palatável ao público lusófono ou para responder aos interesses editoriais de Pina, que introduzia deslocamentos de sentido, a exemplo do caso em que a tradição dos bailes à fantasia acabou por se transformar em sugestões para o Carnaval.

Note-se que evocar Marie de Camors era uma estratégia para fazer crer que o texto fora escrito especialmente para a revista, além de deixar subtendido que a tarefa de levar a cabo a cuidadosa seleção das vestimentas também cabia à personagem.

A sincronia entre a publicação luso-brasileira e a francesa manteve-se ao longo de 1890, com todo o material do *Le Monde* devidamente reproduzido n'*A Ilustração*. No ano seguinte, porém, a seção deixou de figurar de maneira autônoma nos exemplares da revista luso-brasileira, o que não se observa na destinada ao público do Hexágono, que continuou a ter ao seu dispor, por anos a fio, a seção, ainda que nunca em todos os números. Contudo, um olhar mais atento revela que *A Ilustração* seguiu replicando o material do *Le Monde*, agora não mais enquanto seção autônoma, mas como parte integrante de "As Nossas Gravuras". Logo, a transferência das imagens do *Le Monde* seguiu impávida, porém o texto, ou melhor, a sua tradução e/ou adaptação foi abandonada, com as estampas merecendo menções bastante sucintas. Pina eliminou o trabalho de verter/adaptar o texto de Ludka e optou por estampar os modelos despidos da parte tipográfica que os circundava. As legendas e as breves notas em "As Nossas Gravuras" atuavam no sentido de dar ao (à) leitor(a) a sensação de que o compromisso com o conteúdo referente à moda parisiense continuava a ser cumprido.

---

59 A título de exemplo, compare-se a frase inicial do último excerto citado com o que figura no *Le Monde*: "*Nous nous rendons au désir exprimé par un grand nombre des lectrices du* Monde Illustré *en publiant à cette place quelques dessins demode auxquels nous avons essayé de donner le cachet le plus artistique possible. Nous avons l'intention de les accompangner chaque fois d'une causerie explicative, qui sera en même temps le commnetaire des toilettes dont nous présentons le modéle et une sorte de petite chronique de la mode*". Ludka, La mode dans le monde, *Le Monde Illustré*, 34eannée, n.1713, p.61, 25/01/1890. ["Nós nos rendemos ao desejo expresso por um grande número de leitoras do *Monde Illustré* publicando aqui alguns desenhos de moda, aos quais tentamos dar o aspecto mais artístico possível. Temos a intenção de acompanhá-los de uma nota explicativa, que será ao mesmo tempo o comentário dos trajes cujo modelo apresentamos e uma espécie de pequena crônica de moda."]

Figura 2.4: Seção *Moda Parisiense*.

Fonte: *A Ilustração*, ano6, v.6, n.6, p.93, 20/03/1890.[60]

Para a compreensão do trabalho editorial de Mariano Pina é interessante contrapor "A Moda Parisiense", cujo sentido de atualidade é inerente ao conteúdo, à seção "Os Meses do Ano", que também tinha por alvo o público feminino, publicada ao longo de 1887 (6,5%). Tratava-se de uma página inteira que reunia artistas do lápis (desenho do francês Hector Giacomelli, 1822-1904) e da pena (poemas de Jaime de Séguier), que se esmeravam para criar alegorias a respeito do mês em curso. O interessante é que se tratava de retomar uma estratégia que o *Le Monde Illustré* levara a cabo quase uma década antes, em 1876, com a substituição dos poemas de Coppée, ou seja, tal como ocorria em "A Moda Parisiense", era exatamente o mesmo clichê que era reaproveitado. Instalado em duas salas do Quai Voltaire, na sede da

---
60 Comparar com: *Le Monde Illustré*, 34e année, n. 173, p. 61, 25/01/1890.

Société Anonyme de Publications Périodiques, Pina tinha oportunidade de escolher material para a *Ilustração* entre milhares de imagens, o que lhe possibilitava recolocar em circulação material que já não interessava ao *Monde*, adaptando apenas a parte textual. Na imagem relativa ao mês de janeiro, observe-se a inscrição em francês (*Janvier*) e a neve caindo sobre os pássaros, tanto que, no original, o conjunto intitula-se *Misère des petits oiseux* (Miséria dos pequenos pássaros), temática também abordada pelos dois poetas. Se a imagem pode ser considerada adequada para a França e Portugal, ela era bem pouco apropriada para o calor escaldante do Rio de Janeiro.

Figura 2.5: Seção "Os Meses do Ano".

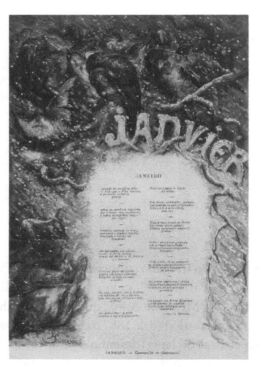

Fonte: *A Ilustração*, ano4, v.4, n.1, p.5, 05/01/1887.[61]

Em 1890, mais uma vez uma série foi dedicada ao tema e, ao apresentá-la, a direção da revista evocou o sucesso pregresso para justificar a sua retomada: "nos pareceu interessante solicitar de um outro artista parisiense

---

61 Comparar com *Le Monde Illustré*, 20ᵉ année, n.981, p.72, 29/01/1876.

uma nova interpretação dos doze meses do ano". Contudo, "desta vez não quisemos que o artista estivesse preso à ideia do poeta, ou vice-versa. Deixamos ao artista toda a liberdade de sua fantasia, deixando-o inspirar-se da natureza, procurando traduzir pelo lápis o caráter, o tipo pitoresco, de cada mês". E para a empreitada contava-se com um "novo colaborador artístico", o francês Jules Habert-Dys (1850-1930). Pina precisava que as composições do artista seriam confiadas "ao buril notável do gravador parisiense F [Fortuné Louis] Méaulle [1844-1901]. O seu nome é a melhor garantia do modo como a gravura reproduz fielmente e brilhantemente o desenho do artista".[62] E à semelhança do que ocorreu com "A Moda Parisiense", a novidade integrava "As Nossas Gravuras", deixando de figurar como seção específica, tal como foi o caso três anos antes.

Ainda uma vez era um negócio vantajoso, pois agora não era necessário remunerar o poeta, enquanto a condição de "colaborador efetivo" reservada ao autor do desenho também precisa ser relativizada, pois se tratava de retomar a série já publicada no Le Monde Illustré, entre 1887 e 1888, com o título *"Les mois fleuris"* (Os meses floridos). Para as breves notas sobre cada uma das estampas, Pina podia contar com os textos já publicados na seção *"Nos Gravures"* da revista francesa, que ele não hesitava em se valer.

É bem provável que o leitor d'*A Ilustração* não tivesse elementos para distinguir as práticas editoriais de Pina, possíveis graças à associação com o impressor parisiense. Habilmente ele apresentava as novidades, que tanto poderiam ser simultâneas às ofertadas ao leitor francês quanto recuar até um decênio, como se resultassem de escolhas e decisões dos que respondiam pela revista quando, de fato, as possibilidades limitavam-se às ofertadas pelo acervo da empresa do Quai Voltaire.

Tendo em vista a grande quantidade de dados, organizou-se a Tabela 2.1 (p.130-1), que reúne as seções a cargo da redação e as assinadas. A análise do conjunto aponta para o peso da redação, que respondia pela maior parte dos textos publicados, além de dar concretude às ponderações anteriormente feitas sobre a ausência de inovações e a tendência à estagnação da revista a partir de 1887, tanto que apenas duas seções – "Através de Paris" e "A Moda Parisiense" – iniciaram-se após esse ano.

---

62 As Nossas Gravuras, *A Ilustração*, ano7, v.7, n.1, p.6, 05/01/1890.

Tabela 2.1: Distribuição das seções d'*A Ilustração* e seus responsáveis (1884-1892)

RESPONSÁVEIS/SEÇÕES	1884	1885	1886	1887	1888	1889	1890	1891	1892	TOTAL	%
Redação											
"As Nossas Gravuras"	16	24	24	24	24	24	24	23	1	184	100,00
"Crônica"	16	20	24	24	24	18	22*	7*		155	84,2%
"Nota da Redação"	49	58	53	35	29	45	30	1	1	301	163,6**
"A Revista das Revistas"				24	24	23	14			85	46,2
"Antologia Portuguesa"			3	17	15	10	9			54	29,3
"Notas e Impressões"	6	5	19		9	6	2			47	25,5
"As Músicas da Ilustração"		15	8							23	12,5
"Memento"			23							23	12,5
"Memento/Teatros de Paris"	11	5					6			22	12,0
"Passatempo"	13									13	7,1
"Ciências"		11								11	6,0
"Correspondência"	10									10	5,4
"A Nossa Agência"	6	1								7	3,8
Colaboradores e Redação											
"Notas para um Dicionário" Júlio César Machado			2	14	6	1				23	12,5
"Bibliografia" Fígaro (18), Redação (02), J. Claro (01)	3	2	11	3		1	1	1		21	11,4
"Teatros" J Miranda (10), Basílio (06), Fígaro, José Barbo A., Redação (01)	11	6					1	1		19	10,3

Continua

Tabela 2.1: *Continuação*

RESPONSÁVEIS/SEÇÕES	ANOS									TOTAL	%
	1884	1885	1886	1887	1888	1889	1890	1891	1892		
Colaboradores e Redação											
"Letras" Jaime de Séguier (08), Redação (04), Mariano Pina/Abel Acácio, Oliveira Martins, Teófilo Braga (01)		15								15	8,1
"Através de Paris" Giess						11	3			14	7,6
"Os Meses do Ano" Jaime de Séguier				12						12	6,5
"A Moda Parisiense" Marie Carmors							10			10	5,4
"Jornais e Jornalistas" Redação (04), Carlos Lobo Ávila, Eduardo Coelho, Lino Assunção, Luiz Magalhães (01)			3	4		1				8	4,3
"Lisboa em Flagrante" Abel Acácio			3	1	1					5	2,7
"Artes" A.M., RIP (01)		2								2	1,1

*Em 1890, Mariano assinou 21 "Crônicas" e Silva Pinto, uma. No ano seguinte, Pina respondeu por três delas, Jayme de Magalhães Lima por duas, enquanto duas outras se deveram à pena de Alfredo Mesquita e Dionísio.
**Porcentagem maior que cem, tendo em vista que um mesmo número poderia apresentar várias "Notas da Redação".

No que concerne aos textos assinados, os dados reunidos na Tabela 2.2 evidenciam, com grande nitidez, a importância de Pina para a fatura da revista, bem como o quanto a presença de outros escritores foi modesta, o que ajuda a compreender a curta duração das seções assinadas e sua baixa representatividade quantitativa no conjunto dos exemplares publicados.

Tabela 2.2: Seções assinadas: colaboradores em ordem decrescente (1884-1892)

Colaborador	Contribuições
Mariano Pina	151
Júlio César Machado	23
Jaime de Séguier	20
Figaro	16
Giess	14
Redação	11
J Miranda	10
Marie Carmors	10
Abel Acácio	6
Basílio	6
Jayme de Magalhães Lima	2
A.M., Alfredo Mesquita, Carlos Lobo Ávila, Dionísio, Eduardo Coelho, J. Claro, José Barbo A., Lino Assunção, Luiz Magalhães, Oliveira Martins, RIP, Silva Pinto, Teófilo Braga	1

O relativo fracasso das seções a cargo de responsáveis fixos sugere que a revista não exercia grande atração entre os possíveis colaboradores, os quais acabavam por não cumprir os compromissos assumidos com a publicação, o que resultava em sua inconstância e caráter errático. O contraponto a essa situação manifesta-se na ação vigorosa da redação, que sempre teve à frente Mariano Pina, auxiliado, até onde se pôde apurar, por Xavier de Carvalho, entre 1885 e 1889, mas sem que seu nome tenha figurado na portado do periódico. É igualmente marcante a replicação de material já difundido em outros órgãos de imprensa, o que exigia trabalho contínuo do(s) responsável(eis), sem onerar, entretanto, os custos de produção.

Textos: para além das seções

Apesar de ter circulado quinzenalmente por quase oito anos, as seções d'*A Ilustração* não foram tão numerosas, o que permite abordar suas características e responsáveis de maneira particularizada. Bem diverso é o quadro quando se trata do amplo conjunto de textos avulsos que as entremeava. A indexação no banco de dados permitiu contabilizar mais de quinhentas entradas (549, a bem da precisão), o que exige outra forma de abordagem. De saída, tratou-se de identificar os autores desses textos e estabelecer com que frequência ocuparam as páginas da revista. Os resultados (ver Tabela 2.3, na p.134) revelam nítida predominância de colaboradores eventuais: no conjunto de 191 indivíduos, 99 deles, ou seja, 47,6%, compareceram numa única oportunidade, enquanto Olavo Bilac, que figurou no topo da lista, respondeu por 24 entradas (4,4%), seguido de Fialho de Almeida (19), Xavier de Carvalho (17) e Filinto de Almeida (16), com porcentagens ainda menores. Trata-se de quantidades modestas ante a publicação de 184 exemplares e, no que tange a Xavier de Carvalho, cabe lembrar que ele esteve ao lado de Pina na redação entre 1885 e 1889.

Entretanto, é bom ter presente que as quantificações precisam ser analisadas com cuidado. A lista contém nomes já falecidos e outros cujo passamento deu-se durante o período de circulação da revista, o que permite concluir que tal presença era um reconhecimento explícito da importância do autor e uma forma de lhe render homenagem, mas não necessariamente o tornava colaborador no sentido pleno do termo.

Já no que respeita aos contemporâneos, a introdução da variável tempo – ou seja, quando se confronta o número absoluto de colaborações com sua distribuição ao longo dos anos de existência d'*A Ilustração* – deixa patente que, especialmente nos anos 1890 e 1891, os últimos da revista, já que em 1892 veio à luz apenas um exemplar, publicaram-se, de forma sistemática, produções dos mesmos autores – Bilac (7 e 11), Filinto de Almeida (5 e 9), Luís Osório (2 e 9), Álvaro Castelões (1 e 8), Domício da Gama (0 e 4). Tal situação articula-se ao aumento do número de textos não vinculados às seções, cuja média saltou de cinquenta por ano, entre 1884 e 1889, para mais de uma centena entre 1890 e 1891, quando a publicação de produção literária, com destaque para a poesia, avolumou-se significativamente.[63] A repetição de certos nomes introduz viés importante por colocar em questão a relação normalmente estabelecida entre os responsáveis pelo periódico e

---

63 O montante de textos fora de seções foi o seguinte: 1884 (56), 1885 (64), 1886 (56), 1887 (33), 1888 (49), 1889 (62), 1890 (109), 1891 (116), 1892 (4), ano em que veio a público um único exemplar.

Tabela 2.3: Colaborador e contribuições fora das seções, em ordem decrescente, com discriminação de nome para até duas entradas (1884-1892)

Quantidade de colaborador(es)/Nome(s)/Nº Contribuição(ões) de cada autor	Total
(1) Olavo Bilac (24)	24
(1) Fialho de Almeida (19)	19
(1) Xavier de Carvalho (17)	17
(1) Filinto de Almeida (16)	16
(1) Redação (15)	15
(2) Alfredo Alves, Bento Moreno (12)	24
(3) Alphonse Daudet, Joaquim de Araújo, Luis Osório (11)	33
(1) Álvaro de Castelões (10)	10
(1) Guerra Junqueiro (9)	09
(3) Catulle Mendès, François Coppée, Valentim Magalhães (8)	24
(5) Bernardo Pindela, Eça de Almeida, Eça de Queirós, Guy de Maupassant, Luis Delfino (7)	35
(2) Alberto de Oliveira (BR), Mariano Pina (6)	12
(6) Antônio Fogaça, Antônio Nobre, Carlos de Moura Cabral, Eugenio de Castro, Luiz Guimarães, Théodore de Banville (5)	30
(18) Abel Acácio, Albertina Paraíso, Alberto de Oliveira (PT), Antônio Feijó, Cesário Verde, Domicio da Gama, Gervasio Lobato, Gomes Leal, J. Leão Cardoso de Betencourt, Jaime de Séguier, João Diniz, João Saraiva, José Pessanha, Júlio César Machado, Luís Murat, Queiroz Ribeiro, Ramalho Ortigão, Trindade Coelho (4)	72
(18) Afonso Vargas, Alberto Osório de Castro, Arthur Azevedo, Conde de Ficalho, Émile Zola, Gil Vicente, J. Teixeira de Azevedo (pseud. de Jaime Reis Batalha), Luiz de Magalhães, Marcelino Mesquita, Max Fleuiss, Medeiros e Albuquerque, Narciso de Lacerda, Oliveira Martins, Quatrelles (pseud. de Ernest L. V. J. L'Épine), Raul Didier, Silvestre de Lima, Teófilo Braga, Villiers de L'Isle Adam (3)	54
(28) Alberto Bramão, Alfredo Mesquita, Antonio da Cunha, Augusto Luso, Augusto Rodrigues, B. Lopes, Baltazar Osório, Camilo Castelo Branco, Conde de Sabugosa, Edgar Allan Poe, Edmond e Jules de Goncourt, Gustavo Cano (pseud. de Alberto Braga), Gustavo Droz, Hamilton de Araújo, Jean Richepin, Joaquim Miranda, José Barbosa, Júlio Lourenço Pinto, Lino de Assunção, Manoel de Moura, Maria Amália Vaz de Carvalho, Paul Armand Silvestre, Pinheiro Chagas, Raphael Nevada, Raimundo Correia, Silva Ramos, Victor Hugo, Victorien Sardou (2)	56
(99) Nomes (1)	99
(191) Total geral	549

seus colaboradores mais assíduos, que não só compartilhariam crenças e ideais como contribuiriam para os rumos do periódico. Esse não parece ter sido o caso d'*A Ilustração*, pois aqui a representatividade numérica, em termos de presença na revista, não implicou envolvimento efetivo com a publicação, que mais se afigura como um projeto centralizado, sobretudo, em Mariano Pina.

A questão é relevante por colocar em debate a figura do colaborador que, como ensinam os dicionários, semanticamente remete a cooperar, participar, contribuir, concorrer, produzir em conjunto trabalho ou obra e auxiliar outrem em suas funções. Esse conteúdo ativo, que pressupõe a decisão de engajar-se numa empreitada, nem sempre pode ser estabelecido para os nomes que compõem a Tabela 2.3, e não apenas pela circunstância de não serem contemporâneos à revista. De fato, é muito difícil precisar o trajeto percorrido por um texto até chegar às páginas do quinzenário, pois poucas vezes foi possível precisar se uma dada produção aí figurou por decisão do autor, se foi enviada por terceiros ou se resultou de escolha da redação. De imediato, a questão desdobra-se em outras duas, que dizem respeito ao ineditismo e à intencionalidade de escrever para A Ilustração e, eventualmente, ser remunerado por isso.

É certo que as notas da redação destacavam a presença de cada novo colaborador e realçavam a originalidade das contribuições:

> Lembramos aos nossos leitores que a Ilustração é o único jornal que tem publicado sucessivamente trabalhos puramente inéditos de romancistas, poetas e críticos deste valor: Bento Moreno, Cesário Verde, Conde de Ficalho, Eça de Queirós, Escaragnolle Taunay, Fialho de Almeida, Jayme de Séguier, Joaquim de Araújo, Luiz Delfino, Luiz Guimarães, Machado de Assis, Mariano Pina, Oliveira Martins, Teófilo Braga, Valentim Magalhães, etc., etc., etc.[64]

A afirmação precisaria ser relativizada. A própria prática de englobar na rubrica "colaboradores" qualquer escritor que tivesse seu nome impresso na revista tornou-se regra, ao que se soma o hábito de aumentar significativamente os dados a respeito da tiragem, em flagrante desacordo

---

64 Nota da Redação, A Ilustração, ano2, v.2, n.17, p.258, 05/09/1885. Várias notas traziam a menção "nossos originais", os quais tanto poderiam se referir aos textos avulsos quanto aos publicados em seções, como se observa, por exemplo, em A Ilustração, ano3, v.3, n.8, p.115, 20/04/1886, em que se lê: "Nossos originais. Mais adiante encontrarão os nossos leitores o anunciado conto – A postura de ovos – de Bento Moreno (Teixeira Queiros). É uma cena da Comédia do Campo, observada e tratada com imenso espírito, e que faz honra ao humorista brilhante que escreveu O grande homem. Nos próximos números publicaremos um primoroso conto original Ti-Ki-Ni devido à pena do ilustre folhetinista Júlio Cesar Machado. E seguidamente outros trabalhos originais dos nossos primeiros homens de letras".

com os contratos preservados no acervo de Mariano Pina. Essa estratégia de autopropaganda, que tinha em mira atrair novos anunciantes e leitores, encontra seu exemplo mais acabado nos anúncios publicados em 1887.[65]

Figura 2.6: Autopropaganda da revista *A Ilustração*.

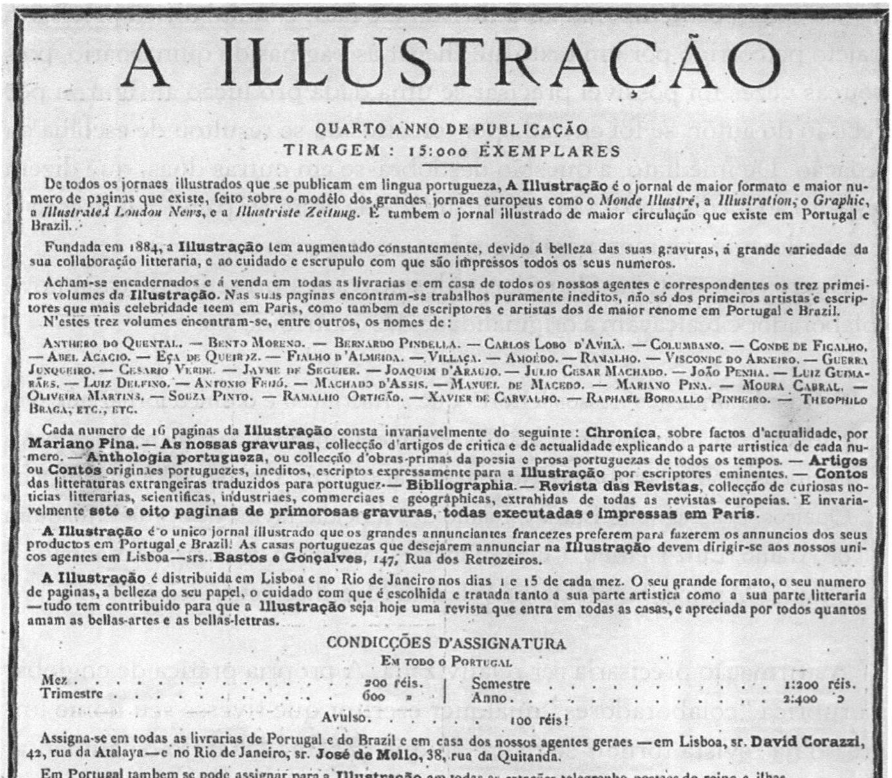

A ILLUSTRAÇÃO

QUARTO ANNO DE PUBLICAÇÃO

TIRAGEM : 15:000 EXEMPLARES

De todos os jornaes illustrados que se publicam em lingua portugueza, **A Illustração** é o jornal de maior formato e maior numero de paginas que existe, feito sobre o modêlo dos grandes jornaes europeus como o *Monde Illustré*, a *Illustration*, o *Graphic*, a *Illustrated London News*, e a *Illustriste Zeitung*. É tambem o jornal illustrado de maior circulação que existe em Portugal e Brazil.

Fundada em 1884, a **Illustração** tem augmentado constantemente, devido á belleza das suas gravuras, á grande variedade da sua collaboração litteraria, e ao cuidado e escrupulo com que são impressos todos os seus numeros.

Acham-se encadernados e á venda em todas as livrarias e em casa de todos os nossos agentes e correspondentes os trez primeiros volumes da **Illustração**. Nas suas paginas encontram-se trabalhos puramente ineditos, não só dos primeiros artistas e escriptores que mais celebridade teem em Paris, como tambem de escriptores e artistas dos de maior renome em Portugal e Brazil.
N'estes trez volumes encontram-se, entre outros, os nomes de:

Anthero do Quental. — Bento Moreno. — Bernardo Pindella. — Carlos Lobo d'Avila. — Columbano. — Conde de Ficalho. — Abel Acacio. — Eça de Queiroz. — Fialho d'Almeida. — Villaça. — Amoêdo. — Ramalho. — Visconde do Arneiro. — Guerra Junqueiro. — Cesario Verde. — Jayme de Seguier. — Joaquim d'Araujo. — Julio Cesar Machado. — João Penha. — Luiz Guimarães. — Luiz Delfino. — Antonio Feijó. — Machado d'Assis. — Manuel de Macedo. — Mariano Pina. — Moura Cabral. — Oliveira Martins. — Souza Pinto. — Ramalho Ortigão. — Xavier de Carvalho. — Raphael Bordallo Pinheiro. — Theophilo Braga, etc., etc.

Cada numero de 16 paginas da **Illustração** consta invariavelmente do seguinte: **Chronica**, sobre factos d'actualidade, por **Mariano Pina**. — **As nossas gravuras**, collecção d'artigos de critica e de actualidade explicando a parte artistica de cada numero. — **Anthologia portugueza**, ou collecção d'obras-primas da poesia e prosa portuguezas de todos os tempos. — **Artigos** ou **Contos** originaes portuguezes, ineditos, escriptos expressamente para a **Illustração** por escriptores eminentes. — **Contos** das litteraturas extrangeiras traduzidos para portuguez. — **Bibliographia**. — **Revista das Revistas**, collecção de curiosas noticias litterarias, scientificas, industriaes, commerciaes e geographicas, extrahidas de todas as revistas europeias. E invariavelmente **sete e oito paginas de primorosas gravuras, todas executadas e impressas em Paris**.

A Illustração é o unico jornal illustrado que os grandes annunciantes francezes preferem para fazerem os annuncios dos seus productos em Portugal e Brazil! As casas portuguezas que desejarem annunciar na **Illustração** devem dirigir-se aos nossos unicos agentes em Lisboa—srs. **Bastos e Gonçalves**, 147, Rua dos Retrozeiros.

A Illustração é distribuida em Lisboa e no Rio de Janeiro nos dias 1 e 15 de cada mez. O seu grande formato, o seu numero de paginas, a belleza do seu papel, o cuidado com que é escolhida e tratada tanto a sua parte artistica como a sua parte litteraria —tudo tem contribuido para que a **Illustração** seja hoje uma revista que entra em todas as casas, e apreciada por todos quantos amam as bellas-artes e as bellas-lettras.

CONDICÇÕES D'ASSIGNATURA

Em todo o Portugal

Mez	200 réis.	Semestre	1:200 réis.
Trimestre	600 »	Anno	2:400 »

Avulso. . . . . . 100 réis!

Assigna-se em todas as livrarias de Portugal e do Brazil e em casa dos nossos agentes geraes —em Lisboa, sr. **David Corazzi**, 42, rua da Atalaya—e no Rio de Janeiro, sr. **José de Mello**, 38, rua da Quitanda.

Em Portugal tambem se pode assignar para a **Illustração** em todas as estações telegrapho-postaes do reino e ilhas.

Toda a correspondencia relativa á redacção deve ser dirigida ao director da **Illustração**, sr. **Mariano Pina**, 13, Quai Voltaire, Paris

Fonte: *A Ilustração*, ano4, v.4, n.4, p.64, 20/02/1887.

65 A revista também publicou, de maneira insistente ao longo de 1887 e 1888, uma nota dirigida aos editores portugueses na qual se ofereciam as páginas d'*A Ilustração* para a divulgação de jornais, revistas e livros, ao custo de 100 réis a linha. Argumentava-se que "por seu caráter eminentemente literário e artístico e pela sua larga tiragem – 15.000 exemplares – [*A Ilustração*] é o único jornal português onde o anuncio literário é mais lido, e onde mais pode aproveitar aos senhores Editores", cuja primeira ocorrência foi registrada em *A Ilustração*, ano4, v.4, n.6, p.95, 20/03/1887 (grifo no original).

A problemática que envolve os colaboradores pode ser evidenciada a partir das duas quadras do poeta João Penha (1838-1919), impressas pela primeira vez em 1885 nas páginas da revista e que tinham, portanto, o sabor do ineditismo. A iniciativa de enviá-las à revista não partiu do escritor e tampouco se pode precisar de quem foi, ainda que não seja improvável que ela possa ser contabilizada para Joaquim de Araújo, que frequentemente remetia a Pina material de terceiros.[66] Uma nota da redação esclarecia:

> As duas formosas quadras de João Penha que em seguida publicamos foram encontradas num álbum. Um nosso amigo, poeta brilhante, convidado também a colaborar numa das páginas do precioso livro, ao deparar com elas não resistiu à tentação de as copiar e de fazer com que fossem apreciadas pelos nossos leitores. A *Ilustração* só tem que se felicitar por ter sido digna de tão preciosa oferta.[67]

Tal circunstância faz do escritor um colaborador? E o que dizer dos excertos em vias de publicação e, em consequência, ainda inéditos, ou dos recém-publicados, fossem eles enviados pelos seus autores, amigos, editores e que, nesse caso, também se constituíam numa forma de dar a conhecer a obra prestes a chegar às livrarias?[68]

Nesse sentido, é muito instrutiva uma das cartas enviadas por Joaquim Araújo ao diretor d'*A Ilustração*:

---

66 O reconhecimento aos esforços do poeta era explicitado na revista. Em *A Ilustração*, ano2, v.2, n.8, p.114, 20/05/1885, lê-se: "O ilustre historiador do *Portugal Contemporâneo* acaba de enviar à *Ilustração*, por intermédio de Joaquim de Araújo, um esplêndido fragmento da *História da República Romana*, atualmente no prelo", e a nota prosseguia informando que o excerto de Oliveira Martins seria publicado no próximo número.

67 Penha, Outros tempos, *A Ilustração*, ano2, v.2, n.21, p.323, 05/11/1885. O excerto foi publicado em *Viagem por terra ao país dos sonhos*, p.121-63, compondo *As evocações*. Agradeço a Elsa Pereira por essas indicações.

68 Vejam-se, a título de exemplo, as seguintes notas da redação: "A publicar no próximo número: um soneto inédito – *A Estátua* – do ilustre poeta Luiz Guimarães, fazendo parte do seu novo livro – *Lira final* – prestes a sair à luz". *A Ilustração*, ano1, v.1, n.9, p.139, 05/09/1884. E, no ano seguinte: "Ainda não recebemos o original prometido pelo nosso ilustre colaborador [Eça de Queirós], formando o seu estudo sobre a influência de [Victor] Hugo na geração de Queirós. Esperamos contudo recebê-lo em breve". Idem, ano2, v.2, n.13, p.193, 05/07/1885. Nos dois casos insistia-se no ineditismo, ainda que este não fosse da mesma natureza.

Envio-te dois sonetos inéditos meus. Quero-os ambos num mesmo número. Não se demores, porque o poemeto aparece no fim de setembro. Envio-te um soneto inédito do livro que o Antonio de Azevedo Castelo Branco vai publicar. É delicioso.

A Maria Amália escreveu-me. Nós somos muito amigos, para que ela me faltasse. Fala-me muito de ti, e termina oferecendo-te para a *Ilustração* os versos que tu encontrarás juntos nesta. Como vês, não me descuido de ti. Não te mando a carta, porque não tens por costume devolver esta espécie de papéis. O autografo é de Maria Amália. Vê se lhe escreve agradecendo-lhe. A direção é a que ela indica no fim da poesia, até fins de outubro.

Com relação aos meus versos, tenho a pedir-lhe o máximo cuidado na revisão das provas. Eu li palavra por palavra o que escrevi, e coloquei vírgula a vírgula com a paciência de um beneditino. Quero que isso saia no primeiro número que estejas a publicar.

Pode dizer aos teus leitores, querendo, que a Maria Amália me assegurou que colaborará assiduamente no teu jornal.

Ainda não escrevestes uma linha do livro do J. Lourenço Pinto que eu te mandei!!! E depois queres que os editores portugueses te mandem livros. Ora adeus!

O Antonio Feijó ficou de te enviar diretamente os versos que eu te pedi. Não te esqueças da apresentação do Alfredo Alves!

Diz duas palavras a propósito da Maria Amália. Considero os sonetos que te envio como das melhores coisas que tenha feito.[69]

Trechos semelhantes, com maiores ou menores doses de ofertas, pedidos e recomendações estão presentes nas 28 cartas de Araújo preservadas no acervo. É certo que tal procedimento não era exclusividade deste missivista, mas poucos o fizeram de maneira tão explícita.

---

69 Carta de Joaquim Araújo a Pina, sem local e data. BNP, Lisboa, Espólio N 17/2. Graças ao original de Maria Amália conservado no espólio, sabe-se que a carta é de agosto de 1885. Carvalho, Tradução livre de H. Heine. BNP, Lisboa, Espólio N 17/64. N'*A Ilustração*, ano2, v.2, n.18, p.287, 20/09/1885, uma nota da redação prometia para breve a publicação da "formosa poesia" de Maria Amália e acrescentava: "Escusado será acrescentar que é com o maior orgulho que a *Ilustração* vê entrar na lista dos seus colaboradores o nome da brilhante escritora. Também reservamos para o próximo número a publicação de dois admiráveis sonetos assinados Joaquim de Araújo".

Parece assente que se coloca o problema de como definir a categoria colaborador, ainda bastante fluida pelo menos nesse tipo de impresso que, de saída, não visava militar em prol de causas políticas nem de vanguardas literário-culturais. Colaborar, aqui, tanto poderia envolver um trabalho remunerado, feito "*à exprés*", para retomar o termo utilizado por Eça de Queirós numa das cartas já citadas que enviou a Mariano Pina, quanto comportar intermediários, alguns dos quais desempenhavam o papel com grande desenvoltura, garimpando originais, fazendo apresentações, representando ora os interesses do escritor, ora os do editor da publicação, enfim compondo uma teia complexa que envolvia a prestação de favores e gentilezas e também retribuições e exigências, conformando uma oportunidade privilegiada para espreitar o *modus operante* da república das letras. República, aliás, que tinha suas hierarquias bem estabelecidas, uma vez que, contrariamente ao que ocorria com os artigos de crítica, ensaios e crônicas, não se encontraram indícios de remuneração para textos poéticos, cujos autores pareciam prescindir dessas circunstâncias mundanas.

É fundamental não perder de vista, portanto, que o termo colaborador recobre um conjunto diverso de situações que mereceriam ser adjetivadas: *ativos*, no caso de haverem enviado seus textos espontaneamente, terem respondido ao convite do diretor ou de terceiros, podendo ou não receber remuneração; *passivos*, isto é, aqueles cujos escritos foram enviados por outros, mas com a devida anuência do autor; e os *involuntários*, cuja produção foi selecionada pela redação ou remetida por terceiros e estampada sem o conhecimento do produtor original, categoria que também engloba os recém ou de há muito falecidos, bem como as novidades das livrarias.[70] Diante das fontes disponíveis, não é possível levar a cabo as distinções para a integralidade do que se publicou na revista e, talvez mais importante do que os esforços classificatórios, seja não perder de vista a circunstância em si, que remete tanto para um gênero específico de impresso periódico quanto para um momento determinado do mundo intelectual, com suas práticas, ritmos e especificidades nacionais.

Independente da circunstância, coloca-se de imediato a questão dos direitos autorais. Na década de 1880, consolidara-se a interpretação que ga-

---

70 Veja-se, a título de exemplo, a nota publicada em *A Ilustração*, ano1, v.1, n.9, p.139, 05/09/1884: "A publicar no próximo número: um soneto inédito – *Estátua* – do ilustre poeta Luiz Guimarães, fazendo parte de seu novo livro, *Lira Final*, prestes a sair".

rantia ao escritor o direito à propriedade literária, passível de ser transmitida aos herdeiros. O passo seguinte foram os acordos internacionais, visando combater as contrafações e assegurar a remuneração do autor num contexto de intensa circulação internacional dos produtos culturais. Como informam os trabalhos especializados, Portugal assinou entre 1851 e 1880 vários tratados a respeito do assunto com a França, enquanto o Brasil o fez em setembro de 1889 com a ex-metrópole e, em outubro de 1890, com a França,[71] o que evidencia que durante o período de circulação d'*A Ilustração* o tema era objeto de debates e ainda não se contava com sólida jurisprudência no interior do mundo lusófono e tampouco estavam regradas as relações em âmbito internacional. A famosa Convenção de Berna (1886), que objetivava superar os morosos acordos bilaterais, reuniu inicialmente alguns poucos países e somente no século XX a ela aderiram Portugal (1911) e o Brasil (1913).[72]

Retomando o exemplo de Olavo Bilac, observe-se que o espólio não guarda qualquer vestígio de troca de correspondência entre o poeta brasileiro e Mariano Pina. Porém, conforme já se assinalou, foram conservados manuscritos de quatro dos seus sonetos, em folhas individuais, sem data ou autógrafo, contendo apenas a cidade (Rio de Janeiro). O papel, a tinta e a letra indicam que foram transcritos no mesmo momento e pela mesma pessoa e o mais curioso é que apenas um deles foi publicado n'*A Ilustração*. A presença marcante do escritor, contudo, não significou colaboração original, na medida em que o material provinha do livro *Poesias* (1888, publicado pela Garnier), a tal ponto que sua estreia na revista deu-se exatamente no ano de lançamento da obra, situação que se repetiu em relação à sua única contribuição em prosa, *O crime de Otávio*, já estampado na *Gazeta de Notícias*.[73] Não é possível afirmar se as reproduções contaram com a anuência do poeta ou se a iniciativa deve ser atribuída a algum amigo ou à própria redação, daí que fiquem em aberto questões relativas aos direitos autorais.

---

71 Segundo Lajolo; Zilberman, *O preço da leitura. Leis e números por detrás das letras*, p. 63-8 e 122-53.
72 Para detalhes sobre os aspectos jurídicos, consultar: Ascenção, *Direito autoral*; Costa Neto, *Direito autoral no Brasil*.
73 Bilac, Marinha, *A Ilustração*, ano5, v.5, n.19, p.295, 05/10/1888, que integra o livro de 1888, do qual foram extraídos os demais poemas. Já o conto *O crime de Otávio* foi publicado na *Gazeta de Notícias*, ano XVI, n. 40, 09/02/1890, p.1-2 e n'*A Ilustração*, ano8, v.8, n.165, 15/03/1891, p.67 e 70-1, exemplar que também contém excerto de *Via Láctea*, na p.71.

Também não é simples afirmar quantas foram as contribuições do poeta, isso porque um dado número poderia trazer um ou vários sonetos e, pelo menos numa oportunidade, textos de natureza diversa, enquanto o poema "Via Láctea" foi publicado ao longo de 1891 em seis partes não sequenciais, sem caracterizar, portanto, a consagrada fórmula *continua* dos folhetins. Situações desse tipo, que não eram exclusividade dos textos de Bilac, impuseram escolhas e decidiu-se contabilizar entradas separadas no banco de dados somente quando o autor assinava, num mesmo exemplar, dois ou mais textos de gêneros diferentes. Já os excertos seguidos e que configuravam claramente a noção de continuidade receberam o registro de uma única colaboração, diversamente do que ocorreu com aqueles apartados no tempo e que guardaram autonomia em relação ao antecessor, como no caso de "Via Láctea".

Aspecto que chama a atenção é a diminuta presença feminina – apenas quatro num universo de quase duas centenas de nomes – e a modéstia das contribuições em termos quantitativos: quatro de Albertina Paraiso (1864/1954), duas de Maria Amália Vaz de Carvalho (1847/1921), ao que se somam as de Júlia Lopes de Almeida (1862/1934) e Maria Ratazzi (1833/1902), pseudônimo da sobrinha-neta de Napoleão Bonaparte, Maria Letizia Studolmire Wyse, não citadas na Tabela 2.3, pois ambas compareceram numa única oportunidade. Tal resultado não surpreende, antes confirma o lugar subsidiário então ocupado pelas mulheres no mundo letrado. Talvez tenha sido mera coincidência o fato de três delas contarem com namorados/maridos escritores, o que, ao menos no caso de Albertina Paraiso, teve seu peso, pois se sabe que chegou à *Ilustração* por intermédio do incansável Joaquim de Araújo, fonte constante de originais para a revista:

> Envio-te versos de Antonio Nobre, João Saraiva, Nuno Rangel e Albertina Paraiso. Parecem-me todos excelentes, e muito dignos do teu belo jornal.
>
> Desejo e peço que quanto antes insiras os de Albertina Paraiso, por uma simples razão: essa boa e inteligentíssima rapariga é a minha namorada... isto é uma coisa que se diz a um íntimo e quando esse íntimo é como tu acrescente-se: – e minha noiva com todas as probabilidades.[74]

---

74 Carta de Joaquim de Araújo para Pina, que traz apenas o dia 22, mas foi escrita em 1885, pois a primeira contribuição da namorada está n'*A Ilustração*, ano2, v.2, n.18, p.286, 20/09/1885. Júlia Lopes era casada com Filinto de Almeida, colaborador assíduo, e Maria Amália com Gonçalves Crespo, que contribuiu numa oportunidade.

Outro ponto que salta aos olhos quando se observa o conjunto de 191 colaboradores é a proveniência dos nomes que figuraram n'*A Ilustração*. Com exceção de 24 autores que não puderam ser identificados com segurança, seja por se valerem de pseudônimos ou por não terem sido localizados em dicionários especializados e biobibliográficos, há nítida predominância de portugueses, seguidos por franceses, brasileiros, outras nacionalidades, além de alguns textos não assinados, atribuídos à redação:

Tabela 2.4: Distribuição dos colaboradores por nacionalidade e montante das colaborações (Números absolutos e porcentagens)

Nacionalidade	Colaboradores Nº absoluto	%	Número de contribuições Nº absoluto	%
Portugueses	102	53,4	319	58,1
Franceses	34	17,8	82	14,9
Brasileiros	24	12,6	100	18,2
Não identificadas	24	12,6	26	4,7
Outras nacionalidades	6	3,1	7	1,3
Redação	1	0,5	15	2,7
Total	191	100	549	100

É instrutiva a comparação dos dados, que convida a relativizar porcentagens isoladas. Assim, se em termos absolutos o montante de escritores franceses ultrapassou o de brasileiros, estes responderam por maior número de contribuições, o que indica a tendência de se repetirem com maior frequência do que os provenientes do Hexágono. A grande distância numérica entre franceses (34) e autores de outros países (6), a saber: Edgar A. Poe, Hans C. Andersen, Henri Heine, Shakespeare – todos então já falecidos –, Antonio Chocomeli e Francesco Giganti, reafirmava a centralidade da França, ainda mais marcante no caso de uma revista feita a partir de Paris, como bem assinalou nota da redação de 1885, certamente de autoria de Mariano Pina e escrita sob o impacto da morte de Victor Hugo, evento que recebeu significativo espaço na publicação:

> Se o nosso jornal é alguma coisa; se nós, em língua portuguesa, podemos fazer uma revista ilustrada, colocando-a à altura das primeiras revistas da Europa – é porque estamos em Paris. É a grande e famosa cidade que nos tem ensinado a produzir a nossa obra: é na grande cidade que encontramos os artis-

tas aos quais devemos uma boa parte dos nossos sucessos; é com a imprensa da grande cidade que temos aprendido a produzir a obra que empreendemos há mais de um ano; é este perfume particular de Paris que a *Ilustração* leva a Portugal e ao Brasil – que nos faz estimados e queridos de todo o público. Tudo o que somos – devemo-lo a Paris! ...[75]

Nomes como Alphonse Daudet, Gustave Droz, Edmond e Jules de Goncourt, Émile Zola, Guy de Maupassant, Quatrelles, Théodore de Banville, Verlaine, Victor Hugo compareceram n'*A Ilustração*, devidamente traduzidos, já que foram raros os textos publicados em língua diversa do português. Tal presença deve ter dado origem a rumores por parte dos concorrentes, e em 1884 uma nota da redação esclarecia:

Para que não haja a menor dúvida acerca do modo como a *Ilustração* pode obter e publicar trabalhos dos mais notáveis escritores franceses, declaramos – a quem o assunto possa interessar – que existe contrato feito em Paris entre o sr. Emmanuel Gonzalés, delegado da *Société des gens de lettres*, e o nosso diretor Mariano Pina, para a publicação de escritos de todos os membros da sociedade [...]. Devemos mesmo acrescentar que a *Ilustração* é a ÚNICA revista em português que possui um tal contrato, a ÚNICA que publica legalmente artigos de escritores franceses, não podendo portanto ninguém acusá-la pelo crime de contrafação literária.[76]

Se grande parte da produção de autores luso-brasileiros, especialmente os poetas, era extraída de livros já lançados no mercado, a tendência era ainda mais pronunciada em relação aos escritores de outros países, notando-se que os mais destacados no cenário literário não publicavam na revista produções em primeira mão, isto é, que tivessem sido escritas especialmente para nela figurarem. A exceção ficou por conta de uma carta que Émile Zola dirigiu a Mariano Pina sobre a tradução do *Germinal*. O escritor declarava não haver recebido o montante acertado com o editor lisboeta,

---

[75] Nota da redação. Funerais de Victor Hugo, *A Ilustração*, ano2, v.2, n.11, p.161-2, 05/06/1885.
[76] Nota da redação. Uma Explicação, *A Ilustração*, ano1, v.1, n.9, p.130, 05/09/1884, grifo no original.

tema que rendeu polêmica entre Pina e colegas da imprensa portuguesa. O diretor fez questão de publicar reprodução da carta do romancista, acompanhada da tradução, o que o tornava um colaborador passivo, na medida em que a missiva não se destinava, originariamente, à difusão na revista.

Figura 2.7: Reprodução de carta enviada por Émile Zola a Mariano Pina.[77]

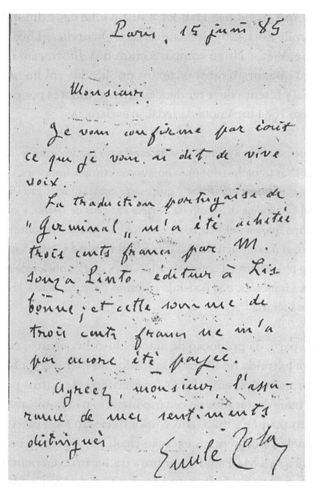

Fonte: *A Ilustração*, ano2, v.2, n.13, p.206, 05/07/1885.

---

77 "Paris, 15 de junho de [18]85. Senhor. Eu confirmo por escrito o que eu disse de viva voz. A tradução portuguesa do *Germinal* foi comprada por trezentos francos pelo Sr. Souza Pinto, editor em Lisboa, e esta soma de trezentos francos ainda não me foi paga. Receba a certeza de meus sinceros sentimentos."

Também raras foram as transposições diretas de textos publicados no *Le Monde Illustré*, contrariamente ao que ocorria com as estampas, conforme se verá adiante. É provável que, por ser impressa em estabelecimento francês responsável pela edição de vários outros periódicos, A *Ilustração* cumprisse os acordos sobre direitos autorais em voga naquele mercado, o que já não se pode afirmar em relação a letrados portugueses e brasileiros.

O desequilíbrio entre a presença de autores portugueses (102) e brasileiros (24) é um ponto notável, que se expressa na diferença em termos de textos assinados: 319 em comparação a 100. Para uma revista que se dirigia aos dois países, tal situação merece atenção, sobretudo quando se considera a importância do mercado brasileiro. Ainda que em fins do século XIX a taxa de alfabetização em ambos as nações estivesse em torno dos 25%, a população brasileira era mais de três vezes superior à de Portugal, o que ajuda a entender a atenção dispensada à ex-colônia por editores e livreiros.

É importante não perder de vista as origens d'*A Ilustração*, projeto concebido por Elísio Mendes, empresário português com sólidos interesses comerciais no Brasil e um dos proprietários da *Gazeta de Notícias* e de moderna gráfica, que imprimia o jornal e se encarregava de serviços variados no ramo tipográfico. Tal condição colocava-o em contato com escritores, fotógrafos, ilustradores, correspondentes, agências de notícias, anunciantes, editores, distribuidores, impressores, tipógrafos, oportunizando percepção ampla das potencialidades que cercavam os produtos impressos. A despeito de não ser um letrado, estabeleceu vínculos com nomes de destaque dos dois lados do Atlântico, na medida em que tinha em mãos as páginas de um grande matutino.

Para lançar a revista, valeu-se de seu correspondente em Paris, que despontava no cenário lisboeta, mas que nunca estivera no Brasil e tampouco desfrutava de reconhecimento entre os colegas brasileiros até 1882, quando se tornou presença constante nas páginas da *Gazeta*, posição de prestígio que não só o fez conhecido do leitor brasileiro como alterou sua inserção entre os pares. Talvez por prudência, Elísio só tenha colocado o projeto em marcha quando Pina já somava quase dois anos no cargo. Contando com o Brasil para o sucesso da empreitada, seu idealizador preocupou-se em obter colaborações brasileiras e, como já se destacou, censurou, em mais de uma oportunidade, o tom português, tanto o dos textos do correspondente no matutino fluminense quanto os da própria revista.

Observando-se a respectiva distribuição das colaborações de portugueses e brasileiros por ano de circulação d'*A Ilustração* – 1884 (19 e 20), 1885 (36 e 10), 1886 (42 e 1), 1887 (21 e 1), 1888 (38 e 7), 1889 (34 e 15), 1890 (71 e 17), 1891 (58 e 29) – vê-se que foi somente ao longo de 1884 que houve equilíbrio, o que pode ser interpretado como resultado da estreita ligação entre a *Gazeta* e *A Ilustração*. O quadro alterou-se quando Pina não apenas passou a responder integralmente pela revista como deixou o cargo que ocupava no matutino fluminense, o que deve ter afetado seus vínculos com o cenário literário e cultural brasileiro.[78] Não surpreende que se voltasse para o contexto português, com o qual nunca deixou de manter relações estreitas, tanto que era solicitado a contribuir com diferentes periódicos, como bem testemunha o seu acervo.

A proximidade com o universo da política, fosse como secretário do comitê que respondeu pela representação portuguesa na Exposição de 1889 ou como assessor do ministro da Fazenda, Mariano de Carvalho, contribuiu para aprofundar ainda mais esses laços. O crescimento marcante, a partir de 1889, da produção literária, foi tributário sobretudo de contribuições em verso e da insistência em certos autores. Dados de natureza estatística, porém, indicam tendências e devem ser relativizados a partir da análise do conteúdo, já que a presença de um país na publicação não pode ser avaliada mecanicamente apenas pela nacionalidade dos que nela escreveram.

Outro ponto que merece atenção diz respeito à natureza dos textos publicados, tarefa que também ocupou os responsáveis pela *Ilustração* que, no início de cada ano, distribuíam aos leitores o índice do volume que acabara de findar. Até 1889, optou-se pela organização temática, que dava conta do conteúdo presente em seções e nos textos avulsos, remetendo a cidades, países e/ou regiões, biografias, belas artes, esportes ou guerra, para citar alguns exemplos concretos. A essas entradas mesclavam-se outras, ordenadas por gêneros literários (contos, poesias, críticas), e a menção a seções específicas, como "Notas e Impressões", "Teatros" ou "Bibliografia".

---

78 Em 1886, Nota da redação anunciava: "Acha-se presentemente em Portugal, donde estava ausente havia cinco anos, o nosso diretor Mariano Pina. O fim principal da sua viagem é a *Ilustração* [...]. Em Lisboa, o nosso diretor [...] trata de obter o maior número de elementos artísticos e literários, e a *Ilustração* espera apresentar dentro em breve verdadeiros primores e verdadeiras surpresas essencialmente portuguesas, quer no texto, quer nas gravuras". A *Ilustração*, ano3, v.3, n.17, p.258-9, 05/09/1886.

CONTEÚDO: ORGANIZAÇÃO E PROCESSO DE PRODUÇÃO   147

Figura 2.8: Mariano Pina, desenho de Rafael Bordalo Pinheiro.

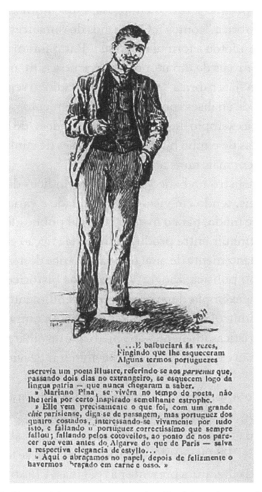

Por ocasião da ida de Pina a Lisboa em 1886, o amigo Bordalo registrou o fato em *Pontos nos ii*.
Fonte: *A Ilustração*, ano3, v.3, n.18, p.275, 20/09/1886.

A partir de 1890, o padrão alterou-se e o esforço caminhou no sentido de indicar as páginas das seções, agora bem menos numerosas, e organizar os textos segundo sua natureza.

Vale notar que, independente do formato, o termo "crônica" era utilizado somente para os textos de abertura da revista, quase todos escritos por Mariano Pina, designação estendida aos seus eventuais substitutos, remetendo, dessa forma, não apenas para um gênero textual, mas também para o espaço fixo de uma seção. A produção literária, abundante na revista, compunha-se de poemas e textos em prosa, estes últimos invariavelmente classificados na rubrica "contos". Os trechos de romances foram bissextos, e na revista não se adotou a fórmula *continua*. Raras foram as produções que se estenderam por mais de um número e, mesmo assim, não configuravam o famoso folhetim. Já a rubrica "crítica" era tomada em sentido bem amplo, comportando desde análises sobre obras ou movimentos artísticos até produções literárias, a exemplo de *O homem das multidões*, de Edgar Allan Poe, passando por notas de cunho histórico ou análises de cunho social, político ou pedagógico, bem mais raras na publicação.

Para fins de registro no banco de dados, os índices da revista mostraram-se pouco úteis, tendo em vista a instabilidade e variação nos critérios tipológicos. Desse modo, para o material textual publicado fora das seções, optou-se por distinguir entre produção literária (ficção e poesia), cartas e artigos, independentemente de qual fosse a temática destes: crítica literária, artística, social ou política, biografias, estudos históricos, ensaios. Embora tal divisão, a exemplo de qualquer empreendimento dessa natureza, comporte casos limítrofes, cuja decisão por uma ou outra coluna depende menos de características imanentes ao objeto que do olhar de quem classifica, os resultados são expressivos a ponto de minorar desvios causados pelas escolhas.

Assim, quando se toma o conjunto da produção literária, observa-se que a rubrica responde por 453 entradas, ou seja, quase 82,5% do material publicado, com nítida predominância de textos poéticos, cabendo aos artigos pouco mais de 15%. Tal fato ganha significado quando se leva em conta que a grande maioria da literatura presente nas páginas *A Ilustração* compunha-se de reprodução de escritos já publicados ou em vias de sê-lo, o que não diminui a importância do que a revista colocava em circulação[79] e, do ponto de vista do leitor, não necessariamente comprometia o interesse e o sabor de novidade, também assegurados pelas ilustrações feitas especialmente para

---

79 As exceções eram devidamente enfatizadas: "A *Ilustração* publicará nos seus próximos números um conto original do seu brilhante colaborador Sr. Conde de Ficalho. Um conto original – *Sua Excelência o Moleiro* – de Fialho de Almeida, um dos mais notáveis escritores da moderna geração literária". *A Ilustração*, ano1, v.1, n.13, p.203, 20/10/1884. O final do conto de Fialho extraviou e os leitores da revista não puderam desfrutar do final da história.

acompanhar certos textos.[80] Afinal, poderia tratar-se de textos publicados em livros e periódicos nem sempre ao alcance dos interessados e que figuravam na revista em português.

No que concerne ao trabalho da redação, implicava um esforço de seleção e escolha, configurando ainda uma vez um ato editorial que tinha suas compensações econômicas, pois, em muitos casos, não importava em desembolso monetário.

Tabela 2.5: Distribuição dos textos publicados fora de seções por gêneros

Gênero / Origem	PT	BR	FR	Outros	Redação	Não identificado	Total	% - gênero
Artigo	51	4	12	–	15	5	87	15,8
Cartas	8	–	1	–	–	–	9	1,6
Ficção	85	12	65	5	–	9	176	32
Poesia	175	84	4	2	–	12	277	50,5
Total	319	100	82	7	15	26	549	100

Já os artigos, que por sua própria natureza apresentam caráter opinativo mais pronunciado, ocuparam lugar bastante modesto em confronto com o conjunto do que foi estampado, resultado que ajuda a compreender a natureza da revista, que pretendia informar principalmente a respeito das novidades no campo literário e cultural. Tal ideal está expresso na própria fórmula cunhada para resumir o seu programa: tratava-se de "divertir instruindo".[81] A distribuição do conteúdo por gênero textual aponta, ainda uma vez, o lugar subsidiário das contribuições provenientes do Brasil, cujo número de artigos (4) representava um terço dos franceses (12). As cartas, por seu turno, remetem para questões literárias, e a grande maioria teve por motivação responder às críticas e avaliações publicadas na revista, constituindo-se num bom termômetro do seu impacto nos meios intelectuais.

---

80 A título de exemplo, a nota que acompanha um trecho das memórias de Alphonse Daudet: "São páginas escritas com uma grande franqueza e uma grande simplicidade, e apesar da tradução não reproduzir perfeitamente os encantos e as delicadezas do estilo de quem escreveu *Nababo* – nem por isso deixaremos de publicar mais alguns capítulos, acompanhados de gravuras tão primorosas como esta que hoje damos. Estamos certos que os nossos leitores hão de receber com agrado este primor literário e artístico que a *Ilustração* lhes oferece". Nota da Redação, A *Ilustração*, ano3, v.3, n.3, p.38, 05/02/1886.
81 Aos nossos assinantes, A *Ilustração*, ano4, v.4, n.24, p.310, 20/12/1887.

Se é fato que a revista não se autoproclamou porta-voz oficial de nenhum grupo literário ou sociopolítico, isso não significa que fosse indiferente aos debates do seu tempo, especialmente no campo literário, domínio no qual Pina transitava com desenvoltura. É certo que suas escolhas e opiniões pessoais desempenhavam papel relevante, sendo claro o alinhamento da publicação entre os defensores dos valores estéticos expressos pelo grupo que tinha em Eça de Queirós seu representante mais ilustre.

O episódio protagonizado pelo padre José Simões Carreira é bastante instrutivo nesse sentido. Assinante da revista, o prelado não conteve sua indignação e dirigiu missiva ao diretor diante do conteúdo do número 18, de setembro de 1885, que trouxe na capa reprodução de fotografia na qual estavam Eça de Queiros, Oliveira Martins, Antero de Quental, Ramalho Ortigão e Guerra Junqueiro, acompanhada de notas individuais muito favoráveis a cada um dos escritores na seção "As Nossas Gravuras". A escolha era bem apropriada para um número que dedicava largo espaço à análise e reprodução de trechos do livro recém-lançado *A velhice do padre eterno*, poemas anticlericais de Junqueiro.[82] Antes de reproduzir a íntegra da carta nas páginas da revista e a reposta ao reverendo, Pina soube explorar o fato e anunciou que *A Ilustração*, "um perverso jornal", havia sido excomungada por ser considerada "fruto da ciência e da civilização", ridicularizando de antemão o oponente.[83]

Na sua carta, Carreira referiu-se a Pina como "criança inconsciente" e condenou a presença de "cinco ateus" na portada do periódico, bem como os elogios ao "livro infernal, que só o gênio do mal, o gênio de Satanás podia conceber e inspirar". E lamentava que *A Ilustração*, que poderia ser "um jornal de moralidade católica, sem libertinagem, sem ofender as crenças alheias", se voltasse para "escolas ruins, realistas, para o sr. Zola, o sr. Eça, o sr. Ramalho e o outro herege que nem o nome quero pronunciar para não ofender a Deus!!". E concluía: "O último número não quero, ficarei com a coleção truncada".[84]

---

82 O número trouxe, ainda, trechos manuscritos e autógrafos de Oliveira Martins e Ramalho Ortigão. *A Ilustração*, ano2, v.2, n.18, 20/09/1885.
83 A Redação, *A Ilustração* excomungada!!!, *A Ilustração*, ano2, v.2, n.20, p.306, 20/10/1885.
84 Redação, *A Ilustração* excomungada. Carta do Padre Carreira e Resposta a Carreira, *A Ilustração*, ano2, v.2, n.21, p.322-323, 05/11/1885.

A questão perdurou por vários números, com novas réplicas e tréplicas entre os missivistas, e extravasou os limites da revista, como revelam dois exemplares do jornal *O Distrito de Viseu*, conservados no acervo de Pina, que se ocuparam largamente da questão, mas desta vez dando razão a Carreira.[85]

Em conclusão, percebe-se que a parte textual, que comportava seções e material avulso, reproduzia quantidade significativa de escritos já publicados e reapropriados pelo trabalho editorial. A grande maioria das seções não se distinguiu pela perenidade, e a correspondência de Mariano Pina bem indica a dificuldade em obter regularidade e constância da parte de seus responsáveis, o que explica a curta duração de grande parte delas. Mesmo quando o tom era de homenagem, como em "Jornais e Jornalistas", o resultado ficou aquém do esperado. É certo que o trabalho de colaboração contínua era remunerado, mas estava longe de ser a principal fonte de renda dos titulares das seções, cuja prioridade era a manutenção do emprego público, relegando-se o trabalho de escritura à posição secundária.

No que tange aos demais textos, predominava a produção literária, com especial destaque para a poesia, seguida por artigos e cartas nas quais se tratava, sobretudo, de questões literárias. Aqui também os inéditos não eram a maioria e, mesmo quando a publicação ocorria em primeira mão n'*A Ilustração*, nem sempre é possível afirmar que se configurava como colaborações especialmente escritas para a revista. Já sob a perspectiva da origem dos nomes presentes, a supremacia de Portugal em relação ao Brasil é flagrante, o que aponta para as relações cultivadas pelo diretor proprietário, que se estreitaram ainda mais com Lisboa a partir do cargo que ocupou na Exposição de 1889. A França, por seu turno, reina absoluta quando se trata de autores não pertencentes ao mundo lusófono.

Ao lado do material textual, publicado em seções ou fora delas, entremeavam-se as imagens, a grande novidade propiciada pelo progresso da indústria gráfica e que dava sentido ao nome da publicação. Porém, antes de analisá-las, cabem algumas breves observações a respeito da publicidade, presente na revista a partir de agosto de 1884.

---

85 Exemplares de *O Distrito de Viseu*, ano 7, n. 640 e 641, de 27 e 30/12/1885, respectivamente. BNP, Lisboa, Espólio N17/184.

Levantamento realizado por estudiosos portugueses contabilizou 3.588 anúncios difundidos ao longo do período de circulação d'*A Ilustração*, dos quais 85% eram consagrados à higiene corporal e cosméticos (1.802) e aos medicamentos, águas mineromedicinais e alimentos (1.233), enquanto os 15% restantes foram reunidos sob a rubrica vária (533 anúncios). Preocupados em evidenciar o quanto as questões higienistas marcaram as décadas finais do Oitocentos, os autores classificaram detalhadamente esses produtos – natureza, finalidade e número de ocorrência de cada um deles. O exaustivo empreendimento, levado a cabo para uma revista não especializada e que tampouco dedicava atenção ao tema, patenteou a força desse mercado e a centralidade assumida pelo cuidado com o corpo e o combate às doenças, num contexto em que Pasteur, Koch e colaboradores modificavam a compreensão das patologias contagiosas.[86] Portugal e o Brasil eram vistos como consumidores potenciais das novidades provenientes da indústria francesa, como atestam os endereços parisienses, acompanhados, muitas vezes, de nota alertando que as novidades estavam disponíveis em perfumarias e farmácias dos dois países.

Entretanto, cabe perguntar sobre a presença de editoras, livros e periódicos que guardavam relação direta com o conteúdo da revista. Aliás, não faltaram esforços para atrair esse tipo de anúncio, como já se destacou. Foram localizados 35 diferentes títulos de livros, 74% dos quais tinham por anunciante a Casa David Corazzi e sua sucessora, a Companhia Nacional Editora, fosse na condição de responsáveis pelo lançamento do volume ou oferecendo-se como intermediárias para a sua aquisição. Tendo em vista a relação de proximidade entre a revista e o distribuidor português, pode-se perguntar se essa forte presença implicava, de fato, retorno monetário para Pina, já que os demais editores portugueses não se valeram das páginas d'*A Ilustração* para dar a conhecer seus produtos, ao contrário do que se observa para as casas francesas, que respondiam pelos outros 26%.

Assinale-se a presença da Larousse, que desde fins de 1890 anunciava insistentemente o seu *Grande dicionário universal*, em dezessete volumes, juntamente com *La Science amusante*, de Tom Tit, que pretendia ensinar ciência a partir de experimentos simples; a Librarie Illustrée, que lançou

---

86 Pereira; Pitta, Liturgia higienista no século XIX: pistas para um estudo, *Revista de História das Ideias*, Coimbra, v.15, p.437-559, 1993.

em 1891 *Les République Hispano-Americaines*, de Theodore Child; a Librarie Fishbacher que, no mesmo ano, editou *Le Brésil vivant*, de Luiz de Castro; e, por fim, a não menos prestigiosa Librairie Charles Reinwald, com quatro títulos relativos à anatomia e um à ciência experimental.[87] A escolha parece ter sido cuidadosa, tanto que se difundiam volumes que poderiam despertar a atenção do público da revista, caso das publicações de interesse geral, como as da Larousse, ou que tratavam de temas ligados ao continente americano – e aqui o alvo parece ser o Brasil –, além de tratados e manuais destinados a especialistas.

É difícil saber quanto rendiam esses anúncios. Um indício encontra-se na correspondência de Eça de Queirós, que chegou a projetar a sua *Revista de Portugal* junto com Mariano Pina. Em 1888, em missiva remetida ao seu editor, o escritor assegurou que *A Ilustração* amealhava 400 francos somente com os anúncios de Paris.[88] Se não é possível confirmar a exatidão do valor, que pode ter sido superestimado por se tratar de convencer o interlocutor da viabilidade econômica do projeto, a menção à França não era fruto do acaso, como revela a análise dos anúncios e se reconhecia nas páginas da publicação: "*A Ilustração* é o único jornal ilustrado que os grandes anunciantes franceses preferem para fazerem os anúncios dos seus produtos em Portugal e no Brasil", para logo emendar: "As casas portuguesas que desejarem anunciar n'*A Ilustração* devem dirigir-se aos nossos únicos agentes em Lisboa – senhores Bento e Gonçalves, 147, Rua dos Retrozeiros".[89]

De toda forma, a distribuição da publicidade ao longo do período de circulação d'*A Ilustração* aponta para a diminuição de sua diversidade, particularmente marcante ao longo de 1891, ano em que se multiplicou a publicidade em torno dos livros da Companhia Nacional Editora, o que pode ser tomado como mais um indício da crise da revista.

---

87 Dos 35 títulos, sete referiam-se à temática médico-higienista: quatro editados pela prestigiosa Casa Reinwald, redigidos em francês e voltados para público especializado, enquanto outros três tinham destinação mais ampla e traziam o selo de David Corazzi: *A higiene das crianças*, de Branco Rodrigues; *Manual teórico-prático de ginástica*, de Paulo Lauret, e *A química na cozinha*, obra destinada às boas donas de casa, do Dr. Klench. Exceção feita ao último livro citado, todos os demais foram incluídos no artigo dos estudiosos portugueses.
88 Carta de Eça de Queirós a Jules Genelioux, remetida de Bristol em 17/08/1888. Queirós, *Correspondência*, v.1, p.512.
89 Autopropaganda em *A Ilustração*, ano4, v.4, n.4, p.64, 20/02/1887.

Estampas: temáticas, autorias, processos de produção

Nos 184 números d'*A Ilustração* foram publicadas 1.693 estampas, as quais versavam sobre uma infinidade de temas – registro de paisagens urbanas e rurais, retratos de indivíduos que se destacaram nos campos político, econômico, social, histórico, científico, literário, jornalístico, artístico ou do entretenimento; membros de aristocracia e de famílias reais europeias; flagrantes do cotidiano; produções expostas nos salões de arte; festas cívicas e eventos importantes; epidemias e catástrofes naturais, novidades da ciência e da técnica; alusões a regiões, países e cidades de diferentes continentes e aos hábitos, usos e costumes de seus habitantes; conflitos armados e expedições científicas, reprodução de manuscritos e autógrafos, para ficar numa lista não exaustiva, mas que permite evidenciar a abrangência das temáticas. A cada página, desfilavam diferentes indivíduos, situações e lugares, o que propiciava uma inédita sensação de cosmopolitismo.

Esse conjunto era bastante heterogêneo e compunha um inventário que fazia referência sobretudo a fatos contemporâneos, fosse a cena de uma peça de teatro em cartaz, uma obra de arte recém-premiada, um morto ilustre ou uma disputa territorial no interior da África ou da Ásia, embora por vezes também se evocassem outras temporalidades, quando se reproduzia, por exemplo, um edifício erguido há séculos ou um quadro de Rembrandt.

No que respeita à sua inserção na revista, a grande maioria integrava a seção "As Nossas Gravuras" (1.572, ou seja, 92,9%), que incluía a capa e praticamente todas as demais imagens que compunham o número, enquanto um montante quantitativamente bem menos expressivo (121, o que equivale a 7,1%) espraiava-se entre seções e demais textos. Essa diferença tão expressiva revela, mais uma vez, a lógica que presidia a organização do conteúdo textual e imagético de cada número, concebido enquanto partes estanques que, eventualmente, poderiam se ocupar do mesmo assunto.

Fora da seção "As Nossas Gravuras" pode-se citar o caso da série "Meses do Ano", que continha poema alusivo a cada mês, emoldurado por alegoria específica; "Moda Parisiense", sempre acompanhada de elegantes exemplos de vestimentas; "Músicas da Ilustração", que reproduzia partituras; "Artes", presente em apenas duas oportunidades, uma delas dedicada aos artistas do chamado Grupo do Leão, muito próximo de Pina, dos quais se deu a conhecer várias obras; "Jornais e Jornalistas", que homenageava o editor publicando seu retrato e uma página do periódico. Além desse material presente no interior de seções específicas, em algumas oportunidades os textos ficcionais eram acompanhados de ilustrações alusivas ao seu conteúdo; em outras reproduziam-se autógrafos, originais manuscritos de cartas e de excertos de escritores famosos; enquanto notas biográficas ou artigos poderiam conter o retrato ou produção proveniente do campo das artes plásticas.[90]

A natureza do conteúdo iconográfico era variada e compreendia reprodução de pinturas, esculturas, monumentos, fotografias, desenhos e croquis. Vale alertar que ainda não se tratava de informação visual direta, pois a impressão da imagem fotográfica somente se disseminou efetivamente na última década do século XIX, quando *A Ilustração* já não mais circulava.[91] Antes que os avanços nos procedimentos técnicos permitissem tal reprodução na qualidade requerida, a difusão de uma estampa demandava a intervenção de vários intermediários, que poderia ir desde quem registrava rapidamente num croquis um dado evento, ao desenhista que lhe dava forma mais acabada no estúdio, ao outro que o transferia para o suporte no qual seria gravado, na grande maioria das vezes em madeira, e, por fim, englobava o entalhador que, em geral, valia-se da xilografia de topo e era o responsável pela versão final do que chegava às mãos do leitor.

Outra sequência poderia incluir, por exemplo, uma obra artística, pintura ou escultura, da qual se produzia uma cópia, a partir de fotografia ou desenho, transposta para a madeira e entregue ao gravador. No caso de personagens ilustres contemporâneos à publicação, a base para a confecção das estampas era o registro fotográfico, o que envolvia a ação do fotógrafo, do desenhista, que copiava a imagem, e do entalhador. Os leitores dos vários impressos periódicos ditos ilustrados tinham à disposição, portanto, imagens feitas à mão, resultado de uma produção em série que ocupava vários indivíduos e comportava suas próprias hierarquias.

---

90 É importante destacar que, do ponto de vista analítico, as estampas que estavam fora de "As Nossas Gravuras" articulavam-se ao conteúdo do texto que ilustravam, colaborando para produzir e atribuir-lhe sentidos.

91 Segundo Ambroise-Rendu, Du dessin de presse à la photographie (1878-1914): histoire d'une mutation technique et culturelle, *Revue d'Histoire Moderne et Contemporaine*, n.39, p.6, jan./mar., 1992, foi em 25 de julho de 1891 que *L'Illustration* publicou o primeiro instantâneo fotográfico, inscrito diretamente na madeira, sem a intervenção do desenhista, graças a uma emulsão de colódio-brometo.

A demanda crescente por informação visual abria oportunidades para indivíduos talentosos, cujos trabalhos eram disputados pelas revistas ilustradas. A título de exemplo, pode-se mencionar o belga Mars, pseudônimo de Maurice Charles Mathie Bonvoisin (1849-1912), desenhista que colaborou no *Le Monde Illustré*, *L'Illustration*, *The Graphic*, *Lady's Pictorial* (Londres, 1880-1921) e *The Daily Graphic* (Londres, 1890-1926). Em 1886, o *Le Monde Illustré* não podia pagar-lhe mais do que 175 francos por uma página de desenhos, enquanto o concorrente mais direto, *L'Illustration*, ofereceu-lhe 600 francos por duas delas, diferença que o convenceu a abandonar a primeira publicação e multiplicar sua colaboração na que lhe oferecia maiores vantagens financeiras.[92] Bordalo Pinheiro, a partir de Lisboa, também enviava contribuições para publicações inglesas e francesas, isso graças à internacionalização da produção e da circulação de imagens, que já se tornara uma realidade em fins do Oitocentos.

Produzir estampas era complexo, moroso e demandava a intervenção de diversos especialistas, o que envolvia diferentes graus de autorias, circunstância que ajuda a compreender o grande interesse pela busca de inovações capazes de encurtar esse longo caminho e satisfazer, de maneira mais rápida e barata, a demanda social por imagens e o interesse de um público ávido por novidades. Até que se conseguisse tal feito, a fotografia atuava como fonte de inspiração e elemento referencial, que ocupava lugar cada vez mais importante no trabalho de desenhistas e gravadores. Evidencia-se, portanto, que essa cadeia produtiva comportava considerável dose de subjetividade, pois intervinham interpretações pessoais de desenhistas e gravadores, sem esquecer as escolhas já efetuadas pelos que forneciam a matéria-prima, fossem fotógrafos, desenhistas ou elaboradores de croquis. Todos deixavam seus próprios rastros nessa sequência, cujo objetivo, é bom lembrar, era ofertar um produto bem acabado, capaz de deleitar, fascinar e seduzir o leitor.

Se as palavras já podiam ser transmitidas de imediato pelo telégrafo, o mesmo não acontecia com a informação visual. Os periódicos ilustrados, cujo modelo matricial foi o *The Illustrated London News*, esmeravam-se em

---

92 Sobre a trajetória de Mars, que teve alguns dos desenhos feitos para *Le Monde Illustré* reproduzidos n'*A Ilustração*, ver: Bonvoisin, *Mars, témoin de son époque*. A informação sobre os valores recebidos está na p.151.

fornecer estampas sobre acontecimentos, fossem na Europa ou em lugares recônditos, tanto que não hesitavam em despachar seus repórteres desenhistas para os quatro cantos do mundo, especialmente no caso de conflitos armados e disputas territoriais. Se ainda não eram propriamente revistas de informação semanal, não negligenciavam os últimos acontecimentos e há histórias saborosas das dificuldades enfrentadas por esses pioneiros da informação relatadas no livro que Mason Jackson (1819-1903) publicou em 1885.

Trata-se de um testemunho importante na medida em que ele próprio foi um gravador talentoso que, a partir de 1860, ocupou por quase trinta anos o posto de editor de arte da emblemática *The Illustrated London News*.[93] A despeito de extensas, suas considerações são valiosas por fornecerem um quadro preciso a respeito do funcionamento das oficinas e das estratégias empregadas para acelerar o processo de produção diante da urgência de enviar o material para impressão:

> *For the production of a pictorial newspaper, a large staff of draughtsmen and engravers is required* [...]. *The artist who supplies the sketch has acquired by long practice a rapid method of working, and can, by a few strokes of his pencil, indicate a passing scene by a kind of pictorial shorthand, which is afterwards translated and extended in the finished drawing. The sketch being completed on paper, the services of the draughtsman on wood come into requisition, for it is not often that the drawing on the block is made by the same person who supplies the sketch.* [...].
>
> *Sometimes more than one draughtsman is employed on a drawing where the subject consist of figures and landscapes, or figures and architecture. In such a case, if times presses, the two parts of the drawing are proceeded with simultaneously. The whole design is first traced on the block; the bolts at the back of the block are then loosened, the parts are separated, and the figure-draughtsman sets to work on his division of the block, while another draughtsman is busied with the landscape or architecture, as the case may be. Occasionally, when there is very great hurry, the block is separated piece by piece as fast as the parts of the drawing are finished – the engraver and draughtsman thus working on the same subject at the same*

---

93 Sobre a sua trajetória, consultar: Sidney (ed.), Jackson Mason. In: *Dictionary of National Biography*, Suplement 2.

time. Instances have occurred where the draughtsman has done his work, and has never seen the whole of his drawing together.[94]

Não era diversa a situação de outras publicações da mesma natureza e, não por acaso, o gerente da *Société Anonyme de Publications Périodiques*, Philippe François Mouillot, estava entre os sócios da *Société Générale des Applications Photographiques* (SGAP), fundada pouco antes do lançamento d'*A Ilustração*, em 20 de março de 1883, da qual também era o administrador, com poderes para representar a entidade nas questões financeiras, além de *"diriger le travail des ouvriers, fixer et payer leur salaires"*.[95] A SGAP, conforme revela o papel timbrado da empresa, explorava a fotografia em relevo, fototipia, fotocromia, fotogliptia, zincografia, e fornecia uma parte do conteúdo iconográfico publicado no *Le Monde Illustré*, assim como respondia pelas encomendas feitas especialmente para *A Ilustração*.

Nas páginas da revista, a xilogravura convivia com os novos métodos químicos e fotográficos, em constante aperfeiçoamento, tal como ocorreu na edição especial de 20 de maio de 1885, integralmente dedicada ao Salão de Paris, anunciada nos seguintes termos:

---

94 Jackson, *The Pictorial Press*, p.263 e 265. ["Para a produção de um jornal ilustrado se faz necessário um largo contingente de desenhistas e gravadores {...}. O artista que fornece o esboço adquiriu, graças à longa prática, um método rápido de trabalhar e pode, com alguns traços de seu lápis, indicar uma cena por uma espécie de taquigrafia pictórica que, posteriormente, é traduzida e desenvolvida no desenho acabado. Uma vez transposto o esboço para o papel, entram em cena os serviços do desenhista em madeira, pois, no mais das vezes, o desenho no bloco não é feito pela mesma pessoa que forneceu o esboço. {...} Às vezes, mais de um desenhista é empregado quando o trabalho contém figuras e paisagens ou figuras e arquitetura. Nesses casos, e diante da imposição do tempo, as duas partes do desenho são feitas simultaneamente. O desenho todo é traçado no bloco: os parafusos da traseira do bloco são soltos, as partes separadas e o desenhista de figura trabalha na sua parte, enquanto o outro desenhista ocupa-se da paisagem ou da arquitetura, conforme a circunstância. Ocasionalmente, se a urgência é muito grande, o bloco é separado peça por peça à medida que se termina cada parte do desenho – então gravador e desenhista trabalham sobre o mesmo assunto simultaneamente. Houve casos em que o desenhista fez o trabalho dessa forma e jamais observou o conjunto de sua obra."]

95 Os documentos da sociedade foram depositados junto ao Mestre Bourin, Notário parisiense. O excerto é o extrato da decisão do Conselho de Administração, datado de 09/04/1883. Archives Nationales, MC/ET/LXVI/1668. ["{...} dirigir o trabalho dos operários, fixar e pagar seu salário."]

Este número dará ao público de Portugal e do Brasil uma ideia geral do estado da arte francesa, tendo ao mesmo tempo um curioso e particular atrativo – desenhos dos trabalhos expostos no *Salon* pelos artistas nossos compatriotas. Este número é, além disso, uma perfeita novidade para os dois países, pois que é a primeira vez que em língua portuguesa aparece um jornal ilustrado com fotogravuras tipográficas, a última palavra em aperfeiçoamentos de gravura química. E a tiragem destas gravuras vai ser feita com um cuidado particular, dando este número da *Ilustração* uma ideia perfeita dos últimos progressos obtidos pela tipografia.[96]

Quando do lançamento, Pina orgulhosamente informava ao leitor que "cada uma das nossas reproduções é uma chapa fotográfica que entra na máquina, que se imprime ao mesmo tempo ao lado do tipo, que resiste a uma tiragem de 5.000 exemplares". Entretanto, era forçoso admitir que o resultado final revelou-se bastante modesto, tanto que ele mesmo prometia a publicação de estampas das "obras que maior sucesso forem adquirindo, e mesmo repetiremos em grande formato de gravura em madeira assinada pelo meu ilustre colaborador Charles Baude [1853-1935], algumas das que hoje damos, e que são dignas de ocupar maior espaço nas páginas da *Ilustração*".[97]

Em vista dos vários métodos utilizados na fabricação das estampas e das fases específicas por eles demandadas, precisar o papel de cada um dos envolvidos está longe de ser uma questão simples, ainda mais porque as legendas n'*A Ilustração* eram sempre muito sucintas e pouco informavam sobre o primeiro autor. Como se sabe, contudo, pelos contratos firmados

---

96 O *Salon* de Paris, 1885. Número especial, *A Ilustração*, ano2, v.2, n.9, p.141, 05/05/1885. O número trouxe obras dos portugueses Antonio Ramalho (1858-1916) e José Júlio de Souza Pinto (1856-1939), mas nenhuma de autoria de brasileiros.

97 Pina, Crônica, *A Ilustração*, ano2, v.2, n.10, p.148, 20/05/1885. Na seção "As Nossas Gravuras", por seu turno, ao se referir a uma tela do pintor francês Georges Clairin (1843-1919), lamentava-se: "Sentimos que a fotografia não possa dar uma ideia mais nítida e mais precisa dessa imensa tela do ilustre pintor. Mas o emprego do vermelho, do amarelo e do azul é de tal ordem, e as cores são tão claras e tão frescas, que a fotografia pouco pode obter, chegando mesmo a desaparecer o modelado. Idem, p.148. A confiar na descrição de Pina, trata-se do processo de fotoxilogravura, assim definido por Porta, *Dicionário de artes gráficas*, p.171: "processo de gravura xilográfica, no qual o original, em lugar de ser desenhado diretamente ou decalcado no bloco de madeira, para ele é transportado fotograficamente, sobre uma camada de alvaiade e gelatina".

com o impressor francês, Mariano Pina tinha a seu dispor o acervo do *Le Monde Illustré* por preços bem vantajosos e que já incluíam todos os direitos autorais.[98] Em face da fragmentação dos elementos disponíveis na revista luso-brasileira, recorreu-se à confrontação com o *Le Monde Illustré*, estratégia que possibilitou recuperar muitas informações tanto sobre a origem das imagens (pintura, escultura, desenho, croquis, fotografia) quanto a respeito dos envolvidos na sua preparação até a impressão.

Mesmo assim, restaram 335 estampas (quase 20%) sobre as quais não há qualquer dado acerca da autoria, ainda que se saiba que 121 eram fotografias, 18 desenhos, três croquis e duas esculturas, distinção que não foi possível fazer, com segurança, para 191 delas.[99] De toda forma, é patente que, no periódico francês, era rotina fornecer maior quantidade de detalhes sobre os responsáveis pelo conjunto publicado, provavelmente em função do pagamento de direitos autorais e também porque a identificação dos envolvidos era uma forma de legitimar a própria publicação, num ambiente competitivo em que vários impressos do gênero disputavam a preferência do leitor.[100] Sempre que se pôde comprovar que *A Ilustração* reproduziu estampa já publicada no *Le Monde Illustré*, ou em outro periódico, os dados foram incorporadas ao banco de dados, o que permitiu compor um quadro muito mais preciso e distinguir pelo menos parte das práticas e hierarquias vigentes nas oficinas e nas redações das revistas ilustradas.

---

98 Esse ponto é fundamental pois, em caso de reclamação, a responsabilidade recaía sobre a *Société Anonyme de Publications Périodique*, que disponibilizava o material.

99 Compõem esse rol: seis imagens de lugares, 23 de eventos, duas de moda e 160 retratos. É bem provável que estes últimos sejam produções fotográficas, mas a ausência de informações na fonte não permite que se faça tal afirmação.

100 Segundo Gusman, *La Gravure sur bois en France au XIXe siècle*, p.40-1, "*vers 1879, Le Monde Illustré, sous l'heureuse impulsion de M. Édouard Hubert, joua un rôle important [...]. Ayant la collaboration constante de Daniel Vierge, de Morin et de Lepère au* Monde Illustré, *ce périodique pendant 25 ans, avait été l'un des plus vivants organes du reportage par l'image [...]. L'apogée artistique du* Monde Illustré *fut atteinte de 1879 à 1885, lors de l'assidue participation de Lepère. A ce moment aussi brillent au* Monde Illustré *quelques très bons artistes [...]. À* L'Illustration *le mouvement fut parallèle, mais sans initiative véritable*". [{...} "por volta de 1897, *Le Monde Illustré*, sob o feliz impulso do Sr. Édouard Hubert, desempenhou um papel importante {...}. Tendo a colaboração constante de Daniel Vierge, Morin e Lepère, durante 25 anos o periódico foi um dos órgãos mais vivazes da reportagem por imagem {...}. O apogeu artístico do *Monde Illustré* foi entre 1879 e 1885, quando da assídua participação de Lepère. Nesse momento também brilharam no *Monde Illustré* alguns excelentes artistas {...}. Na *L'Illustration* o movimento foi paralelo, mas sem uma verdadeira iniciativa".]

De saída, é notório que, quando o registro de uma cena/acontecimento provinha de uma fotografia, era bem mais frequente a omissão do responsável inicial pela captação da imagem e isso mesmo no periódico francês. A ênfase recaía na circunstância de o trabalho do gravador haver sido executado a partir de um registro direto. O tratamento alterava-se, inclusive n'*A Ilustração*, quando a circunstância envolvia um estúdio fotográfico renomado e/ou um personagem ilustre, como se observa no excerto sobre o retrato de Dom Pedro II, tirado quando de sua terceira viagem à Europa (1887) e estampado nas capas d'*A Ilustração* e do *Le Monde Illustré*:

> O magnífico retrato que publicamos hoje na primeira página da *Ilustração*, e que foi feito expressamente para o nosso jornal e para o nosso colega parisiense o *Monde Illustré* ao qual nos achamos intimamente ligados – é a cópia da fotografia que Sua Majestade foi tirar aos afamados *ateliers* do notável fotógrafo sr. [Lucien] Waléry [1863-1935], apenas chegou a Paris. É por consequência o mais recente retrato de Sua Majestade, e que os nossos leitores do Brasil e de Portugal hão de ver certamente com imensa satisfação.[101]

Nesse caso, é possível distinguir todos os envolvidos, desde o aclamado fotógrafo, passando pelo desenhista, Gaston Vuillier (1845-1915), e o gravador, Henri Dochy (1851-19??), cujos nomes estão claramente indicados na estampa, o que atesta as divisões e os diferentes graus de legitimidade que atravessavam esse universo.

No que respeita às obras provenientes do campo da pintura e da escultura, nunca se omitia o criador,[102] com presença majoritária de artistas contemporâneos à publicação, indicação de que o objetivo não era instruir o leitor sobre a história da arte, mas familiarizá-lo com nomes que então desfrutavam de prestígio e eram premiados em salões, sobretudo o de

---

101 S.M. O Senhor D. Pedro II. As Nossas Gravuras, *A Ilustração*, ano4, v.4, n.16, p.247, 20/08/1887. A mesma imagem foi publicada em *Le Monde Illustré*, 31eannée, n.1583, 30/07/1887. Na legenda da revista francesa, indicavam-se o fotógrafo e o desenhista, enquanto na estampa podem-se distinguir as assinaturas do desenhista e do gravador.

102 A exceção ficou por conta de dois baixos-relevos portugueses do século XVI, reproduzidos a partir de fotografia tirada por Carlos Relvas (1838-1894), fotógrafo amador português. Ver: *A Ilustração*, ano4, v.4, n.6, p.85 e 92, 20/03/1887.

Paris. Não havia espaço para a vanguarda ou qualquer tipo de contestação à ordem estabelecida, as páginas acolhiam o já consagrado e estabelecido, isto é, os que não se dispunham a questionar ou afrontar os valores dominantes. Assim, graças à difusão simultânea e em grande escala das imagens, a revista colocava ao alcance do leitor, por preços módicos, o que estava em voga e era festejado pelas instâncias dominantes de consagração e legitimação, atuando como mediadora entre diferentes espaços culturais.

Para os desenhistas, o estatuto era mais cambiante, pois nem sempre havia registro de sua intervenção. Não se omitia a proveniência de um desenho especialmente criado para figurar na publicação, que poderia, inclusive, provir do lápis de um pintor. Nesses casos, as colaborações eram valorizadas e mesmo anunciadas com antecedência, decisão compreensível num gênero de impresso que se ancorava na imagem e que precisava ostentar nomes que afiançassem sua alta qualidade estética. Um exemplo – e assinale-se que a escolha não é aleatória, pois se trata do único artista brasileiro que figurou n'*A Ilustração* – é fornecido por Rodolfo Amoedo (1857-1941), pensionista da Academia Imperial de Belas Artes em Paris (1879-1887) e que teve três desenhos publicados ao longo de 1884, um deles reprodução de seu próprio quadro, conforme se explicitou em "As Nossas Gravuras":

> [...] desejando tornar conhecidos em Portugal e Brasil os trabalhos dos artistas portugueses e brasileiros que se acham em Paris, tratou de obter daqueles que este ano expõem no *Salon* desenhos originais reproduzindo as obras expostas. O primeiro desenho que recebemos foi de Amoedo [...]. *A Ilustração* agradece ao inteligente artista a extrema amabilidade com que respondeu ao desejo de o vermos colaborar no nosso jornal – e felicita-se por poder oferecer aos seus leitores do Brasil a cópia do quadro que um seu compatriota expõe nesse momento no *Salon* de Paris, cópia que tem o subido valor de ter sido feita expressamente pelo próprio autor.[103]

---

103 A partida de Jacob. As Nossas Gravuras, *A Ilustração*, ano1, v.1, n.11, p.38, 05/06/1884. Informava-se, ainda: "mandamos fazer a reprodução fotográfica do desenho e depois executá-lo segundo os últimos processos químicos, aproveitando o sistema da zincografia que só em Paris se executa na perfeição". O fotógrafo não foi indicado, mas o trabalho foi executado pela SGAP. O desenho encontra-se na p.36. Nesse caso em particular, Amoedo era o pri-

Procedimento semelhante ocorria com originais provenientes do registro de um repórter desenhista, enviado ao palco dos acontecimentos. Dentre os mais ativos, pode-se citar Dick de Lonlay (Georges Hardoin, 1846-1893), colaborador assíduo do *Le Monde Illustré*, que esteve presente, por exemplo, no casamento do príncipe herdeiro de Portugal, D. Fernando, com Amélia de Orleans,[104] o que mereceu um exemplar inteiro da revista francesa, certamente em função da ascendência da noiva, bem como na revolta operária ocorrida no mesmo ano na Bélgica. No *Le Monde*, os croquis enviados pelo correspondente eram devidamente identificados na legenda de cada imagem, precisando-se também o autor do desenho, ao que se somava a assinatura do gravador, distinguível na estampa. Por vezes, o fato era devidamente destacado nas páginas do semanário: *"Grâce aux documents envoyés de Lisbonne par notre correspondant spécial, M. Dick de Lonlay, nous avons pu grouper les principaux épisodes des magnifiques fêtes qui ont accompagné la célébration du mariage royal"*.[105]

A *Ilustração* replicava as imagens, sem o cuidado de detalhar cada um dos envolvidos no processo. No exemplo do casamento real, o próprio Lonlay escreveu o texto sobre o evento que testemunhou e que foi reproduzido, com pequenas alterações, n'*A Ilustração*, como se fosse da lavra de um enigmático A. M.[106]

---

    meiro autor e o responsável pela transposição do suporte. Os dois outros desenhos referem-se ao mercado de flores em Paris e aos indígenas do Amazonas. O pintor foi saudado como colaborador artístico da revista, notícia que, segundo a redação, "deve ser recebida com bastante agrado por todos os numerosos assinantes que possuímos no Império". O mercado de flores. As Nossas Gravuras, Idem, n.1, v.1, n.7, p.102, 05/08/1884. Ver, ainda, Indígenas do Amazonas, Idem, ano1, v.1, n.15, p.228, 05/12/1884.

104 O acontecimento forneceu o mote para Pina louvar a França e ressaltar a benéfica "influência do espírito francês em Portugal". Evocava Guerra Junqueiro, Eça, Ramalho Ortigão e Bordalo para reafirmar "a convicção de que não é época de decadência, nem tão pouco país de decadentes, aquele em que quatro talentos desta ordem, mais diretamente influenciados pela França, produzem obras tão notáveis". Pina, Portugal e França, *A Ilustração*, ano3, v.3, n.6, p.82, 20/03/1886.

105 Les fêtes du mariage du Duc de Bragance et de la Princesse Amélie, *Le Monde Illustré*, 30e année, n.1523, p.358, 05/06/1886. ["Graças aos documentos enviados de Lisboa por nosso correspondente especial, M. Dick de Lonlay, nós pudemos reunir os principais episódios das magníficas festas que acompanharam a celebração do casamento real.]

106 A.M. O casamento real, *A Ilustração*, ano3, v.3, n.12, p.179 e 182, 20/06/1886.

Figura 2.9: Casamento de D. Fernando e D. Amélia.

Compare-se a legenda acima, que não traz nenhuma informação sobre a produção da estampa, com a do *Le Monde Illustré*, 30ᵉ année, n.1523, p.64, 05/06/1886: *"Dessin de M. Dunki d'après le croquis de M. Dick"* [Desenho de M. Dunki a partir de croqui de M. Dick.] Fonte: *A Ilustração*, ano3, v.3, n.12, p.189, 20/06/1886.

Entretanto, quando se tratava da ação de transpor imagens, via desenho ou decalque, para o suporte no qual o gravador trabalharia, não se observa o mesmo cuidado de individualizar os envolvidos. Tal transposição poucas vezes foi indicada e não há como saber se o próprio autor do desenho, o gravador ou um terceiro indivíduo aí interveio. Tampouco se pode menosprezar o recurso, cada vez mais frequente, a outros processos químicos, que alteravam o estatuto dessa tarefa, como no caso da fotoxilogravura e da zincografia.[107] Pode-se levantar a hipótese de que o quadro traçado por Mason Jackson fosse acurado para dar conta da cadeia produtiva de estam-

---

107 Segundo Porta, op. cit., p.420: "Processo de impressão litográfica, no qual a pedra é substituída por uma placa de zinco devidamente preparada. Quando há intervenção da fotografia, que é o caso mais geral, também se diz fotozincografia". Tal processo foi o adotado na maioria das estampas encomendadas para *A Ilustração*, com execução a cargo da SGAP, conforme se observa na assinatura impressa nas estampas.

pas nas primeiras décadas de circulação das diferentes revistas ilustradas, a qual estava se transformando rapidamente no decorrer dos anos 1880, em função de mudanças técnicas que gradativamente permitiam transferências cada vez mais diretas de fotografias, dispensando pelo menos uma parte dos indivíduos que aí intervinham.

Para o que se está denominando de *primeiro autor* ou *produtor inicial*, fosse um pintor, escultor, desenhista, elaborador de croquis ou fotógrafo, indivíduo responsável por criar ou registrar uma cena, fato, acontecimento, paisagem, edifício, personagem etc., é significativa a quantidade de comparecimentos eventuais, a exemplo do que já se observou para a parte textual. Assim, 287 nomes figuraram apenas uma vez na revista, 60 duas vezes, 32 três vezes, 18 compareceram com quatro entradas, 20 somaram cinco e, em franco declínio em termos numéricos, há dez colaboradores presentes seis vezes, oito com sete trabalhos assinados, seis com oito e outros quatro com nove, ou seja, 866 contribuições.

Ante a impossibilidade de nomear a todos, decidiu-se arrolar na tabela seguinte os que somaram dez ou mais participações.

No rol dos primeiros autores, foi possível identificar 461 indivíduos que, juntos, responderam por quase 79% das estampas, e isso graças ao trabalho de comparação com a coleção do *Le Monde*.[108] No que respeita à natureza da sua colaboração no periódico, 157 assinaram desenhos, 146 pinturas, 65 fotografias, 52 croquis e, por fim, 41 esculturas. É óbvio que não cabe comentar cada artista ou estampa, mas é preciso ter em conta que a grande maioria da produção dizia respeito às atualidades políticas, aspectos da vida cotidiana e ao mundo da cultura (teatro, literatura, artes plásticas), em sintonia com o objetivo da publicação, que era o de colocar à disposição do leitor um inventário visual sobre os acontecimentos contemporâneos que o informasse e o deleitasse. Esse acervo impressionante e dotado de grande força plástica circulava dos dois lados do Atlântico e contribuía para configurar uma cultura visual e um conjunto de referências simultaneamente compartilhadas e difundidas em larga escala. Vale insistir, ainda uma vez, nesse ponto, pois não se pode menosprezar o impacto dessas estampas, vetores privilegiados para educar e formar o olhar, que disseminavam modelos,

---

108 Além dos dados que constam no sítio da BnF, cabe destacar a obra de Osterwalder, *Dictionnaire des illustrateurs (1800-1914)*.

Tabela 2.6: Primeira autoria das estampas d'*A Ilustração*

Primeira autoria	Número de colaborações	%
Não indicado	335	19,7
Assinatura ilegível	35	2,1
(1) Adrien Marie (FR, 1848-1891)	74	4,3
(1) Louis Tinayre (FR, 1861-1942)	35	2,1
(1) L. Berteault (FR, 18..-19..)	31	1,8
(1) Daniel Vierge (ES, 1851-1904)	29	1,7
(2) Dick de Lonlay (FR, 1846/1893), Reichan (PL, 18..-18..)	(26) 52	3,1
(1) Louis Bombled (FR, 1862-1927)	20	1,2
(4) Auguste Gérardin (FR, 1849-?), A. de Parys (FR, 18..-19..), Charles Morel (FR, 1861-1908), Paul A. Kauffmann (FR, 1849/1940)	(15) 60	3,5
(2) [Hector] Giacomelli (FR, 1822-1904), Redação *Le Monde Illustré*	(14) 28	1,6
(2) Chelmonski (PL, 1849-1905), L. Moulignié (FR, 18../19..)	(13) 26	1,5
(4) António Ramalho (PT, 1858-1916), Habert-Dys (FR, 1850-1924?), Marc Aurèle (?), Théodore Gosselin (FR, 1855-1935)	(12) 48	2,8
(3) Francisco Vilaça (PT, 1850-1915), Frédéric de Haenen (FR, 1853-1929), Léon Lhermitte (FR, 1844-1925)	(11) 33	1,9
(3) [Augusto] Bobone (PT, 1852-1910), Félix Régamey (FR, 1844-1907), Eugène Pirou (FR, 1841-1909)	(10) 30	1,8
(436) Artistas entre 1 e 9 colaborações	866	50,9
(461) Colaboradores/Total geral de estampas	1702*	100%

*Mais de um indivíduo foi responsável pela primeira autoria de uma mesma imagem, razão pela qual a soma (1702) ultrapassa a quantidade total de estampas publicadas (1693).

gostos, valores, visões de mundo, expressões artísticas, estéticas e estilos, sempre em consonância com a ordem estabelecida europeia ou, mais precisamente, francesa. Como bem assinalou Roger Chartier, as escolhas em relação às formas de ler, ver, sentir, classificar e delimitar o mundo não estão apartadas de projetos de dominação e poder, capitaneados por grupos sociais específicos, o que alerta para o lugar estratégico das representações e sua articulação com o social.[109]

O reconhecimento (ou não) da autoria também pode ser tomado como expressão de escalas valorativas que atravessavam o mundo dos impressos e das artes plásticas. Assim, chama a atenção a pequena quantidade de fotógrafos identificados, que constituíam o grupo mais numeroso entre as primeiras autorias não individualizadas – 121 em 335 imagens, isso sem contar os 160 retratos que, muito provavelmente, originaram-se em estúdios fotográficos. Uma hipótese para essa constatação talvez resida no próprio estatuto da fotografia, encarada, pelo menos na redação dos impressos ilustrados, como um registro mecânico, contrariamente aos croquis e desenhos, valorizados enquanto ato autoral. Augusto Bobone, que prestava serviços à família real, é o único fotógrafo arrolado na tabela de primeira autoria, sendo que suas produções foram todas publicadas primeiramente no *Le Monde*, o que indica que deveria ser o fornecedor privilegiado para assuntos de Portugal, e depois n'*A Ilustração*.[110] O contrário aconteceu com o italiano radicado em Lisboa, Francisco Rocchini (1822-1895), cujos originais eram fonte para as estampas produzidas exclusivamente para *A Ilustração*.[111] Estúdios franceses importantes, como os de

---

109 Chartier, *A história cultural. Entre práticas e representações*.
110 *A Ilustração* reproduziu estampa, feita a partir de instantâneo do fotógrafo e já publicada no *Le Monde Illustré*, relativa ao desembarque da Família Real em Portugal após a Proclamação da República e informou:
"O sr. Bobone, por pedido do nosso diretor Mariano Pina, aceitou o encargo de ser correspondente em Lisboa do *Monde Illustré* de Paris e, por consequência, da Ilustração, atendendo às relações íntimas que ligam a nossa revista ao grande jornal parisiense". Chegada de D. Pedro a Lisboa. As Nossas Gravuras, *A Ilustração*, ano7, v.7, n.1, p.6, 05/01/1890.
111 Rocchini teve oito originais estampados n'*A Ilustração*, um deles publicado, relativo ao passamento do rei português, D. Fernando II. A legenda esclarecia tratar-se de "*Dessin de M. Vuillier, d'après la photographie de M. F. Rocchini, à Lisbonne*". *Le Monde Illustré*, 30e année, n.1501, p.4, 02/01/1886. A mesma estampa está em *A Ilustração*, ano3, v.3, n.1, p.8, 05/01/1886. ["Desenho de Sr. Vuillier, a partir de uma fotografia do Sr. F. Rocchini, de Lisboa."]

Alphonse Isidore Chalot (18..-1893), Dornac (Paul Massan, 1858-1941), Nadar (Gaspard/Félix Tournachon, 1820-1910), Paul Boyer (1861-1908), Pierre Petit (1831-1909) e o já citado Waléry, estavam presentes na revista francesa e seus originais também figuravam nas páginas do periódico luso-brasileiro.

Outro ponto que chama a atenção é a nacionalidade dos artistas presentes na tabela, com evidente predominância de nomes franceses, aspecto que se repete mesmo para os que compareceram de forma bissexta na publicação. O resultado não surpreende, tendo em vista a estreita vinculação entre *A Ilustração* e o *Le Monde*. No que tange aos portugueses, além de Bobone, conta-se com Antonio Ramalho e Francisco Vilaça, que colaboraram com desenhos. Contudo, quando se expande o olhar para além dos que somaram dez ou mais contribuições, podem-se divisar outros nomes, caso dos irmãos Rafael e Columbano Bordalo Pinheiro e do filho de Rafael, Manoel Gustavo (1867-1920), Antonio Soares dos Reis (1847-1889), Silva Porto (1852-1893), Souza Pinto (1856-1939), Thomaz da Costa (1861-1932), Teixeira Lopes (1866-1942), Veloso Salgado (1864-1945) e mesmo integrantes da nobreza – trabalhos escultóricos da Duquesa de Palmela (1841-1909) – e da família real – desenhos de D. Fernando II (1816-1885), reproduzido quando de sua morte, e de Carlos de Bragança (1863-1908), que permitiu a difusão de suas obras na revista – o que evidencia a habilidade de Pina para ascender às altas rodas por meio da *Ilustração*.[112]

---

112 A novidade foi anunciada nos seguintes termos: "A honra que vai caber a este jornal, publicando no seu próximo número alguns desenhos de Sua Alteza – os primeiros dos seus desenhos que veem a publicidade – é tal, que nós receamos ser tomados por parciais afirmando que esses trabalhos não representem uma simples distração de um amador ou de *diletante*, mas pelo contrário, revelam uma poderosa organização de artista que desenha com uma firmeza e elegância, com uma *verve* que só possuem aqueles que passam largos anos pelas academias". S.A.R. o Sr. D. Carlos de Bragança e *A Ilustração*, *A Ilustração*, ano4, v.4, n.3, p.34, 05/02/1887 (grifo no original). E, no número seguinte, sob o mesmo título e sempre em tom encomiástico, lê-se: "Mas os belos desenhos que *A Ilustração* tem a honra de publicar neste número dizem mais do que tudo quanto nós poderíamos dizer, ser quiséssemos falar como críticos das produções do Príncipe-Artista. Orgulhosos dos valiosos penhores que nos haviam sido dirigidos por intermédio de um querido amigo e distinto prosador – não resistimos ao prazer de os mostrar a alguns dos notáveis artistas que frequentam a redação do nosso colega. *O Monde Illustré* de Paris". Idem, ano4, v.4, n.4, p.50, 20/02/1887.

Tabela 2.7: Primeira autoria: natureza da contribuição e nacionalidade do colaborador[113]

Nacionalidade/ Natureza	Desenhista/ Croqui	Pintor	Fotógrafo	Escultor	Total
Francês	71	89	17	31	208
Português	11	3	4	5	23
Brasileiro	01	–	–	–	1
Outras	24	30	5	3	62
Não identificado	102	24	39	2	167
Total	**209**	**146**	**65**	**41**	**461**

Bastante diverso é o contexto para os que foram claramente identificados como responsáveis pela *transposição* da imagem para outro suporte, independentemente de sua origem (croquis, desenhos ou fotos), o que os torna, em consequência, *intermediários de segunda ordem*, fossem desenhistas, que copiavam/decalcavam uma matriz, ou fotógrafos que, desta feita, produziam um instantâneo de obras artísticas, cabendo ao autor delas a denominação de *primeiro autor*. O índice muito elevado de não indicado/ausente precisa ser interpretado com cautela. Por um lado, ele pode expressar a decisão de silenciar sobre a ação de artesãos que integravam as oficinas, mantendo-os no anonimato, o que não acontecia quando a atividade era efetuada por alguém de nomeada e que merecia, portanto, ser identificado. De outra parte, porém, pode resultar dos avanços nos processos químicos, que permitiam a transferência direta da imagem fotográfica, o que alterava o estatuto da intervenção dessa mão de obra.

Se o universo de primeiros autores era amplo e variado, o que é compreensível uma vez que todo e qualquer aspecto da vida contemporânea ou pregressa poderia ser objeto de interesse para os periódicos ilustrados, bem mais estreito era o rol dos gravadores,[114] atividade especializada, feita

---

113 A classificação como desenhista ou pintor foi feita a partir do tipo de contribuição do indivíduo para a revista.
114 Optou-se por não utilizar o termo entalhador, normalmente reservado para quem talha a madeira, em prol de gravador, bem mais genérico. Segundo Porta, op. cit., p.189, gravador diz respeito a "pessoa que grave em madeira, pedra ou metal, por processo manual, químico ou fotomecânico". Isso porque nem sempre é possível precisar qual foi o processo utilizado em cada imagem. Era hábito adicionar termos em latim para distinguir cada fase do processo de produção de uma estampa (pintor da tela, desenhista, gravador, impressor, divulgador), reservando-se para o gravador, último a intervir antes da impressão, o termo *sculp* (*sculpsit*). Sobre as abreviaturas, ver: Ferreira, op. cit., p.91 e 124. Com os métodos químicos, espraiou--se a abreviatura *ph* ou *photo*, do francês *photographie*.

Tabela 2.8: Responsáveis pela transposição de imagens

Responsáveis	Nº absoluto	%
Sem elementos para identificação	1292	76,0
(1) Gastão Vuillier (FR, 1845-1915)	86	5,1
(1) Auguste Gérardin (FR, 1849-?)	49	2,9
(1) Louis Tinayre (FR, 1861-1942)	23	1,4
(1) Reichan (PL, 18..-18..)	16	0,9
(1) Braün (FR, 1862-?)	13	0,8
(1) Frédéric de Haenen (FR, 1853-1929)	12	0,7
(1) Jules Lavée (França, ?-?)	11	0,6
Assinatura ilegível	4	0,2
(84) Artistas entre 1 e 9 colaborações	197	11,4
(91)Colaboradores/Total geral	1.699	

sob encomenda da redação, tanto que em poucas oportunidades deixou-se de mencionar o nome do responsável, considerado um colaborador importante e cuja perícia era devidamente saudada. Ao lado desse artista, que inscrevia sua assinatura no produto final, no *Monde Illustré* e n'*A Ilustração* esse trabalho também poderia ser executado pela SGAP, sociedade anônima que mantinha estreita vinculação com o Quai Voltaire, afinal, Mouillot era figura-chave nas oficinas de impressão e nas de produção e reprodução de imagens. Nesses casos, eram as iniciais da empresa que levavam o crédito, o que pode ser interpretado como expressão do crescente processo de especialização e divisão do trabalho no interior da cadeia produtiva. Assim, quase 20% das estampas que figuravam n'*A Ilustração* provinham dos ateliês da SGAP, aí incluídas as que foram replicadas do *Le Monde* e as destinadas exclusivamente à revista de Pina.

Observe-se que, nesse domínio, há ausência completa de portugueses e brasileiros, exceção feita a duas estampas de "As Nossas Gravuras" produzidas pela Companhia Nacional Editora, sucessora da Casa David Corazzi e que respondia pela distribuição d'*A Ilustração* no Brasil e em Portugal.[115]

---

115 Trata-se de dois desenhos à pena, de Alfredo Roque Gameiro (1964-1935), "gravura química da Companhia Nacional Editora", segundo informa a legenda. *A Ilustração*, ano8, v.8, n.175, p.227, 15/08/1891.

Tabela 2.9: Gravadores responsáveis pelas imagens presentes n'*A Ilustração*

Gravador	Total	%
Não indicado	297	17,3
Assinatura ilegível	35	2,0
(1) Société Générale des Applications Photographiques (SGAP)	316	18,5
(1) Henri Dochy (FR, 1851-19..)	294	17,2
(1) Charles Baude (FR, 1853-1935)	214	12,5
(1) [Tony] Beltrand (FR, 1847-1904) / [Eugène] Dété (FR, 1848-1922)	166	9,7
(1) [Tony] Beltrand, [Eugène] Dété e [Julien] Tinayre (FR, 1859-1923)	67	3,9
(1) F. [Fortuné Louis] Méaulle (FR, 1844-1901)	55	3,2
(1) [JulienAntoine] Peulot (FR, 1827-18..)	25	1,5
(1) Auguste Lepère (FR, 1849-1918)	20	1,2
(2) [Julien] Tinayre; [Jules Louis Laurent] Langeval (FR, 1845-19..)	(14) 28	1,6
(2) Henri Thiriat (FR, 18-19..); [Augustine Leriverend Dochy (FR, ?) e [Henri] Dochy	(13) 26	1,5
(2) BDF; Clément Edouard Bellenger (FR, 1851-1898)	(12) 24	1,4
(3) Albert Charpentié (18..-19..); [Charles Firmin] Gillot (FR, 1853-1903); Rougeron Vignerot (FR, 18..-18..)	(09) 27	1,6
(3) Claire Duvivier (?); Jeaugeon (?); M. Vallette (?)	(08) 24	1,4
(1) [Albert] Bellenger (FR, 1846-1914?)	07	0,4
(2) F. Moller (FR, 18..-18..); [Eugène] Froment (FR, 1844-1926)	(06) 12	0,7
(1) E. Auguste Tilly (FR, 18../1898)	05	0,3
(4) [Léon/Louis] Chapon (FR, 1836-1918); Hippolyte Dutheil (FR, 18..-19..); H. Paillard;R. Taylor (Inglês, ?)	(04) 16	0,9
(6) [Amédée Louis Joseph] Daudenarde (FR, 1839-1907); E. Thomas (?); Jeanniot (?); L. A. [Léon Alexandre] Tourfaut (FR, 18..-1883); [Ernst Friedrich von] Liphart (AL, 1847-1932); R. Bong (?)	(03) 18	1,0
(5) Arthur Collingridge (FR, 18..-1907); Auguste Joliet (FR, 1839-1915); Companhia Nacional Editora; Lefman (FR, 18..-18..); Michelet (FR, 18..-18..)	(02) 10	0,6
(26) Autores com 1 colaboração	26	1,5
(65) Total de colaborações*	1.712	

*Por vezes, o trabalho era realizado por mais de um gravador, por isso a soma (1.712) ultrapassa a quantidade total de estampas publicadas (1.693).

Estampas: procedência, circulação e apropriação

Cada uma das estampas publicadas era comentada na seção "As Nossas Gravuras", que tinha a missão de contextualizar o material imagético, justificar escolhas e, num empreendimento que se afigura redundante ao observador contemporâneo, descrevê-lo. Por vezes, também havia menções à procedência e autoria(s), sempre chamando a atenção do leitor para a qualidade artística do que era ofertado. Note-se que as explicações estavam a serviço da iconografia, ainda sem a formação de um sistema textual e icônico nos moldes das reportagens fotográficas, que se imporiam no século XX. Não é fruto do acaso que 90% das estampas integrassem seção própria, destinada a reuni-las, independentemente do conteúdo, origem ou natureza da estampa. Essas imagens, por conseguinte, não cumpriam a função de ilustrar um texto, complementá-lo, explicá-lo ou lhe imputar novos sentidos e significações, bem ao contrário, na fórmula consagrada por esse gênero específico de revista ilustrada, elas poderiam figurar de modo independente do conteúdo textual, embora em certos números a mesma temática pudesse ser contemplada nas duas instâncias discursivas.

É certo que houve casos em que textos, publicados em seções ou fora delas, abordaram questões que também ganharam expressão visual, indicando esforço dos responsáveis para compor um todo coerente aos olhos do leitor. Entretanto, o caráter assistemático da empreitada indica que n'*A Ilustração* a articulação efetiva entre as duas instâncias estava longe de ser uma realidade.

É bom não perder de vista que a grande quantidade e a diversidade de estampas presentes em cada edição constituíam fruto de um trabalho de seleção, que materializava ideais e preocupações daqueles que respondiam por essas escolhas. Insistia-se menos no seu potencial informativo ou documental, ainda que seja evidente que esse aspecto não estava ausente, do que na "apresentação artística", para retomar um termo muitas vezes utilizado na publicação, ou seja, o que se valorizava era a qualidade estética do produto, garantida pelos meios eficientes de reprodução, isso num momento em que as imagens carregavam o sabor da novidade e contribuíam para difundir novas formas de sensibilidade e de visualidade. Afinal, entre 1884 e 1892, o cinema ainda não era realidade e tampouco havia se generalizado o uso da máquina fotográfica portátil, cujo modelo de maior sucesso foi lançado em fins do Oitocentos pela Kodak.

Imprimir a revista em Paris era a condição primeira para a sua existência e as potencialidades do negócio foram percebidas por Elísio Mendes, um empresário do mundo dos impressos periódicos, com experiência e trânsito internacionais, que vivia entre o Rio de Janeiro e Lisboa, e era sócio de um dos cotidianos mais importantes do Império. Nos dois primeiros anos de circulação da revista, ele foi, como se viu, o proprietário do empreendimento, dando as cartas em termos financeiros e determinando os rumos editoriais, ainda que seu nome jamais tenha figurado na portada d'*A Ilustração*.

O acordo com a *Société Anonyme de Publications Périodiques* foi essencial, não apenas porque a entidade dispunha de equipamentos capazes de atender à qualidade requerida, mas por colocar à disposição da revista luso-brasileira o acervo de imagens do semanário *Le Monde Illustré*, em circulação desde 1857, tal como estipulavam os contratos assinados com o impressor francês, além de prover, por meio da Société des Applications Photographiques, serviços de produção de estampas destinadas exclusivamente à *Ilustração*, produzidas a partir de fotografias.

Uma breve menção de Elísio Mendes, em carta de 17 de março de 1884, portanto quando os arranjos para o lançamento do periódico ainda estavam em curso, bem indica o quanto o mercado de imagens constituía-se num negócio muito bem organizado e no qual as chances não eram desperdiçadas nem mesmo por uma empresa sólida como a *Société Anonyme*.[116] Se *A Ilustração* podia contar com o que já fora publicado no *Le Monde Illustré*, os responsáveis pelo periódico francês manifestaram interesse no material sobre Portugal e Brasil que eventualmente fosse produzido especialmente para a futura revista, tanto que na missiva o remetente afirmava: "Acho excelente a combinação com o *Monde Illustré* para gravuras originais, a meio de Portugal e Brasil". Alertava para a necessidade de sincronizar a difusão do conteúdo compartilhado, tendo em vista que o periódico fran-

---

116 Na Note de l'éditeur. In: Osterwalder, op. cit., p.6, argumenta-se que a presença majoritária de franceses nos seguintes termos: "Il faut savoir que les échanges (coproduction, traduction, adaptations ou simples achats d'images) étaient nombreux et rapide. Les éditeurs de tous les pays étaient déjà à l'affût de réalisations étrangères remarquables. Quelques périodiques français aussi publiaient fréquemment des dessinateurs étrangers [...]. Il faut encore mentionner les cas des *Special Artists* dont les reportages ont été publiés souvent simultanément par *L'Illustration* en France et par l'*Illustrated London News* en Angleterre". ["É necessário ter presente que as trocas (coprodução, tradução, adaptação ou simples compra de imagens) eram numerosas e rápidas. Os editores de todos os países já estavam atentos às realizações estrangeiras mais notáveis. Alguns periódicos franceses também publicavam frequentemente desenhistas estrangeiros {...}. É preciso ainda mencionar os casos dos *Artistas Especiais* cujas reportagens foram publicadas frequentemente de forma simultânea pela *Ilustração* na França e pelo *Illustrated London News* na Inglaterra."]

cês era semanal e o seu, quinzenal. E sem nunca perder o espírito prático, perguntava: "E quanto poderá custar a nossa metade de uma página de gravura original?".[117]

A morosa e cansativa tarefa de comparar as duas publicações revelou que pouco mais de 77% de tudo o que foi publicado na *Ilustração* originou-se da congênere francesa.[118] Para os anos de 1884 e 1885, há estampas provenientes de outras revistas: *The Illustrated London News*, *The Graphic*, *L'Illustration*, *La Caricature*, *L'Illustrazione Italiana* e *Le Journal de Musique*, este último também impresso no Quai Voltaire, mas perfazendo um montante bastante modesto (menos de 6%).

Pela correspondência que enviou a Mariano Pina, sabe-se que Mendes adquiriu, meses antes do lançamento d'*A Ilustração*, clichês de Salomão Saragga, vendidos "baratíssimo" e que, na perspectiva do comprador, "servem para uma ou outra vez encher uma página, sem que o assinante dê por isso".[119] De fato, parte do que provinha de fora dos arquivos do impressor francês remetia a períodos anteriores à circulação da revista, especialmente o ano de 1883, havendo mesmo um exemplo do *Graphic* que remontou a 1870, ou seja, é muito provável que integrassem o lote adquirido do proprietário de *Os Dois Mundos*, publicação que em 1884 já deixara de circular.

Contudo também havia imagens que figuraram n'*A Ilustração* imediatamente após terem sido difundidas nas páginas de revistas inglesas (*Graphic*, *The Illustrated London News*) e francesas (*L'Illustration* e *La Caricature*), mas importa destacar que tal ocorrência é bastante insignificante em termos quantitativos se confrontada com o total geral do que foi publicado. Não se pode descartar a hipótese de parte das estampas arroladas entre as não localizadas terem sido aproveitadas dessas (ou de outras) revistas, pois nem todas os periódicos do gênero têm seus acervos abertos para consulta por meios eletrônicos ou podem ser encontrados em bibliotecas brasileiras. Mas mesmo que este tenha sido o caso, a dominância do *Le Monde Illustré* continua muito evidente, pois o montante das estampas que não puderam ser identificadas importa em pouco mais de 4%.

---

117 Carta de Elísio Mendes remetida de Lisboa a Mariano Pina, datada de 17/03/1884. BNP, Lisboa, E17/165.
118 Montante que sobe para 78,7%, caso se acrescente os 1,2% do *Le Journal de Musique*, também editado pela Société Anonyme de Publications Périodiques.
119 Carta de Elísio Mendes, enviada de Lisboa em 28/02/1884. BNP, Lisboa, Espólio N17/165.

CONTEÚDO: ORGANIZAÇÃO E PROCESSO DE PRODUÇÃO   175

Tabela 2.10: Origem das estampas publicadas n'*A Ilustração*[120]

Periódicos × Anos	Le Monde Illustré	L'Illustration	The Illustrated London New	The Illustrated ou L'illustration	The Graphic	L'Illustrazione Italiana	La Caricature	Le Journal de Musique	Ilustração (e prováveis)	Não localizadas	Total
1884	61	27	11	1	4	3			25	27	159
	38,4	17,0	7,0	0,6	2,5	1,9			15,32	17,0	
1885	77	10	6	2	5	2	3	13	72	35	225
	34,5	4,5	2,7	0,9	2,2	0,9	1,3	5,8	32	15,7	
1886	161							8	29	3	201
	80,1							4,0	14,4	1,5	
1887	187								35	1	223
	83,9								15,7	0,4	
1888	194	1							13	1	209
	92,8	0,5							6,2	0,5	
1889	208								29	1	238
	87,4								12,2	0,4	
1890	228								13		241
	94,6								5,4		
1891-2	194								3		197
	98,5								1,5		
Total/	1310	38	17	3	9	5	3	21	219	68	1.693/
%	77,5	2,2	1,0	0,2	0,5	0,3	0,2	1,2	12,9	4,0	100%

Os dados da Tabela 2.10, que dizem respeito a todas as estampas, estivessem ou não na seção "As Nossas Gravuras", sugerem que a prática de contar com material originário de diferentes fontes foi abandonada após a saída de Elísio Mendes em fins de 1885, quando o endereço da redação passou a coincidir com o do impressor francês, o que sugere dependência crescente d'*A Ilustração* em relação ao *Le Monde*. Não se deve esquecer que a correspondência de Pina contém, nesse exato momento, menções à sua

---

120 Para as 121 estampas publicadas fora de "As Nossas Gravuras", 41,3% (50 estampas) originaram-se do *Le Monde Illustré*, 17,4% (21 partituras) do *Le Journal de Musique*, pertencente ao mesmo grupo do *Le Monde*, atingindo-se, assim, quase 60%. O montante que foi publicado apenas n'*A Ilustração* soma 28,9% (35 estampas), enquanto sobre 12,4% (15) não se pode precisar a procedência.

associação com a empresa do Quai Voltaire para explorar a revista, conforme já se destacou. O fato é que as despesas com gravuras restringiram-se às oportunidades em que houve encomendas específicas para a revista, sendo que a exceção observada para o ano de 1888 confirma a regra, pois se trata de um retrato de Sarah Bernhardt que *L'Illustration* publicara em 1884.

A linha "*Ilustração* (e prováveis)" reúne pouco mais de duas centenas de estampas (219, representando 12,9%) não localizadas no *Le Monde* ou em outro periódico ilustrado, o que permite supor que tenham sido expressamente produzidas para figurar em *A Ilustração*, fosse ilustrando alguns textos literários, ou integrando "As Nossas Gravuras". Reforça a hipótese tanto o fato de 194 estampas (90%) referirem-se a acontecimentos, lugares, situações e personagens que remetiam diretamente a Portugal (148, isto é, 76%) e ao Brasil (46, ou seja, 24%), ou terem, como primeiro autor, artistas desses países, mesmo que nem sempre as temáticas se referissem, necessariamente, aos locais de origem. Some-se, ainda, a circunstância de 40,2% delas trazerem a marca dos ateliês da SGAP, corroborando, mais uma vez, a estreita vinculação da revista com a Société Anonyme de Publications Périodiques.

No que concerne ao Brasil, a escolha temática respondeu às necessidades da seção "Jornais e Jornalistas" e homenageou nomes ilustres da imprensa, como Ferreira de Araújo e Sant'Ana Nery, além de trazer a reprodução de bustos de personalidades em viagem por Paris (Barão de Arinos e Visconde de Figueiredo), mortos ilustres (poeta Pedro Luiz, Louis Couty e o Barão de Teresópolis), a participação do Império em exposições universais, paisagens do Rio de Janeiro e três da Amazônia. No caso das paisagens, à exceção de uma de Amoedo sobre os indígenas, bem como duas outras que não tinham por tema o país, todas as demais são de autoria de dois portugueses: Francisco Villaça e Antonio Ramalho. Aliás, a passagem de companhias teatrais portuguesas pela capital fornecia a oportunidade de se reproduzir estampas de seus principais artistas. Já "As Nossas Gravuras" publicou, pouco antes do encerramento da revista, pequenas notas acompanhadas de retratos de portugueses ilustres residentes no Brasil. Assim, é surpreendente que, mesmo quando o tema era a ex-colônia, Portugal acabava ocupando posição de destaque. No caso da proclamação da República, as imagens, com uma honrosa exceção, vieram do *Le Monde Illustré*, enquanto a Abolição da Escravidão mereceu breve referência em "As Nossas Gravuras", que trouxe o retrato de João Alfredo, então na chefia do governo, a quem se atribuía papel de relevo no fim de regime.

Figuras 2.10 e 2.11: Estampas relativas ao Brasil.

Fonte: *A Ilustração*, ano1, v.1, n.7, p.228, 05/08/1884.

Fonte: *A Ilustração*, ano2, v.2, n.7, p.109, 05/04/1885.

Não era muito diversa a natureza das estampas relativas a Portugal, observando-se padrão semelhante ao descrito antes – passamento de figuras do mundo da política e da cultura, atenção a jornais e jornalistas, presença de artistas estrangeiros em Lisboa, participação do país em eventos internacionais, homenagem a figuras da imprensa –, porém acrescido de estampas relativas às colônias africanas, eventos ocorridos em Lisboa, monumentos históricos, flagrantes de espetáculos teatrais, autógrafos, manuscritos e retratos de escritores, produções do campo das artes plásticas, sempre em número muito mais significativo do que se observa em relação ao Brasil.

Figuras 2.12 e 2.13: Homenagem a Eça de Queirós por ocasião da publicação de *Os Maias*.

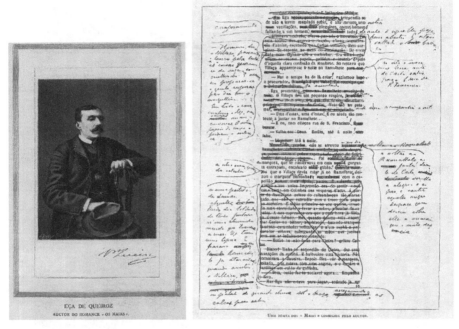

Fonte: *A Ilustração*, ano5, v.5, n.16, capa e p.244, 20/08/1888, respectivamente.

Pina não deixou de se valer das oportunidades em que o Brasil e Portugal estiveram presentes nas páginas do *Le Monde*, apressando-se em reproduzir o conteúdo na sua revista. Aliás, no que tange a essa presença, cabe notar que, entre maio de 1884 e janeiro de 1892, período de circulação d'*A Ilustração*, foram localizadas no semanário francês 58 estampas que foram utilizadas por Pina para referir-se a Portugal e outras 32 para o Brasil. É preciso analisar como se deu tal utilização, pois os números citados não necessariamente implicaram a presença desses países na revista francesa. Assim, a título de exemplo, pode-se citar a publicação do retrato da atriz parisiense Jeanne Hading, que em 1888 apresentou-se no Rio de Janeiro, o que motivou a reprodução de estampa publicada no *Le Monde Illustré* em 1884 e que, originalmente, não tinha relação alguma com o Império, tal como ocorreu quando a cantora Jeanne Granier esteve em Lisboa.[121]

Com relação às referências de fato concernentes ao mundo lusófono, na revista francesa a ênfase sempre recaía em acontecimentos ligados à esfera do poder: mortes e aclamações de reis, casamento do herdeiro do trono, revolta do Porto de 1891, no caso de Portugal, enquanto na pequena fração dedicada ao Brasil o domínio inconteste coube à figura de D. Pedro II e de seus familiares, retratados quando de suas viagens à Europa, e por ocasião da Proclamação da República, quando a família real, uma vista do Rio de Janeiro e os palácios de Petrópolis e São Cristóvão dividiram espaço com os novos ministros e a bandeira republicana, conteúdo imediatamente replicado n'*A Ilustração*.[122]

Ao se observar as formas de reapropriação do material proveniente do *Le Monde Illustré*, fica patente que Pina tomou considerável liberdade no momento de o utilizar n'*A Ilustração*. Assim, é possível encontrar estampas publicadas há anos na revista francesa que eram apresentadas como se fossem contemporâneas à edição d'*A Ilustração*, outras que acabavam por cumprir papel muito diverso daquele para o qual foram originalmente concebidas, procedimentos que eram facilitados pela prática de não fornecer dados sobre a data e a autoria da produção da imagem. Já o texto que as acompanhava no *Le Monde Illustré* tanto poderia ser integralmente reproduzido na revista luso-brasileira, quanto sofrer algumas adaptações, tendo em vista o destinatário final, ou ainda ser ignorado, o que dava margem a comentários e descrições originais, segundo o papel que cumpriam n'*A Ilustração*. Por isso, não é possível levar a cabo generalizações de cunho quantitativo, sendo necessário atentar para cada caso individualmente.

---

121 Ver: Celebridades parisienses. Jeanne Hading, *A Ilustração*, ano5, v.5, n.10, p.150, 20/05/1888, e Jeanne Granier. As Nossas Gravuras, *A Ilustração*, ano4, v.4, n.11, p.163, 05/06/1887. Para os originais, ver, respectivamente, *Le Monde Illustré*, 28e année, n.1420, p.380, 14/06/1884, e *Le Monde Illustré*, 30e année, n.1505, p.150, 30/01/1886.

122 A mudança do regime foi abordada em três números: *Le Monde Illustré*, 33e année, n.1705 e n.1708 de 30/11/1889 e 21/12/1889, respectivamente, e 34e année, n.1712, 18/01/1890. No exemplar de 30/11, registram-se agradecimentos a Mariano Pina, que forneceu as fotografias para a confecção das estampas.

A análise do processo de produção da revista tornou nítida a percepção do predomínio, fosse na parte textual ou imagética, de conteúdos já difundidos em outras publicações, que eram arranjados num todo particular a cada edição, o que evoca a ideia de um mosaico, composto ao sabor das circunstâncias. O compromisso com a atualidade é bem patente, embora o foco recaísse sobre acontecimentos rumorosos, retomados sem grandes preocupações de cunho analítico.

3
As "Crônicas" de Mariano Pina

A análise do conteúdo publicado pela *Ilustração* não é tarefa simples, considerando-se a sua ambição de informar e entreter o leitor, num momento em que a rápida circulação de notícias e de imagens, em âmbito global, já era uma realidade. Não se tratava de apresentar reflexões densas com vistas à intervenção no debate público, marca das revistas engajadas politicamente, nem tampouco de resenhar os principais acontecimentos que marcaram a quinzena, mas, num trabalho que envolvia outro tipo de seleção e escolha, dar conta de aspectos da realidade presente e passada, com ênfase nos de cunho cultural, no mais das vezes tratados de forma leve e agradável. A literatura e as artes plásticas, por seu turno, eram encaradas como mananciais que forneciam material diversificado, sem que se divisasse a preocupação de inventariar ou dar a conhecer os debates estéticos que atravessavam o campo da cultura. Mesmo as estampas relativas a acontecimentos contemporâneos cumpriam menos a função utilitária de documentar do que a de encantar e dar um toque de elegância ao conjunto. A despeito de o programa não prever a defesa de ideais ou princípios e de parte importante do conteúdo textual e imagético não ter sido produzido especialmente para a revista, a publicação não ficou impassível perante as questões do seu tempo, sendo necessário ultrapassar a sensação inicial, que faz pensar numa recolha pouco criteriosa e anódina.

Nessa empreitada, a seção "Crônica" ocupa posição estratégia, pois fazia às vezes de editorial, prática então comum em amplos setores da imprensa francesa.[1] Sua relevância é atestada por comparecer em 84,2% dos exemplares, com 155 ocorrências, sendo que em apenas cinco oportunidades (3,2%) outros tomaram o lugar de Mariano Pina, que assinou quase todo o conjunto de textos aí publicados (96,8%), sem que se notem alterações significativas no tom e no conteúdo a partir do último número de dezembro de 1885, quando ele passou de diretor a diretor proprietário. Sempre localizada na segunda página, logo após a capa, que nunca deixou de trazer imagens, a seção constituía-se na porta de entrada para a parte textual do impresso e comportava temáticas muito variadas. Sua inconstância a partir de 1890 é um forte indicativo das dificuldades enfrentadas pelo periódico.

Note-se que, na maior parte das vezes, havia sintonia entre o título da seção e a natureza da narrativa aí apresentada que, em estilo leve e com boas pitadas de ironia, discorria sobre novidades e acontecimentos do momento, ou sobre aspectos os mais variados do cotidiano que, retrabalhados pela pena do cronista, afastavam-se do caráter propriamente noticioso, ainda que pudessem ter por referência um acontecimento ou fato concreto. Fórmulas consagradas, como a alegada falta de assunto, que acabava por se tornar o tema central do texto, eram mobilizadas por Pina, que não se furtou às escolhas subjetivas e à diversidade temática, marcas liricamente referidas por quem dominava o gênero como poucos: "O folhetinista, na sociedade, ocupa o lugar de colibri na esfera vegetal; salta, esvoaça, brinca, tremula, paira e espaneja-se sobre todos os caules suculentos, sobre todas as seivas vigorosas. Todo o mundo lhe pertence; até mesmo a política".[2] Mas "Crônica" também comportava, embora com menor incidência, textos de análise e de crítica a respeito de obras e movimentos dos campos literário e das artes plásticas, além de notas sobre acontecimentos de cunho político.

---

1 Segundo Thérenty, *La Littérature au quotidien. Poétiques journalistiques au XIXe siècle*, p.266, "À partir du seconde Empire, notamment dans les quotidiens non politiques comme Le Figaro ou L'Événement, la chronique prendre la place de l'éditorial et même, dans les journaux à grande tirage, elle finit par en occuper la fonction". ["A partir do segundo Império, notadamente nos cotidianos não políticos como Le Figaro ou L'Événement, a crônica tomou o lugar do editorial e, nos jornais de grande tiragem, acabou mesmo por ocupar a sua função".]

2 Assis, O folhetinista. In: Assis, *Obra Completa*, v.3, p.959. A imagem do colibri, mobilizada por Machado nesse texto de 1859, já havia sido utilizada em 1854 por Alencar na seção *Ao correr da pena*, para caracterizar o escritor de folhetins como "uma espécie de colibri a esvoaçar em zigue-zague, e a sugar, como o mel das flores, a graça, o sal e o espírito que deve necessariamente descobrir no gato o mais comezinho". Alencar, *Teatro completo*, p.50.

Esse amplo e diversificado material pode ser percorrido em múltiplas direções e o que se apresenta a seguir é uma das possibilidades de ordenação que ele comporta. Tal esforço visa estabelecer o ideário subjacente à publicação, que encontrava sua expressão mais acabada nos textos de Mariano Pina.

Deambular por Paris

A despeito da marcante heterogeneidade, é possível divisar algumas linhas de força que perpassam a seção "Crônica". Assim, a leitura sistemática fornece muitos subsídios sobre o próprio Mariano Pina, cujas notas nos dicionários biográficos não vão além de algumas minguadas – e repetitivas – linhas. O timbre memorialístico é instaurado pelas referências de cunho autobiográfico, que davam conta de seu trabalho na imprensa lisboeta e dos bons amigos que por lá deixou; dos pontos de encontro da comunidade lusófona em Paris; dos detalhes sobre a convivência com jornalistas e escritores, com especial destaque para Eça de Queirós, frequentemente de passagem pela capital do Hexágono; dos encontros com figuras de proa, como as duas visitas a Zola, uma delas com Eça, tantas vezes referidas na seção; das polêmicas nas quais se envolveu; das observações suscitadas pelas viagens empreendidas a diferentes países da Europa; das idas e vindas a Lisboa, frequentes a partir de 1888 em função das atividades exercidas concomitantemente à *Ilustração*,[3] ou das tarefas impostas pelo trabalho de edição da revista.

Já as suas ausências, fosse por doença, compromisso ou viagem, eram justificadas nas "Notas da redação", que também contextualizavam a reprodução, no espaço destinado à seção "Crônica", de textos já publicados em outros órgãos de imprensa, além de comentarem a repercussão dos escritos e das atividades de Pina, o que fornece outros elementos preciosos para a reconstrução de sua trajetória.

---

3 Ele fixou residência em Paris em junho de 1882, e seu primeiro retorno a Lisboa ocorreu apenas no segundo semestre de 1886, como ele mesmo informou em Pina, Crônica. Cinco anos depois, *A Ilustração*, ano3, v.3, n.17, p.258, 05/09/1886, fato registrado pelo lápis de Bordalo, conforme se destacou no capítulo anterior.

Em maio de 1884, data de lançamento d'*A Ilustração*, Mariano estava prestes a completar o segundo ano de residência em Paris e a cidade continuava a fasciná-lo. Seus *boulevards*, ruas, jardins, monumentos, cafés, restaurantes, espetáculos teatrais e exposições; os aspectos inusitados ou curiosos da vida urbana; a experiência, até então inédita, do anonimato propiciado pela multidão; o hipódromo e o famoso *Grand Prix*; tipos comuns, ou que desfrutavam de notoriedade nos mais diferentes campos, eram presenças constantes em seus textos, especialmente nos momentos iniciais da seção "Crônica", que davam conta do ambiente parisiense e, ainda que de maneira tangencial, delineavam um itinerário de gostos e preferências. Aliás, não se pode esquecer que sua presença ali era furto do contrato firmado com a *Gazeta de Notícias* para exercer as funções de correspondente. Os leitores do matutino fluminense estavam habituados a encontrar, na primeira página, a coluna "Correio de França", que ele remetia regularmente para o Rio de Janeiro e que era frequentemente reproduzida em publicações portuguesas. E não é de surpreender que uma revista impressa em Paris e que se abastecia de estampas fornecidas por empresa francesa fizesse da cidade um de seus temas centrais.

Assim, a seção "Crônica" contribuía para que o assinante, quer estivesse em Portugal ou no Brasil, se familiarizasse e incorporasse às suas referências o calendário que ritmava as atividades culturais e esportivas da capital francesa; soubesse da inauguração de monumentos e espaços públicos; conhecesse os cafés e restaurantes em voga; se informasse sobre as novidades no campo da moda ou do salão de artes plásticas; conhecesse cantores, cantoras, dramaturgos, atores e atrizes que empolgavam as plateias; acompanhasse a produção literária; percorresse ruas e avenidas, como se observa no seguinte trecho relativo ao Bois de Boulogne:

> Nada daquele aspecto selvagem das florestas que nós vemos desenhadas nos livros de Jules Verne e nos livros dos exploradores africanos. É um bosque perfeitamente escovado e penteado, havendo entre ele e os outros bosques do universo a mesma diferença que existe entre um lavrador do Minho e um *gommoso* parisiense. É um bosque com ruas expressamente feitas para cavaleiros, outras para carros, outras para peões. É um bosque que permite às mundanas descerem dos seus *coupés* e dos seus *landaus* e passearem uma hora em todas as direções, sem uma só pedra ter magoado a sola fina e delicada de um sapato

de verniz ou de um sapato de cetim... [...]. E não há tapete do Oriente, nem veludo de Utrecht que possam concorrer com os tabuleiros desta relva de um verde que parece misturado com ouro, ou com a fofa *pelouse* do hipódromo de Longchamp.[4]

Figura 3.1: Grande Prêmio de Paris.[5]

Fonte: *A Ilustração*, ano3 v.3, n.13, p.197, 05/07/1886.

---

4 Pina, Crônica, *A Ilustração*, ano1, v.1, n.4, p.50, 20/03/1884 (grifos no original).
5 A estampa, capa do número do *Le Monde Illustré*, 30e année, n.1524, 12/06/1886, foi imediatamente reproduzida pela revista de Pina na seção As Nossas Gravuras. *A Ilustração*, ano3 v.3 n.13, p.198, 05/07/1886 (grifos no original), depois de fornecer dados sobre a história do *Grand-Prix*, sempre realizado no primeiro domingo de junho, "dia oficial das *toilettes* de verão", lamentar pela chuva torrencial que castigou Paris e reproduzir dados sobre os resultados da corrida, inclusive quadro sinótico dos primeiros colocados idêntico ao já publicado no *Le Monde Illustré*. A imagem em si foi apresentada nos seguintes termos: "A nossa gravura representa o grande momento da corrida, o momento em que *Minting*, acelerando por toda a multidão, chega primeiro à pista. É uma página de muita vida, primorosamente tratada pelo nosso colaborador Chelmonski. Cremos que há de ser agradável aos *sportmen* portugueses e brasileiros,que nós contamos no número de nossos assinantes", evidenciando a prática de aproveitar parte do texto da revista francesa e complementá-lo com informações relevantes para o leitor luso-brasileiro.

É interessante notar que as considerações de Pina estavam em sintonia com as de seu contemporâneo Eduardo Prado que, de passagem pela América do Norte, escreveu a uma amiga: "Não imagina como estou aborrecido nos EUA. Decididamente do mundo a Europa, da Europa a França, da França Paris, de Paris todo o perímetro do *pavé du bois!* Isto pensava eu ontem quando era horrivelmente sacudido num péssimo carro sobre a detestável calçada de São Francisco",[6] o que testemunha, em registro diverso, a irresistível atração exercida pela capital francesa.

Às descrições e dados contidos na seção "Crônica", aos quais não faltava o componente literário, somava-se a profusão de imagens publicadas na revista, muitas enfeixadas pelo título "Paris Pitoresco", que alimentavam o imaginário sobre a cidade, símbolo de elegância e refinamento, ainda mais reforçado pelos comentários que acompanhavam cada ilustração, conjunto que acabava por dar margem a um sentimento comum de pertencimento, mesmo para os que não podiam vivenciar a experiência direta de andar pelas suas ruas e avenidas, mas que as conheciam a partir da mediação da revista.[7] A agitação, marca do ambiente urbano, e o flanar por espaços de convivência coletiva configuravam uma nova sensibilidade, que chegava quinzenalmente aos dois lados do Atlântico, devidamente polida das contradições que atravessavam o mundo urbano, uma vez que não havia espaço para a Paris operária, pobre e insalubre, reduto das "classes perigosas".[8] Tratava-se, antes de tudo, de dar a conhecer lugares chiques e da moda, que faziam o deleite da burguesia triunfante, tal como na imagem relativa às corridas de cavalo, coqueluche então muito apreciada, ou na que flagrava movimentada cena de rua, referida em "As Nossas Gravuras" nos seguintes termos:

> Todos conhecem de nome, todos têm ouvido falar neste pedacito da Europa que o mundo inteiro desejaria pisar ao menos uma vez na vida, todos fantasiam coisas extraordinárias deste *boulevard* que é mesmo o coração de Paris – mas poucos o tem frequentado e raros o têm visto, raros têm tido a felicidade de ao

---

6 Barreto, Eduardo Prado e seus amigos. Cartas inéditas, *Revista do Brasil*, ano1, v.1, n.2, p.189, fev. 1916.

7 Sobre a atração exercida por Paris na elite intelectual brasileira ver: Broca, *A vida literária no Brasil*. 1900, especialmente o capítulo IX.

8 Chevalier, *Classes laborieuses et classes dangereuses à Paris, pendant la première moitié du XIX siècle*.

menos poder olhar para uma gravura onde ele seja representado e onde se sinta palpitar esta vida imensa de Paris. E pensamos que seria um prazer para os nossos leitores mostrar-lhes este famoso sítio, desenhado e gravado por um artista originalíssimo como Lepère,[9] que dá aos homens e às coisas esta impressão de movimento e de vida, que é o segredo dos artistas de gênio [...]. À direita, formando a esquina da rua Le Peletier vê-se o grande edifício da companhia New York, de seguros contra a vida, sobre cujos telhados domina uma torre elegante onde quatro quadrantes mostram de dia e de noite a hora aos parisienses. É nas lojas deste prédio que se acha estabelecido o apregoado *Café Riche*, o celebrado café de todos os romances parisienses, lugar de reunião das primeiras notabilidades literária, artísticas e mundanas; mas que perdeu importância no dia em que se abriu a Avenida da Ópera, e que o *Café da Paz* se transformou no centro de todos quantos em Paris sabem viver e sabem gozar. [...]. O *boulevard* dos Italianos é o sítio de Paris onde a circulação é maior às 5 horas da tarde – quando todos passeiam, quando todos vão tomar o absinto ou o vermute, quando se volta do passeio ao bosque de Bolonha e aos Campos Elísios, quando se fecham as casas bancárias e a Bolsa. A nossa gravura estamos certos que não fará perder as ilusões dos que ambicionam vir um dia a Paris.

E se, para os felizardos que conheciam a cidade, a gravura despertasse "o desejo terrível de fazer as malas e partir para as margens do Sena", que o fizessem logo, pois "Paris, aos primeiros indícios da primavera, começa a estar delicioso!".[10]

A chegada do verão era aliás um tema sempre presente. O exemplo a seguir, entre vários outros que poderiam ser citados, diz respeito à capa do número de 5 de agosto de 1886, que traz a assinatura do gravador Charles Gillot (1853-1903), também proprietário de um ateliê de fotogravura. Em "As Nossas Gravuras" apresentavam-se detalhes sobre o autor do desenho:

> Para compreender a grande atualidade mundana, que toda neste momento se resume nas praias – pedimos ao nosso ilustre colaborador Adrien Marie uma

---

9 Referência a Auguste-Louis Lepère (1849-1918), famoso por seu trabalho em gravura e metal, reproduzido em vários órgãos de imprensa.
10 O *Boulevard* dos Italianos. As Nossas Gravuras, A Ilustração, ano2, v.2, n.5, p.71, 05/03/1885 (grifos no original). As informações ao público luso-brasileiro eram mais detalhadas do que as fornecidas aos franceses em *"Nos Gravures"*, de acordo com a prática de adaptar o texto, tão frequente na revista.

Figura 3.2: O *Boulevard* dos Italianos.[11]

Fonte: *A Ilustração*, ano2, v.2, n.5, p.77, 05/03/1885.

daquelas suas graciosas composições que são o encanto do público parisiense do *Monde Illustré* e do público londrino *Graphic*, onde também colabora o brilhante artista [...]. A *Lição de natação* é não só uma página de atualidade, como também uma página verdadeiramente artística. De resto o nome e os trabalhos de Adrien Marie são bem conhecidos do nosso público, sendo escusado qualquer elogio para um artista tão geralmente aplaudido.[12]

Tudo se passa como se o "colaborador" tivesse atendido a um pedido específico do diretor d'*A Ilustração*, o que levaria o leitor a acreditar no ca-

---

11 Trata-se de imagem publicada no *Le Monde Illustré*, 28e année, n.1438, p.252, 18/10/1884.
12 Uma Lição de Natação. As Nossas Gravuras, *A Ilustração*, ano3, v.3, n.15, p.227, 05/08/1886.

ráter único e exclusivo da "página de atualidade" que tinha diante de seus olhos. Contudo, trata-se de capa já estampada pela congênere francesa seis anos antes,[13] o que remete para o processo de fabricação de cada exemplar levado a cabo por Mariano Pina.

Figura 3.3: Capa d'*A Ilustração*, idêntica à publicada em 1880 por *Le Monde Illustré*.

Fonte: *A Ilustração*, ano3, v.3, n.15, capa, 05/08/1886.

"Crônica" firmava claro compromisso com a atualidade e não era incomum o diálogo com a seção "As Nossas Gravuras", o que acabava compondo um discurso visual acerca do tema tratado no texto, imbricando, num todo coerente, a pena e o lápis. Era nessas ocasiões que as imagens

---

13 Ver: *Le Monde Illustré*, 24e année, n.1222, capa, 28/08/1880.

atuavam como registro da realidade e forneciam ao leitor uma experiência visual do acontecimento, embora isso não se desse por mediação mecânica direta, mas demandasse um rol complexo de intervenções de artistas e artesãos. Tal confluência ocorria, sobretudo, com relação a acontecimentos excepcionais, que causavam súbita interrupção na rotina da cidade que, em si mesma, já se constituía num espetáculo, como as páginas d'*A Ilustração* esmeravam-se em evidenciar.

Perturbações da ordem

Acontecimentos ou circunstâncias excepcionais alteravam a vida cotidiana da cidade, a exemplo do cólera, que se manifestou com força em meados de 1884 em Toulon e Marseille para, pouco depois, chegar a Paris e perturbar os passeios sobre o Sena e as viagens à beira-mar, prazeres típicos do verão, como fez questão de lamentar Mariano Pina. Com bom humor, ele também explorou o desacordo entre os médicos franceses e o alemão Heinrich Koch (1843-1910), que prescreviam ações diametralmente opostas diante da grave ameaça, numa guerra de interpretações que acabava por ganhar outras conotações num momento em que a lembrança da derrota de 1870 ainda estava bem viva:

> Se nos fiamos nos conselhos dos doutores Brouardel e Proust no fenol está a nossa morte; mas se dermos ouvidos ao dr. Koch no fenol está a nossa salvação! Brouardel e Proust mandam abrir as torneiras da água; Koch manda-as fechar em nome da humanidade! [...] Eis portanto a que Paris está reduzido – a não saber o que há de fazer, que precauções há de tomar no caso, muito provável, de que a epidemia nos venha bater à porta. Porque não estamos longe de receber a sua amável visita, de a vermos galgar as fortificações, e arvorar no Arco do Triunfo o estandarte nojento do império de todas as dejecções![14]

Talvez fosse reconfortante para os leitores brasileiros, acostumados com surtos frequentes de febre amarela em seus principais portos, saber que até mesmo os parisienses enfrentavam adversidades semelhantes. Imagens a

---

14 Pina, Crônica, *A Ilustração*, ano1, v.1, n.6, p.85, 20/07/1884.

respeito das medidas de desinfecção, ao lado dos bustos dos sábios da Academia de Medicina de Paris, cuja abordagem do problema acabou por se revelar equivocada, ocupavam as páginas da revista e davam a medida da seriedade da situação, que não deixava de afetar os assinantes em função dos atrasos que a doença impunha aos vapores que cruzavam o Atlântico.

Figura 3.4: O cólera na França, fuga da cidade de Toulon.

Fonte: *A Ilustração*, ano1, v.1, n.7, p.104, 05/08/1884.

Uma das imagens, sem indicação de autoria, referia-se à cidade de Toulon, acompanhada de descrição em "As Nossas Gravuras" na qual se insistia na dramaticidade da situação: "O nosso quadro representa um público composto de gente pobre que, numa sala de estação de caminho de ferro, espera o momento da partida do comboio para fugir aos horrores da epidemia". Chamava-se a atenção para as crianças, "fazem dó vê-las assim tão pálidas, tão triste, com um ar faminto e doentio..." e para a desoladora figura da "pobre viúva cujo marido foi vítima da terrível epidemia" e que estava prestes a "fugir ao acaso, arrancar as duas criancinhas aos horrores do terrível flagelo, e daqui a pouco andar talvez de porta em porta por essas estadas, mendigando o pão com que lhes há de matar a fome".[15]

A mesma estampa figurou no Le Monde Illustré quase um ano antes, em julho de 1883, quando a epidemia ainda não havia se manifestado. Na seção "Nos Gravures", o semanário esclarecia tratar-se do quadro Les infortunés, do pintor francês Henri Jules Jean Geoffroy (1853-1924), que retratou uma das entradas do hospital Saint-Louis,[16] informações que, obviamente, não estavam disponíveis nas páginas d'A Ilustração. Observe-que a prática não se configurava numa exceção, antes ocorria com regularidade e revela a sem-cerimônia com que Pina apropriava-se e ressignificava o material selecionado, fossem imagens ou textos. Pode-se argumentar que, nesse caso específico, potencializar os efeitos da epidemia interessava-lhe particularmente, pois era uma forma de justificar o atraso dos exemplares, situação ainda mais dramática pelo fato de a revista contar com poucos meses de circulação.

Por vezes, era a morte de figuras ilustres que subvertia o dia a dia, como no caso do enterro de Émile François Désiré Eudes (1843-1888), importante liderança blanquista, dito general do povo, com patente obtida nas trincheiras da Comuna de Paris, falecido em agosto de 1888, quando proferia inflamado discurso para trabalhadores em greve. Pina acompanhou seu enterro, que reuniu uma grande multidão e degenerou em afrontamentos com a polícia, devidamente registrados nas gravuras da revista, não sem o devido pedido de desculpas da redação, que se via obrigada a conspurcar as páginas da publicação em prol do dever de informar: "A Ilustração nunca esquecera a sua feição artística, que tem lhe proporcionado tão brilhantes sucessos em Portugal e Brasil, mas não deixará tão pouco de ter o público sempre ao corrente destes graves acontecimentos de que pode depender a paz da Europa".[17] Naquele verão, não era o cólera

---

15 O cólera em França. As Nossas Gravuras, A Ilustração, ano1, v.1, n.7, p.102, 05/08/1884.
16 Les infortunés. Nos Gravures, Le Monde Illustré, 27e année, n.1373, p.39, 21/071883.
17 As revoltas de Paris. O enterro do comunista Eudes. As Nossas Gravuras, A Ilustração, ano5, v.5, n.17, p. 262, 05/09/1888.

que perturbava a ordem, mas a presença incômoda dos trabalhadores e de seu movimento organizado, que insistiam em agitar bandeiras e gritar seus slogans.

Testemunha ocular do "enterro de um comunista", título escolhido para a crônica e no qual, é bom frisar, o termo comunista remetia para os eventos de 1871, Pina relatava o que havia visto e, ao fazê-lo, acabava por revelar sua própria posição diante do fato, permitindo ler o que se esconde nas dobras do texto, como sugere Carlo Ginzburg.[18] O tema, por si só, situava-se na contramão da visão idílica do ambiente urbano, tomado como espaço de fruição permanente, mas sua repercussão alcançou tal magnitude que acabou por torná-lo incontornável.[19] Foi graças ao resumo da vida do militante e das circunstâncias de sua morte que o leitor d'*A Ilustração* deu-se conta da existência de uma greve que já durava duas semanas e que Eudes, líder do movimento, organizava manifestações de rua e subscrições em favor dos trabalhadores. A despeito de apresentar as diferentes maneiras como o general era caracterizado – "herói", segundo os socialistas, "o tipo perfeito do bandido moderno", pelos burgueses –, Pina não se furtou a defender a opinião da "crítica imparcial", ou seja, a sua própria, que tomava Eudes

> [...] como um *parvenu* da Revolução, como um especulador de *meetings*, vivendo à custa da ingenuidade e das ilusões revolucionárias do operariado moderno, estragado pela retórica e pelo sufrágio universal. Político de acaso, especulador do socialismo, sem uma ideia nobre, sem um arranco de gênio, [...] ele fazia do bem conhecido *banzé* o seu modo de vida, esperando pelo *banzé* chegar até a Câmara dos Deputados... A apoplexia veio no domingo fechar-lhe a torneira das ambições!

A imparcialidade do cronista – ou melhor, a sua falta – é bem evidente e chega às raias da exasperação quando um estandarte vermelho flutuou

---

18 Ginzburg, *A micro-história e outros ensaios*, p.203-32.
19 O fato foi divulgado pelas agências especializadas, tanto que um telegrama de Paris, publicado na *Gazeta de Notícias*, anoXIV, n.226, 10/08/1888, p.2, dava conta dos eventos registrados no dia anterior, por ocasião do cortejo fúnebre que, segundo se informava, reuniu cerca de 15 mil pessoas.

ao vento: "Arvorar em pleno Paris a bandeira vermelha dos *comunistas*, ou a bandeira negra dos *anarquistas* é insultar e ultrajar publicamente a República", razão pela qual se justificava a ação da polícia, que tinha ordens de "empregar *todos os meios* para se apoderar desses emblemas sediciosos; destruí-los e prender os portadores". Na sua perspectiva, não era possível ver naquelas atitudes outra coisa a não ser "uma provocação clara e premeditada", sinal de que "os grevistas estavam dispostos a bater-se", o que levantava a inquietante questão: "Seria a véspera de uma outra Comuna?...". Observe-se que o tom de dramaticidade e expectativa da narrativa cresce a cada parágrafo, preparando o leitor para o conflito em vias de eclodir.

Antes, porém, da narração das escaramuças entre manifestantes e forças da lei, o cronista abriu um longo parêntese e, como que para tranquilizar aqueles que o seguiam, apresentou detidas considerações sobre o fato de o operário ter se tornado "filósofo" e começar a duvidar da eficácia prática das revoltas, que não melhoravam o seu cotidiano, antes resultavam no fechamento das oficinas, no desemprego e na fome. Pina afiançava, por isso, que eram apenas os mais jovens que ainda se deixavam iludir. Os agitadores e revolucionários, de sua parte, só almejavam galgar cargos eletivos e dispor "à larga do dinheiro do município", evidenciando que a conquista do direito universal de voto para o sexo masculino era, de fato, o alvo subjacente às críticas.

Com o desfraldar das primeiras bandeiras e os brados de "Viva a Comuna, Viva a greve", a confusão instaurou-se, com vários feridos graves. Mariano socorreu-se, então, da noção de pânico para descrever a cena: "as mulheres, cheias de terror, trataram de fugir, arrastando para longe as crianças", enquanto "os lojistas aterrados fecharam as lojas". Ao general Eudes imputava-se a culpa pelas arruaças:

> E o enterro seguiu ao longo do *boulevard* Voltaire, a caminho do *Pére-Lachaise*, por entre gritos de revolta e tumultos entre populares e a polícia... E o cadáver daquele homem que só soube pregar a revolta e a anarquia, a desobediência às leis, a guerra e o ódio a todos quantos se elevaram pelo seu talento, – ainda ali, podre como já devia estar, negava a própria paz dos túmulos, excitando o povo à revolta, à odiosa guerra civil.

Figuras 3.5 e 3.6: Enfrentamentos durante o enterro do General Eudes.[20]

Fonte: *A Ilustração*, ano5, v.5, n.17, p.268, 05/09/1888.

---

20 As imagens foram publicadas no *Le Monde Illustré*, 32e année, n.1638, p.100 e 102, 18/08/1888. Indicam-se os autores dos desenhos, a saber: Charles Morel (p.100) e Louis Tinayre (p.102) e os gravadores da última, a dupla Beltrand e Dété.

Finda a cerimônia, "Paris tinha entrado na sua tranquilidade habitual [...], nada deixava adivinhar que o Comuna se tivesse manifestado nessa manhã vomitando para a rua as suas criminosas cenas de desordem e miséria". E Mariano tratava de saudar a beleza do "dia de sol radioso, destes dias em que parece que Paris nos sorria, que as árvores têm mais sombras, os pássaros têm mais vida, e as mulheres são mais formosas". Diante da inquietante necessidade de avaliar a possibilidade de uma revolta popular e de outra Comuna, ele respondia com a seguinte ponderação quantitativa: "Mas o que pode significar o descontentamento, a revolta, a miséria mesmo, de 50.000 pessoas, numa cidade onde há 2 milhões e meio de habitantes? [...]". E como que se dando conta da fragilidade do argumento, lembrava que não era a fome a responsável pela greve, mas os líderes, que faziam que "os pobres imbecis" fossem "para a rua gritar e chinfrinar, arriscando a miséria e a cadeia, – em se lembrarem de que estão sendo instrumento de meia dúzia de ambiciosos, de aventureiros que ardem em desejos de serem conselheiros municipais de Paris, ou senhores deputados da nação francesa!"[21]

É significativo notar que as imagens do conflito eram antecedidas e sucedidas por duas belas estampas, alusivas aos lazeres típicos do verão, já publicadas um ano antes no *Le Monde Illustré*, o que parecia assegurar que os enfrentamentos constituíam-se num mero interregno. Apaziguavam-se, dessa forma, as angústias que os acontecimentos pudessem despertar nos assinantes brasileiros e portugueses, ainda pouco afeitos aos enfrentamentos derivados da ação do movimento sindical. Particularmente para os que viviam deste lado do Atlântico, onde cada vez mais se acirravam os debates sobre o futuro do regime escravista, os episódios talvez só aumentassem as preocupações, pois, livres ou escravos, os trabalhadores insistiam em irromper no espaço público.[22]

---

21 Pina, O enterro de um comunista. Crônica, *A Ilustração*, ano5, v.5, n.17, p.258-259, 05/09/1888. Na *Gazeta de Notícias*, anoXV, n.287, p.3, 14/10/1888, registra-se o recebimento do último número d'*A Ilustração* que "traz uma brilhante crônica de Mariano Pina, sobre *O enterro de um comunista*, o general Eudes [...]. Bastava essa crônica para recomendar a interessante revista. Dá-nos ela ainda belos artigos, excelentes versos e primorosas gravuras. Não se pode exigir mais". Observe-se que a ligação entre o matutino e a publicação já havia sido rompida há quase três anos.

22 Em Pina, Aos Senhores Socialistas. Crônica, *A Ilustração*, ano3, v.3, n.5, p.66-7, 05/03/1886, ele também se viu na contingência de referir-se às manifestações ocorridas em fevereiro no centro de Londres, oportunidade em que condenou duramente as táticas socialistas e anar-

Figura 3.7: Paris no verão. Um passeio sobre o Sena.[23]

Fonte: *A Ilustração*, ano5, v.5, n.17, p.269, 05/09/1888.

No polo oposto, havia mortes que a todos consternavam e aqui cabe destacar, pela exemplaridade do tratamento que lhe consagrou a revista, a de Victor Hugo,[24] ocorrida em 22 de maio de 1885 e que foi tema dos dois

---

    quistas e a leniência dos governos em face da ação do que considerava bandidos sanguinários. Na p.76 da mesma edição há estampa sobre o fato, reproduzida do *Le Monde Illustré*. Sobre a revolta, ver: Thompson, Senhor, escrevendo à luz de vela, *ArtCultura*, v.11, n.19, p.7-14, jul.-dez. 2009.

23 A estampa aqui reproduzida encontra-se no *Le Monde Illustré*, 31e année, n.1587, p.135, 27/08/1887. A imagem subsequente, publicada nesse mesmo número d'*A Ilustração*, ocupava suas duas páginas centrais e foi extraída do *Le Monde Illustré*, 31e année, n.1591, p.208-9, 24/09/1887.

24 Praticamente todas as personagens importantes, dos mais diversos campos, tiveram seu falecimento registrado em um ou mais espaços da revista e, na maior parte das vezes, com a presença de ilustrações em "As Nossas Gravuras". Assim, por exemplo, a morte dos reis Afonso XII, da Espanha, e especialmente a dos portugueses D. Fernando II e D. Luiz I recebeu grande atenção. No caso dos letrados, pintores e escultores, era comum que se publicassem reproduções de suas obras, acompanhadas de análises e estudos críticos, enquanto para os cientistas evocavam-se suas contribuições específicas. Dessa forma, seria enfadonho, além de pouco producente, enumerar cada uma das homenagens, daí porque se optou por dois exemplos paradigmáticos, o general Eudes e Victor Hugo.

números de junho. No primeiro, datado do dia 5, além do retrato do ilustre romancista, em página dupla e sem impressão no verso, o leitor era convidado a partilhar da sua intimidade e tinha a oportunidade de observar as casas em que ele nasceu e morreu, admirar o busto de seu pai, conhecer o salão no qual recebia convidados e os lugares que mais apreciava.

A edição subsequente, por seu turno, foi consagrada aos últimos momentos de vida e aos funerais do escritor, com imagens do leito de morte, cercado por aqueles que lhes eram mais íntimos, sem que faltasse o rosto do poeta, retratado imediatamente após o passamento e com o devido realismo por Léon Bonnat (1833-1922). Do cortejo fúnebre, entre o Arco do Triunfo e o Panteão, dispunha-se de várias tomadas, que forneciam as dimensões do evento, acompanhado por milhares de pessoas. Não faltou em "As Nossas Gravuras" a partitura para piano do *Hino a Victor Hugo*, composto por Camille Saint-Saëns (1835-1921) e executado durante a cerimônia. O conjunto fazia jus à proposta de "fazer reviver [o admirável espetáculo] diante dos olhos daqueles que não puderam ser testemunha".[25]

Neste caso específico, nem todas as imagens eram idênticas às publicadas no *Le Monde Illustré*, como evidencia a comparação com os exemplares que o semanário dedicou ao tema.[26] Cumpre lembrar que Elísio Mendes ainda estava à testa da revista, ou seja, se o material proveniente do impressor francês já predominava, este ainda não se impunha de modo tão exclusivo como nos anos subsequentes.[27] É preciso destacar também o esforço de colocar o Brasil e Portugal no centro dos acontecimentos, o que era possível graças à presença de Mariano Pina, que participou das exéquias na condição de representante d'*A Ilustração*, dos jornalistas e homens de letras de Lisboa e dos jornais *Gazeta de Notícias* e *Província*, do Porto. Em "As Nossas Gravuras", texto não assinado mas, muito provavelmente, de sua autoria, lê-se:

> Coroas brasileiras no cortejo apareceram; uma magnífica da *Gazeta de Notícias* do Rio de Janeiro, que foi colocada no 2º carro pelo correspondente em

---

25 As Nossas Gravuras. Funerais de Victor Hugo, A Ilustração, ano2, v.2, n.12, p.179, 20/06/1885. O número incluiu gravura suplementar, que reproduz o momento da chegada do corpo ao Panteão e cuja origem não foi possível precisar.

26 Trata-se de dois exemplares, acompanhados de suplementos especiais sobre o escritor: *Le Monde Illustré*, 29e année, n.1470, 30/05/1885 e n.1471, 06/06/1885.

27 Nesses números há estampas da *L'Illustration* e do *The Graphic*, além de outras cuja procedência não se pôde identificar, tendo-se apenas a certeza de que não foram publicados no *Le Monde Illustré*.

AS "CRÔNICAS" DE MARIANO PINA   199

Paris daquela folha e nosso diretor Mariano Pina; uma do ilustre poeta Luiz Guimarães;[28] uma do jornal *O País*; uma que foi muito aplaudida em todo o cortejo, da colônia francesa no Rio de Janeiro; e uma do sr. Lopes Trovão, em nome de um clube republicano do Rio. Consta-nos que ainda havia outras – mas não as vimos.

E a descrição prossegue nomeando-se os jornais portugueses que também fizeram questão de depositar suas homenagens.[29]

Figura 3.8: Funerais de Victor Hugo.

Fonte: *A Ilustração*, ano2, v.2, n.12, gravura extra, 20/06/1885.

---

28 Em 24/05/1885, Luís Guimarães, que trabalhava na legação brasileira em Lisboa, remeteu cartão a Pina, solicitando que depositasse uma coroa de flores com os seguintes dizeres: *"Au maitre des maitres un poète brésilien. Luiz Guimarães"* ou *"Au maitre des maitres. Luiz Guimarães"*. BN, Lisboa, Espólio N17/6. ["Ao mestre dos mestres um poeta brasileiro."].
29 As Nossas Gravuras. Funerais de Victor Hugo, *A Ilustração*, ano2, v.2, n.12, p.179, 20/06/1885.

Na *Gazeta de Notícias* coube ao próprio Pina tratar da temática em dois de seus "Correios de França", publicados nos dias 13 e 15 de junho, nos quais se referiu, agora com riqueza de detalhes, à cerimônia e às homenagens a que teve a honra de comparecer, mas sem poder contar com a ajuda de imagens que dessem concretude às suas descrições e impressões. Não era muito diversa a situação das duas principais publicações ilustradas da capital do Império, a *Revista Ilustrada* e *O Mequetrefe*, como indica a iconografia sobre o falecimento do escritor que, em termos de variedade e quantidade, ficava muito aquém do estampado n'*A Ilustração*, ainda que o número avulso das três publicações tivesse preço idêntico, enquanto a assinatura das revistas fluminenses era significativamente mais cara,[30] situação que se repetia em Portugal, como se observa na edição consagrada ao episódio pela principal revista ilustrada lisboeta, *O Ocidente*.[31] Assim, as vantagens econômicas que justificavam a produção do periódico em Paris revelavam-se com clareza diante de um acontecimento ocorrido na França e que galvanizou a imprensa mundial, atraindo a atenção de amplos setores sociais.

Tratava-se de circunstância quase ideal, que conferia à *Ilustração* vantagens evidentes sobre suas concorrentes, tanto que *O Ocidente* contra-atacou destacando o fato de suas ilustrações serem produzidas por artistas portugueses, o que atuava como fator de orgulho nacional e ainda conferia ao leitor a ilusão de certa dose de exclusividade para uma mercadoria produzida em grande escala, graças às possibilidades técnicas de reprodução de imagens que, por sua vez, colocavam em questão a própria ideia de unicidade da obra de arte.[32] Entende-se, assim, a preocupação de indicar a fonte (fotografia, croquis, desenho etc.) e o responsável pela fatura da matriz para impressão, o que estava longe de ser a regra n'*A Ilustração*.[33]

---

30 Consultar: *Revista Ilustrada*, ano10, n.410, capa e p.8, 22/05/1885, e *O Mequetrefe*, ano11, n.376, capa e p.8, 30/05/1885, ambas disponíveis na Hemeroteca Digital Brasileira (HDB). Quanto à assinatura, o valor d'*A Ilustração* montava a 12$000 o ano e 6$000 o semestre; as outras duas praticavam preços idênticos: 20$000 e 9$000, respectivamente. O preço do número avulso era o mesmo para as três, $500.

31 Ver a edição dedicada ao tema: *O Ocidente*, ano8, v.8, n.234, 21/06/1885, disponível na Hemeroteca Municipal de Lisboa. A revista tinha oito páginas e três edições mensais, enquanto o quinzenário dirigido por Pina publicava 32 páginas por mês. O custo da primeira era superior: 3$800 a assinatura anual, 1$900 a semestral, $950 a trimestral e $120 o número avulso, em contraposição, respectivamente, aos 2$400, 1$200, $600 e $100 d'*A Ilustração*.

32 Sobre o tema, ver: Benjamin, A obra de arte na era da sua reprodutividade técnica. In:_____. *Magia e Técnica*: ensaios sobre literatura e história da cultura, p.165-96.

33 Nas imagens publicadas nas edições de *O Ocidente*, em quantidade bem menor do que as presentes num número d'*A Ilustração*, era notória a atenção dada à procedência. Para o caso

Entretanto, o panorama traçado por Pina em 1885 continuava válido e poderia, inclusive, ser estendido ao Brasil:

> O que falta à tipografia em Portugal são máquinas e impressores que saibam tirar uma publicação ilustrada, impressores que saibam imprimir gravuras. É por isso que não temos nem livros, nem jornais com ilustrações; é por isso que a gravura entre nós tem o desenvolvimento que poderia ter; é por isso que não temos desenhadores. As casa editoras, quando têm que imprimir gravuras, mandam-nas imprimir em Paris [...]. Basta olhar para o *Ocidente* para ver a impossibilidade que há em Portugal de se obter uma impressão de gravura como a que a *Ilustração* obtém tem em Paris.[34]

Mais do que simples estocada no concorrente, era uma constatação que remetia para as limitações técnicas enfrentadas e que justificava a própria opção d'*A Ilustração*. Ao se servir do estoque do impressor francês, a revista cumpria importante papel de mediação entre diferentes lados do Atlântico e colocava em circulação textos e imagens que faziam da França e da sua capital personagens centrais, o que reforçava o ideário de positividade que cercava tudo o que provinha do Hexágono. Nesse sentido, a Exposição Universal de 1889, realizada em Paris, apresentou-se como oportunidade ímpar, tanto para louvar a França, os franceses e sua capital, quanto para rechear as páginas da revista com amplo material relativo à mostra, na qual o diretor d'*A Ilustração* envolveu-se pessoal e apaixonadamente.

A Exposição Universal de 1889

Nas páginas da revista, nenhum evento foi digno de maior espaço e atenção do que a Exposição, organizada para comemorar o Centenário da Revolução Francesa e, em simultâneo, afirmar o regime instaurado em 1870. Diferentemente dos exemplos discutidos, com duração compreen-

---

do enterro de Victor Hugo, por exemplo, abaixo de cada imagem publicada na edição citada na nota 21, lê-se: "Desenho de J. Christino, segundo foto enviada de Paris". Cabe notar que, desde o seu lançamento em 1878, os responsáveis pela revista esforçaram-se para superar as dificuldades no campo da produção de gravuras, tendo contado com ateliê próprio, que tinha em mira a formação de gravadores.

34 Pina, A tipografia em Portugal. *A Ilustração*, ano2, v.2, n.20, p.307, 20/10/1885.

dida entre um ou alguns dias (enterros de Eudes e de Victor Hugo) e semanas (o cólera), a mostra de 1889 estendeu-se de maio a novembro,[35] sua preparação iniciou-se com anos de antecedência e envolveu não apenas o país-sede, mas nações dos diferentes continentes, o que fazia jus à sua pomposa denominação de *universal*, termo consagrado desde a primeira edição desse tipo de evento, ocorrida em 1851 na cidade de Londres.

Além da indiscutível atração que essas grandes feiras sempre exerceram, o que lhes assegurava significativo espaço em jornais e revistas, não se pode subestimar o envolvimento pessoal de Mariano Pina nas questões relativas à representação portuguesa, com o tema da Exposição tendo sido abordado em doze das suas "Crônicas", a primeira delas datada de maio de 1888. A questão foi retomada, no decorrer do mesmo ano, em duas outras oportunidades, enquanto no seguinte foi objeto de reflexão em 50% das vezes que a seção figurou na revista – ou seja, nove em dezoito ocorrências.[36] O exame de tal material é interessante, pois deixa vislumbrar que a revista, que se autodefinia como artística e cultural, também foi mobilizada em prol das lutas travadas por seu proprietário, atuando como canal de expressão de seus projetos e interesses pessoais.

---

35 Inicialmente, o término oficial estava previsto para 31 de outubro, mas foi postergado para 6 de novembro. Entretanto, como informa Picard, *Rapport général*. Tome Troisième, Exploitation, services divers, régime financier et bilan de l'Exposition Universelle de 1889, p.253, "[...] le succès de l'Exposition était encore entier et le temps se montrait propice; mais les organisateurs tenaient à baisser le rideau en pleine apothéose; d'autre part, l'ajournement aurait pu porter obstacle, soit à l'exécution des mesure prises par les exposants, et notamment par les étrangers, pour la réexpédition des produits, soit même à la réalisation des engagements de livraison que beaucoup d'entre eux avaient contractés vis-à-vis de leurs acquéreurs. Néanmoins les guichets sont demeurés ouverts pendant tout le mois de novembre". Disponível em: http://cnum.cnam.fr/PDF/cnum_8XAE349.3.pdf. ["{...} o sucesso da Exposição ainda era completo e o tempo se mostrava propício; mas os organizadores estavam ansiosos para baixar a cortina em plena apoteose; de outra parte, o adiamento poderia trazer obstáculos, seja para a execução das medidas tomadas pelos expositores, e notadamente os estrangeiros, para a reexpedição de seus produtos, seja para a realização dos compromissos de entrega que muitos deles haviam contraído com seus compradores. No entanto, os guichês permaneceram abertos durante todo o mês de novembro".]

36 Conforme já se assinalou, em 1889 a seção deixou de ser publicada em seis oportunidades (números 17, 19, 20, 21, 22 e 24), cabendo observar que as ausências dizem respeito aos meses compreendidos entre setembro e dezembro. Em nota esclarecia-se: "A exposição de Paris privou-nos algumas vezes da colaboração do nosso diretor [...]. Tendo terminado a exposição, a partir do próximo número Mariano Pina recomeçará a sua colaboração assídua nas páginas da nossa *Ilustração*". Nota da redação, *A Ilustração*, ano6, v.6, n.22, p.338, 20/11/1889.

De saída, assinale-se que a escolha da edição de 5 de maio de 1888 para abordar o tema pela primeira vez nada tinha de fortuito, pois faltava exatamente um ano para a abertura das comemorações do Centenário. Enquanto na seção "As Nossas Gravuras" explicou-se detidamente o sentido das duas imagens publicadas, que davam conta do andamento da construção da Torre Eiffel, a grande vedete da mostra a atestar as possibilidades da indústria e do domínio da tecnologia sobre a natureza, em "Crônica" reproduziu-se texto de Mariano Pina, publicado havia três meses no jornal lisboeta *O Século*, no qual ele se insurgia contra a posição do então ministro da Fazenda, Mariano de Carvalho, que encontrou apoio nos meios políticos portugueses e segundo a qual "as exposições só eram úteis aos países que as faziam e aos delegados dos governos que lá iam".

Além de refutar a afirmação com dados econômicos, argumentou que "um país que se oculta, um país que se esconde, é um país morto – é um país que mostra pela sua ausência que nada produz, que não tem vida própria... que não se conta no número das nações!". Também não deixou de enfrentar a incômoda questão da participação de um governo monarquista na festa republicana, esforçando-se por distinguir entre 1789 e 1793, assegurando que se tratava de comemorar as conquistas liberais e não o assassinato de Luís XVI. Em tom jocoso, concluía afirmando que Portugal não se faria representar na Exposição porque "os senhores deputados portugueses nunca leram, ou fingem que nunca leram, a história da Revolução Francesa".[37]

É preciso ter em vista que o posicionamento de Mariano Pina ancorava-se em experiência pregressa: em 1885 ele esteve entre os que visitaram o Pavilhão Português na Exposição Internacional realizada em Antuérpia e não poupou elogios ao que foi exposto pelo seu país, que considerou "muito superior" ao que os belgas, anfitriões da mostra, exibiram. Ele não deixou escapar a oportunidade para criticar os pessimistas que, de acordo com sua avaliação, não tinham confiança e tudo faziam para denegrir Portugal. Vale lembrar que a tarefa ficou a cargo da Sociedade de Geografia de Lisboa, que contou com o apoio do então ministro da Marinha, Pinheiro Chagas, em cujo jornal Pina trabalhou no começo da carreira e a quem devia sua indicação para o cargo de correspondente em Paris da *Gazeta de Notícias*.[38]

---

37 Pina, Crônica. 1789-1889, *A Ilustração*, ano5, v.5, n.9, p.130-1, 05/05/1889.
38 Talvez um patriotismo extremado tenha levado Pina a afirmar que: "Portugal apresenta na exposição d'Anvers uma seção de produtos coloniais que fica adiante da seção francesa e da

Em 1888, no entanto, a situação era bem diversa e o contraste entre o avanço dos trabalhos no Campo de Marte e a situação portuguesa era bem evidente. A decisão de republicar o que já fora dito em fevereiro aumentava o sentido de urgência da questão, pois enquanto a torre de ferro tomava forma e avançava em direção ao céu, a presença portuguesa em Paris continuava sendo uma incógnita. Finalmente, a edição de 20 de setembro de 1888 trouxe a boa nova: haveria uma representação do país, ainda que não governamental, decisão que foi entusiasticamente saudada. Aqui, ainda uma vez, escolheu-se reproduzir um artigo de Pina, publicado em 1º de junho no jornal portuense *Comércio Português* (1876-1887), quando o assunto ainda estava em aberto.

Pode-se perguntar por que dar publicidade a um artigo que combatia em prol de causa já ganha. Uma possível resposta prende-se ao fato de Pina defender a adoção de uma solução de compromisso, que não feria as suscetibilidades das cabeças coroadas: organizar uma comissão oficiosa, que contasse com apoio econômico do Estado e se incumbisse de organizar a participação do país na Exposição, o que não era propriamente original, pois o Brasil e vários outros regimes monárquicos europeus já haviam trilhado esse caminho. Na sua perspectiva, era absolutamente injustificada a ausência de Portugal, sobretudo tendo em vista as intensas trocas econômicas e culturais com a França. Tal postura não se constituía apenas em "um erro e um prejuízo caseiro", mas também em "enorme desconsideração feita a um país com o qual estamos em constantes relações morais e materiais".[39] Assim, a posição propugnada há meses foi, por fim, adotada e a releitura do texto, no momento em que se anunciava a decisão, quiçá tivesse o objetivo de patentear o acerto de suas análises.

---

    seção belga. O que a Bélgica expõe sob o título de Congo, são apenas os objetos que exporta para o comércio com os negros [...]. E só Portugal nos mostra riquezas de café, de algodão, de águas-ardentes, de madeiras. Só Portugal mostra à Europa o que é a África, quantas preciosidades há a extrair daquele solo, quantos tesouros possui aquele continente para onde está hoje voltada toda a atenção do mundo civilizado". Pina, Portugal em Anvers, *A Ilustração*, ano2, v.2, n.15, 05/08/1885, p.226. O diretor não perdeu a oportunidade de homenagear seu antigo patrão, Pinheiros Chagas, publicando o seu retrato e louvando sua atuação em "As Nossas Gravuras". Idem, p.230 e 233. Nesses casos, os custos da estampa corriam por conta da revista.

39 Pina, Portugal na exposição de Paris. Crônica, *A Ilustração*, ano5, v.5, n.18, p.274, 20/09/1888.

Figuras 3.9 e 3.10: A construção da Torre Eiffel.[40]

Fonte: *A Ilustração*, ano5, v.5, n.9, p.133 e 136-7, 05/05/1888.

Não se tratava, contudo, apenas da satisfação de ver suas ideias confirmadas. Na explicação que antecedia a reprodução do artigo, Pina informava que o comando dos trabalhos estava nas mãos do presidente da Associação Industrial Portuguesa, responsável pela organização da Exposição Industrial de Lisboa de 1888 e diretor do *Comércio de Portugal* (Lisboa, 1879-1897), João Crisostomo Melício, auxiliado por um comitê de portugueses residentes em Paris, do qual ele fazia parte na condição de secretário. Não é demais supor que a escolha derivasse de seu envolvimento com a questão, como ele próprio, sem qualquer concessão à modéstia, aliás, fez questão de destacar: "Nesta campanha eu tive a honra de me achar na vanguarda dos atiradores. Na *Ilustração*, no *Repórter* de Lisboa, no *Comércio Português* do Porto, eu defendi e propaguei a ideia da necessidade absoluta de Portugal tomar parte na Exposição".[41] Se a primeira etapa havia sido vencida – Portugal iria a Paris –, faltava garantir os recursos para concretizar a empreitada.

---

40 As estampas forma publicadas no *Le Monde Illustré*, 32e année, n.1611, capa e p.88-9, 11/02/1888, respectivamente.
41 Idem. Os demais integrantes eram: Visconde de Azevedo Ferreira, Camilo de Moraes e Domingos de Oliveira. Sobre os planos iniciais do comitê, ver: Pina, Portugal na Exposição de Paris. Crônica, *A Ilustração*, ano5, v.5, n.19, p.290, 05/10/1888, que reproduz carta aberta sobre o tema, publicada em primeira mão na imprensa de Lisboa.

Na mesma edição d'*A Ilustração*, uma página inteira foi reservada ao futuro Pavilhão do Brasil, localizado no Campo de Marte, ao pé da Torre Eiffel, projeto do arquiteto francês Louis Dauvergne.[42] Até onde se pôde apurar, essa imagem não foi publicada no *Le Monde Illustré*, ou seja, na contramão da prática normalmente adotada, trata-se de um clichê feito expressamente para *A Ilustração* nos ateliês da SGAP, indicação clara do interesse de que se revestia o assunto. Em "As Nossas Gravuras", o leitor encontrava detalhada descrição do edifício, suas dimensões e as divisões internas do espaço, dos jardins e sua estufa, além de minudências sobre o custo e o tempo de execução. Vários parágrafos foram dedicados às atividades dos responsáveis pela representação brasileira, que também incluía um comitê na França, cujos membros foram devidamente identificados em seus títulos e cargos, com particular destaque para o senador Visconde de Cavalcante (1829-1899), delegado especial, Eduardo Prado (1860-1901) e Santa-Anna Nery, sem que faltassem elogios ao governo imperial, que "estava disposto a auxiliar por todos os modos a iniciativa particular". O contraste entre Portugal e Brasil ficava evidente e talvez fosse exatamente esse o objetivo da narrativa construída na edição, mexer com os brios dos portugueses na medida em que a ex-colônia assumia claramente a dianteira. Afinal, esperava-se que o poder público amparasse a comissão portuguesa recém-formada, tanto que "As Nossas Gravuras" fechava-se com o seguinte vaticínio: "Oxalá possamos dentro em breve ocuparmo-nos do mesmo modo da seção portuguesa, e que o comitê de Paris [...] encontre junto ao governo português o mesmo acolhimento e boa vontade que encontrou a comissão brasileira junto ao governo do Império!".[43]

Cabe destacar que as grandes mostras internacionais, ou eventos específicos de diferentes países, estavam entre as temáticas que justificavam dispêndios com gravuras feitas expressamente para *A Ilustração*, o que é compreensível pois, conforme se destacou, o *Le Monde Illustré* só circunstancialmente acolhia em suas páginas material iconográfico relativo ao Brasil

---

42 Sobre a participação do Brasil, consultar: Barbuy, O Brasil vai a Paris em 1889: um lugar na museografia da Exposição Universal, *Anais do Museu Paulista:* História e Cultura Material. Nova Série, v.4, p.211-61, jan.-dez. 1996.

43 O Brasil na Exposição de Paris. As Nossas Gravuras, *A Ilustração*, ano5, v.5, n.18, p.275 e 280, 20/09/1888, texto e imagem respectivamente.

Figura 3.11: Projeto do Pavilhão do Brasil para a Exposição Universal de 1889.

Fonte: *A Ilustração*, ano5, v.5, n.18, p.280, 20/09/1888.

e a Portugal. Logo nos números iniciais d'*A Ilustração*, houve o caso da Quermesse de Lisboa, retratada por Bordalo Pinheiro e que tantos suspiros arrancou de Elísio Mendes, inconformado com o preço cobrado pelo artista. Já as imagens relativas às participações portuguesa e brasileira na mostra de 1885 na Bélgica não encontram correspondência no mensário francês e mesmo o pórtico de entrada foi publicado com antecedência de alguns meses pela *Ilustração* (agosto) em relação à congênere francesa (outubro), que reproduziu matriz diversa da estampada pela revista de Pina.[44]

---

44 Em relação a Portugal, além do retrato de Pinheiro Chagas, foram publicadas imagens da fachada e de salas do interior do Pavilhão. *A Ilustração*, ano2, v.2, n.15, p.238 e 233, 05/08/1885. Dois meses depois, foi a vez de o Brasil figurar com duas imagens: uma relativa ao Pavilhão do Café e outra do interior da mostra. Idem, ano2, v.2, n.17, p.265, 05/09/1885. Todas as imagens foram devidamente comentadas na seção "As Nossas Gravuras". Para a única imagem reproduzida da revista francesa, ver: *Le Monde Illustré*, 29e année, n.1488, p.288, 03/10/1885.

Figuras 3.12 e 3.13: Salas de exposição de Portugal e Brasil na Exposição Internacional de Antuérpia.

Fonte: *A Ilustração*, ano2, v.2, n.15, p.228, 05/08/1885, e n.17, p.264, 05/09/1885, respectivamente, Portugal e Brasil.

O exemplo indica, ainda uma vez, a política de produção de estampas levada a cabo pela revista, que precisava satisfazer interesses específicos dos países aos quais se destinava, nem sempre coincidentes com os privilegiados pelo *Le Monde Illustré*. A presença do diretor na mostra deu-lhe a possibilidade de obter material inédito graças aos contatos diretos com as delegações brasileira e portuguesa. O exemplo fornece pistas sobre os padrões de circulação das imagens e a disputa pelos registros fotográficos, na medida em que a edição de setembro da concorrente direta d'*A Ilustração*, a revista *O Ocidente*, que se distinguia por tentar publicar gravuras em primeira mão, ofereceu ao seus leitores, em setembro de 1885, estampas praticamente idênticas às divulgadas no quinzenário de Pina no mês anterior, sem especificar a origem delas, o que convida a pensar que a publicação inspirou-se no amplo material já divulgado n'*A Ilustração*, que comportou tomada geral do evento e aspectos dos pavilhões brasileiro (duas estampas) e português (quatro estampas, além de retrato de Pinheiro Chagas), ou teve acesso às mesmas fontes de Pina, ainda que em momento posterior. E isso a despeito de a revista lisboeta ocupar a dianteira quando se trata de saber quem primeiro tratou do tema, pois já em 21 de maio de 1885 *O Ocidente* ostentou capa dedicada à vista geral do edifício que abrigou a mostra, além de nota dando conta do sucesso da banda do Corpo de Polícia de São Tomé, formada por habitantes da terra.[45]

Tudo indica que foi a viagem de Pina à Bélgica que pautou o tema n'*A Ilustração* e lhe garantiu acesso privilegiado à iconografia, sobretudo porque o *Le Monde* foi bastante parcimonioso nas referências ao evento, bem ao contrário do que ocorreu com a mostra parisiense de 1889. Na seção "As Nossas Gravuras", fosse em relação ao Brasil ou a Portugal, detalharam-se os produtos, nomes dos expositores e dos que respondiam por cada delegação, além de se precisar a origem das imagens: "as nossas fotogravuras são chapas diretas das únicas e raras fotografias que se tiraram, e que só estão em poder dos membros oficiais da seção do Brasil".[46] Não era diferente a origem do material relativo a Portugal, como se fez questão de esclarecer: "as fotografias de que nos servimos são iguais às provas que os comissários portugueses mandaram para Lisboa, para o governo e para a Sociedade de Geografia". E quanto ao sistema de reprodução, informava-se que, "para

---
45 *O Ocidente*. Revista Ilustrada para Portugal e o Estrangeiro, ano8, v.8, n.241, capa e p.196, 01/09/1885. A primeira referência ao tema está em Idem, ano8, v.8, n.231, capa e p.116, 21/05/1885, material disponível no site da Hemeroteca Municipal de Lisboa.
46 O Brasil em Anvers. As Nossas Gravuras, *A Ilustração*, ano2, v.2, n.17, p.262, 05/09/1885.

maior rapidez", as fotografias foram reproduzidas no sistema fotogravura" e, graças ao fato de trazerem a sigla SGAP, sabe-se que o trabalho ficou a cargo de empresa ligada a Mouillot e ao Quai Voltaire. Para justificar a qualidade, inferior ao padrão dominante na revista, declarava-se que se tratava de obra de um amador, que registrou as imagens "em momentos em que a luz não era favorável. Eis a razão por que algumas não possuem grande nitidez".[47]

Se no decorrer de 1888 a Exposição de Paris foi um entre os muitos temas tratados, sua importância avultou-se no ano seguinte e, logo no início de 1889, nota da redação anunciava: "*A Ilustração* previne aos seus leitores que muito em breve começará a série das suas grandes gravuras acerca desta extraordinária Exposição, cuja inauguração se realiza no dia 5 de maio próximo".[48] E, de fato, à medida que se aproximava a data da abertura também se multiplicavam as imagens dando conta da marcha dos preparativos,[49] em sintonia com a promessa, repetida em mais de uma oportunidade, de reproduzir e descrever "tudo quanto constituir um grande acontecimento no domínio da inteligência e da atividade humana; tudo quanto causar a admiração de Paris, e do mundo culto reunido em Paris". Intentava-se, ainda, reservar "um largo espaço às seções de Portugal e do Brasil" e argumentava-se que *A Ilustração* era a única publicação "em condições de pôr os dois países ao fato de tudo quanto se passa em Paris em 1889", isso graças à "vantagem de ser impressa em Paris". Em tom de melodrama, declarava-se: "O ano de 1889 é o ano mais difícil da nossa existência. É nesse ano que nós vamos provar ao público dos dois países o que sabemos fazer, de quanto somos capazes".[50]

---

47 Exposição portuguesa em Anvers. As Nossas Gravuras, *A Ilustração*, ano2, v.2, n.15, p.227, 05/08/1885.
48 Nota da redação. *A Ilustração*, ano6, v.6, n.2, p.19, 20/01/1889. A abertura da Exposição ocorreu em 06/05/1889, enquanto no dia anterior teve início, em Versalhes, os festejos do Centenário da Revolução.
49 *A Ilustração*, ano6, v.6, n.3, 05/02/1889, trouxe, além da capa que reproduzia a escultura da fonte monumental, as seguintes estampas relativas ao evento e acompanhadas de comentários em "As Nossas Gravuras": Ascensão à Torre Eiffel pelos jornalistas (p.36), Porta principal da Exposição (p.37) e Aspecto da Rua do Cairo (p.45), todas já publicadas em diferentes números do *Le Monde Illustré*, entre meados de 1888 e o início de 1889.
50 Nota da redação. Exposição Universal de Paris em 1889, *A Ilustração*, ano6, v.6, n.2, p.20, 20/01/1889. Trata-se de extensa nota, republicada nos dois números subsequentes.

Enquanto a seção "As Nossas Gravuras" continuava a trazer flagrantes dos trabalhos já em estágio final,[51] o pavilhão português custava a sair do papel. As duas crônicas relativas ao mês de março de 1889, isto é, quando faltavam apenas dois meses para o início da mostra, explicitaram os crescentes desentendimentos entre a comissão parisiense, secretariada por Pina, e o Visconde de Melício,[52] que acabaram em rompimento, com acusações, réplicas e tréplicas a animar as páginas dos jornais de Lisboa e do Porto. Entre fevereiro e março de 1889, Bordalo e Pina encetaram uma campanha sem tréguas contra o diretor do *Comércio Português* no semanário *Pontos nos ii*, regada a muito humor graças ao lápis irreverente de seu proprietário. O pomo da discórdia residia na ênfase que o Visconde pretendia dar à indústria, deixando em segundo plano os vinhos, produtos agrícolas e coloniais, além de disputas em torno do projeto do pavilhão português.[53] É muito provável que Pina tivesse em vista o exemplo da Exposição da Antuérpia, que tanto o impressionara positivamente e na qual o padrão adotado foi exatamente o que ele agora defendia com tanta veemência.

Na edição de 5 de abril, *A Ilustração* trouxe na capa o agora ex-ministro da Fazenda, Mariano de Carvalho, repetindo a prática de homenagear, via publicação de retratos, figuras que estavam em sintonia com os interesses e ideais de Pina, acompanhado de longa nota da redação saudando sua nomeação para o cargo de representante do governo para tratar dos assuntos relativos à Exposição, sem qualquer menção ao fato de a escolha recair justamente em quem se mostrara cético quanto à eficácia desse tipo de evento.[54] O desfecho representava a derrota das posições defendidas pelo

---

51 Ver: *A Ilustração*, ano6, v.6, n.6, p.93, 25/03/1889, que consagrou página inteira à galeria das máquinas, e o número subsequente, de 05/04/1889 que, na p.108, trouxe o Palácio de Belas Artes e o Pavilhão da Bolívia e, na seguinte, os trabalhos no Campo de Marte, vistos através dos arcos da Torre Eiffel, todas recém-estampadas no *Le Monde Illustré*.
52 Pina, Portugal em Paris. Crônica, *A Ilustração*, ano6, v.6, n.5, p.66, 05/03/1889 e, com o mesmo título, a seção do número seguinte. Idem, p.82-3 e 86. Em ambos os casos, trata-se de reprodução de textos já publicados no jornal lisboeta *O Século*.
53 Sobre os embates em torno do edifício no Quai d'Orsay e do que nele expor, ver o número especial de *Pontos nos ii*, de dezembro de 1889, dedicado à Exposição.
54 Contrariando praxe da revista, cujas capas eram tomadas por uma única imagem, nesta enfeixava-se, sob o título "Portugal em Paris", busto do comissário do governo português, ladeado por nota da redação que se comprazia em atacar Melício e dar conta da formação de nova comissão parisiense e da escolha de Bordalo Pinheiro para decorar o controverso pavilhão, projeto do francês M. Hermant. *A Ilustração*, ano6, v.6, n.7, capa, 05/04/1889.

presidente da Associação Industrial, tão acidamente criticadas por Pina e Bordalo. Em 18 de março, Carvalho partiu para Paris[55] e, verificando *in loco* o estado dos trabalhos, novamente nomeou uma comissão de residentes em Paris que, como era de se esperar, tinha entre seus componentes o diretor d'*A Ilustração*. Assim, quando a edição de abril veio a público, a situação era amplamente favorável a Pina e Bordalo, o que explica o tom de satisfação de sua "Crônica", na qual evocava os altos interesses do país para justificar sua apaixonada intervenção no assunto.[56]

Porém, ao lado dos nobres sentimentos, cabe ressaltar a importância da questão para a estratégia adotada pela revista que, como se viu, fez do evento o tema central dos números de 1889. Na França, não se mediram esforços para celebrar com pompa e circunstância a efeméride, que atraía a atenção da imprensa em escala mundial. Novamente abria-se para *A Ilustração* a oportunidade de passar à dianteira das concorrentes e dispor de um variadíssimo cardápio de imagens a baixo custo. Pode-se imaginar que detalhes sobre a presença brasileira e portuguesa interessariam particularmente aos leitores e a ausência de um dos países não deixaria de ter consequências significativas para a procura do periódico, colocando em risco a estratégia adotada.[57]

A revista costumava sair nos dias 5 e 20 de cada mês e, por uma feliz coincidência, os festejos da Revolução Francesa tiveram início em Versalhes a 5 de maio, para marcar o centenário da sessão de abertura dos Estados Ge-

---

55 A informação está em Fernandes, op. cit., p.309. As ligações entre Lisboa e Paris eram feitas pelo *Sud- Express*, trem de luxo inaugurado em 1887. No ano seguinte, teve início a linha Porto-Paris. Para a Exposição, estavam previstas passagens de primeira classe a 5 ou 6 libras, como informou Pina, Portugal na Exposição de Paris. Crônica, *A Ilustração*, ano5, v.5, n.18, p.274, 20/09/1888.

56 Pina, Crônica, *A Ilustração*, ano6, v.6, n.7, p.98-9, 05/04/1889. A representação portuguesa dividiu-se em duas seções: a industrial, sob a responsabilidade de Melício e locada no Palácio das Exposições Diversas, e outra, a cargo da Real Associação de Agricultura Portuguesa, tendo à frente Pinto Coelho e Geraldo Pery e ocupando pavilhão no Quai d'Orsay, ornamentado com fianças da fábrica de Bordalo e consagrado aos vinhos, produção agrícola e colonial. A supervisão geral estava com Mariano de Carvalho.

57 As notas da redação encarregavam-se de alertar o leitor e criar expectativa em torno dos exemplares vindouros. Já em janeiro, anunciava-se para o número seguinte "uma gravura representando a Fonte Monumental que se há de elevar no centro dos jardins da grande Exposição Universal de Paris e que é obra do distinto estatuário francês Saint-Vidal. *A Ilustração* previne os seus leitores que muito em breve começará a série das suas grandes gravuras acerca desta extraordinária Exposição". *A Ilustração*, ano6, v.6, n.2, p.19, 20/01/1889.

rais, ocorrida naquela cidade. Em sua "Crônica", Pina não perdeu a oportunidade de ressaltar o seu enorme apreço pela França[58] e a revista cumpriu a promessa, feita em nota da redação divulgada no número anterior, de presentear os leitores com "uma gravura de um metro de comprimento e 30 centímetros de altura" na qual se vê o "Campo de Marte, a Torre Eiffel, os cais do Sena, o Sena, e o palácio e jardins do *Trocadéro*", e isso sem qualquer custo adicional para o assinante, "apesar das despesas com tão extraordinário *cliché*, e com a impressão especial que somos obrigados a fazer". A nota alertava a respeito da conveniência de assinar o periódico, pois os que tinham o hábito de adquirir números avulsos corriam o risco de ficar sem o exemplar, em vista do interesse que despertaria.[59] Tratava-se de reprodução de estampa já publicada no *Le Monde Illustré* no ano anterior e reproduzida no preciso momento da abertura do evento, denotando que o editor soube esperar o momento mais propício para difundi-la.[60]

Figura 3.14: Vista Geral da Exposição de Paris.

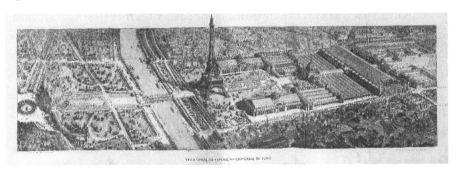

Fonte: *A Ilustração*, ano6, v.6, n.9, p.133-40, 05/05/1889.

A abertura da Exposição ocorreu a 6 de maio e foi largamente comentada na "Crônica" de Pina, que se esforçou por transmitir a agitação e o clima de festa que tomou conta da cidade, sem deixar de mencionar a rivalidade

---

58 Pina, A Exposição de Paris. Crônica, *A Ilustração*, ano6, v.6, n.9, p.130, 05/05/1889.
59 Nota da redação. Exposição Universal de Paris, *A Ilustração*, ano6, v.6, n.8, p.115, 20/04/1889. A gravura ocupou quatro páginas da edição seguinte, que foi praticamente toda dedicada à Exposição e contou com poema louvando a Torre Eiffel de autoria de Xavier de Carvalho, que, a essa altura, ainda era secretário da revista. O cumprimento exato da imagem é um metro e dez centímetros.
60 Publicado no *Le Monde Illustré*, 32e année, n.1629, sem paginação, 16/06/1888.

franco-alemã e considerar inevitável o futuro embate entre as duas potências, com evidente manifestação de apoio aos franceses.[61] A exibição, que não contou com a participação do Império Alemão, estendeu-se por seis meses e, se é inegável que a grande maioria das imagens e textos que lhe foram consagrados n'*A Ilustração* vieram a público nesse período, praticamente monopolizando as páginas do periódico, é bom ter presente que o tema espraiou-se tanto para os números anteriores que, conforme se destacou, davam conta dos preparativos, quanto para os posteriores, sob o título "Recordações da Exposição".[62] Em relação às capas, as de 5 de fevereiro e 5 de março tiveram por mote a exibição, prática que se manteve entre 20 de abril e 20 de outubro, ou seja, em quinze (62,5%) dos 24 números de 1889. A interrupção da sequência deveu-se menos ao encerramento da mostra do que à gravidade dos episódios que marcaram o final do ano, aos quais se reservou as primeiras páginas dos meses de novembro e dezembro, a saber, respectivamente: a morte do rei do Portugal, Dom Luiz I, e a proclamação da República no Brasil.

A quantidade e a diversidade de imagens presentes n'*A Ilustração* foram, ainda uma vez, muito maiores do que as publicadas na imprensa brasileira e portuguesa e, com raras exceções, sempre relativas às delegações brasileira e portuguesa, e todas podem ser encontradas nos exemplares do semanário *Le Monde Illustré*, ou seja, as escolhas de Pina subordinavam-se às que já haviam sido realizadas pelo periódico francês.[63] O leitor recebia, a cada quinzena, um conjunto de informações que não seguia um plano pré-

---

61 Pina, Crônica, *A Ilustração*, ano6, v.6, n.10, p.146, 20/05/1889.
62 Em Aviso aos leitores, *A Ilustração*, ano6, v.6, n.21, p.331, 05/11/1889, lê-se: "O presente número da *Ilustração* coincide com a véspera do último dia da grande Exposição Universal de Paris. Muitos de nossos leitores, principalmente as centenas que se inscreveram este ano como assinantes por causa das gravuras da exposição, poderão julgar que terminamos com este número, ou no próximo, a série dessas gravuras, atendendo a que as Exposição fechou. É um erro. A *Ilustração* tem de parte muitas gravuras e artigos que continuarão saindo regularmente em todos os números, como até hoje, com este título: *Recordações da Exposição de Paris*".
63 Nem sempre era possível sincronizar precisamente eventos e estampas, pois só estava disponível para *A Ilustração* o material já publicado no semanário francês. Assim, por exemplo, o *Le Monde Illustré*, 33e année, n.1676, p.321, 11/05/1889, dedicou página inteira ao entorno da Exposição no dia de sua abertura, tendo destacado, em primeiro plano, o barco a vapor que fazia a ligação entre o cais de São Nicolau e a Ponte de Iena. As mesmas imagens, apartadas e publicadas em páginas separadas, figuraram quase um mês depois no quinzenário *A Ilustração*, ano6, v.6, n.11, capa e p.176, 05/06/1889, sem qualquer menção ao instante preciso a que faziam referência (ver: Figuras 3.19 e 3.20, na p.220).

-determinado e tampouco tinha em vista apresentar, de maneira sequencial e didática, cada setor da mostra.[64] A bibliografia especializada tem insistido na atenção devotada pelos organizadores do evento de 1889 ao ideal de instruir e demonstrar, por meio de apuradas reconstituições panorâmicas e cenográficas, que incluíam modelos em cera e estavam em sintonia com os conhecimentos antropológicos então vigente, a inexorável trajetória em direção ao progresso, a exemplo do que ocorreu nas exposições dedicadas às histórias do trabalho,[65] dos transportes e da habitação humana e suas técnicas construtivas, esta última levada a cabo pelo arquiteto da Ópera de Paris, Charles Garnier (1825-1898), que reconstruiu diferentes moradias desde a pré-história, passando pelo Oriente e Ocidente, algumas das quais foram reproduzidas nas páginas da revista ao longo dos quatro números publicados entre junho e julho de 1889. Tais intenções não eram difíceis de serem percebidas pelos visitantes mais intelectualizados, tanto que Ramalho Ortigão referiu-se ao caráter instrutivo da mostra e defendeu que o herdeiro do trono português não poderia deixar de visitá-la. O seu amigo, Conselheiro Martins de Souza, confessa nas suas memórias que foi justamente "por causa das palavras gravemente pedagógicas" do escritor que decidiu oferecer ao filho, um jovem estudante de Coimbra, a viagem até Paris.[66]

Se é certo que a fatura do periódico seguia o ritmo das ondas que embalavam a revista francesa, isso não implicava escolha descuidada, tanto que a gravura com a vista geral do evento, publicada no *Le Monde Illustré* em junho de 1888, somente foi reproduzida n'*A Ilustração* em 5 de maio de 1889, data que nada tinha de acidental. Ofertava-se, em função das possibilidades, material variado e com alguma organicidade mas, ainda assim, restava aos que acompanhavam a revista a incumbência de formar, por si sós e a partir de textos, gravuras e suas respectivas descrições, uma visão coerente e sistêmica da estrutura e dos objetivos da mostra. Isso porque, n'*A Ilustração*, o enredo estruturava-se menos em torno do objetivo de instruir do que de atrair a atenção para as novidades e curiosidades capazes de

---

64 Para análise da Exposição, consultar: Barbuy, *A exposição universal de 1889 em Paris. Visão e representação na sociedade industrial*. Sobre as exposições em geral e a participação do Brasil nas mesmas, ver: Hardman, *Trem fantasma. A modernidade na selva*, p.49-96.
65 Ver as análises de Barbuy, op. cit., especialmente p.49-60.
66 França, *Memórias do Conselheiro Adalberto Martins de Sousa (1880-1890). Estudo de factos socioculturais*, p.322-3.

entreter, divertir e deslumbrar o leitor diante das conquistas do presente, ancoradas no par indústria/tecnologia. Pode-se argumentar que não seria muito diversa a sensação de um visitante médio, como se vê nas considerações do Conselheiro Souza, que passou oito dias em Paris e, mesmo assim, registrou: "Na Exposição, tínhamos visto tudo, mas de afogadilho".[67]

Na tarefa de apreender a mostra no seu conjunto, a colaboração específica da seção "Crônica" foi relativamente modesta já que, após os comentários relativos às aberturas das comemorações do Centenário e da Exposição, Pina ocupou-se do assunto apenas em quatro oportunidades. Na primeira delas, em julho de 1889, descreveu em detalhes a sensação de galgar a Torre Eiffel,[68] novidade incontornável para todos os que se referiam à mostra e que ocupou espaço considerável nas páginas do periódico. Além das observações do diretor, a revista publicou vários outros textos sobre a temática, como ocorreu na imprensa em geral, que foi inundada por descrições, depoimentos e testemunhos a respeito das sensações e das experiências visuais ensejadas pelo inédito percurso. Era comum evocar o termo *viagem* para dar conta do trajeto, a despeito deste poder ser cumprido em pouco tempo e não implicar a noção de deslocamento entre dois pontos distantes no espaço. Entretanto, a escalada em direção aos céus alterava a percepção e a compreensão do mundo ao redor do viajante, que se via confrontado com as novas possibilidades contidas no ato de ver e observar. A respeito, vale destacar a seguinte nota da redação: "Chamamos a atenção dos nossos leitores para o próximo número da *Ilustração* em que publicaremos uma *Viagem à Torre* ilustrada com *vinte gravuras* representando toda a vida no interior da famosa torre de 300 metros de altura".[69]

A promessa foi cumprida e o número de 5 de outubro trouxe descrição sistemática de cada momento da subida, acompanhada de croquis e duas gravuras de maior dimensão, uma que ocupou página inteira e outra alocada na capa do exemplar, num esforço de dotar de concretude a inusitada

---

67 E prosseguia: "Mas é claro que o que mais nos impressionou foi o ingente *Palais des Machines*. Que novo mundo vamos ter, se é que em Portugal tivermos olhos para tal! [...] Trouxe os três pesados volumes do catálogo geral [...]. Só expositores, há mais de 50 mil! ...". Além de louvar a vista da Torre Eiffel, vaticinou: "ela deve ficar como um sinal maior de novos tempos [...]. Em breve, estou disso convencido, a Torre Eiffel virá a ser o símbolo da própria cidade, e que esta miniatura que lá comprei e que tenho sobre a secretária se vai espalhar pelo mundo fora, pelo século XX que não tarda". Idem, p.327.
68 Pina, A Torre Eiffel. Crônica, *A Ilustração*, ano6, v.6, n.13, p.186, 05/07/1889.
69 Nota da redação, *A Ilustração*, ano6, v.6, n.18, p.274, 20/09/1889.

inexperiência. A longa narrativa veio assinada por "um português que subiu à Torre sem ser comissionado pelo seu governo".[70] Porém, consulta ao *Le Monde Illustré* revela que o mesmo conjunto foi estampado na edição de 7 de setembro, sendo de se observar que o texto d'*A Ilustração* era a tradução, com pequenas modificações, da seção *Courrier de l'Exposition*, assinada por G. Lenôtre.[71] A questão óbvia diz respeito aos direitos autorais, uma vez que não se tratava de cópia feita em surdina, pois as duas revistas compartilhavam o 13 do Quai Voltaire e não seria possível ignorar o procedimento. A situação repetia-se com grande regularidade em "As Nossas Gravuras", o que coloca menos problemas, já que a seção não era assinada em nenhuma das publicações. Importa destacar que a prática acabava corroborando as já aventadas relações de ordem financeira e de copropriedade que uniam a *Société Anonyme de Publications Périodiques* e *A Ilustração*.

Não parece demais supor que o responsável pela versão da *Viagem* fosse o próprio Mariano Pina, ainda mais porque desde julho de 1889 ele já não contava com Xavier de Carvalho na secretaria da redação, em função dos desentendimentos sobre a representação portuguesa na Exposição. Independentemente da autoria, note-se que a comparação das páginas das duas publicações releva que a composição delas era idêntica, ou seja, a distribuição da parte imagética e do conteúdo, redigidos em francês ou português, não apresentava nenhuma diferença, atestando que, no processo de impressão, substituiu-se apenas o texto.

Não é difícil perceber que *A Ilustração* acabou por fazer da Torre Eiffel o objeto central desse número e isso menos para cumprir um objetivo traçado pela redação do que pela oportunidade que se lhe ofereceu, tanto que a "Crônica" de Pina dedicada ao gigante de ferro antecedeu esse número em três meses, e é razoável supor que ele não teria como saber se e quando o colaborador da revista francesa abordaria o tema. É certo que o leitor que folheasse o volume formado pelos números de 1889 poderia ler sobre o projeto

---

70 Viagem à Torre Eiffel, *A Ilustração*, ano6, v.6, n.19, p.291-2, 294-5 e 298, 05/10/1889. Esse mesmo número trouxe, ainda, crônica do escritor francês Eugène-Melchior de Vogüé, intitulada Torre Eiffel, p.299 e 302.
71 Consultar: Lenôtre, G. Impression de Voyage à la Tour Eiffel. Courrier de l'Exposition. *Le Monde Illustré*, année33, n.1693, p.147-8, 150-1 e 154, 07/09/1889. Lenôtre é pseudônimo de Louis Léon Théodore Gosselin (1855-1935), dramaturgo, historiador e homem de imprensa que colaborou no *Le Figaro*, na *Revue des Deux Mondes* e, desde o início da década de 1880, no *Le Monde Illustré*. Sobre o autor, consultar: http://www.academie-francaise.fr/les-immortels/theodore-gosselin-dit-g-lenotre. Acesso em jan. 2016.

de Eiffel em diferentes exemplares e observar imagens do seu processo de construção, flagrar a bandeira francesa sendo içada no ponto mais alto pelo seu construtor, observar os elevadores em funcionamento ou contemplá-la ao longe, envolta em nuvens, a partir das torres do Trocadéro ou do Sena, sempre com as respectivas descrições, ancoradas, como era hábito, no que já fora publicado no *Le Monde Illustré*. Porém, nem tudo o que se apresentava ao leitor era, de fato, contemporâneo, e deve-se ressaltar a habilidade de Pina para enquadrar cenários improváveis, como no caso em apreço. Uma das capas d'*A Ilustração* (ver Figura 3.16, p.219), que apresentava supostos visitantes observando a nova construção, foi publicada no semanário francês em 1878! Na legenda, esclarecia-se tratar-se de visitantes postados na parte mais alta do elevador do Trocadéro, enquanto na revista luso-brasileira remetia-se a estrangeiros observando a torre, sem faltar nem mesmo o binóculo.[72]

As tomadas da Exposição também dificilmente deixavam de registrar a sua silhueta elegante, que se impunha na paisagem da cidade. E *A Ilustração* esmerou-se em publicar vistas da esplanada junto à fonte monumental; aspectos de diferentes edifícios e pavilhões nacionais; detalhes do interior, fosse o Palácio das Artes Liberais ou das Máquinas; registrar os espetáculos noturnos, que ainda guardavam o sabor das novidades e atraíam enorme público, fascinado com os efeitos propiciados pela combinação entre a água e outro potente símbolo da modernidade, a luz elétrica. As muitas atividades paralelas à Exposição – recepções, bailes, peças, óperas, congressos e banquetes – também encontraram espaço na revista, a exemplo do jantar de 15 mil talheres oferecido pela municipalidade de Paris a todos os dirigentes comunais do país e colônias, que contou com desenhos sobre a movimentação nos bastidores e dados sobre as toneladas de alimentos envolvidas no repasto, idênticos aos estampados apenas alguns dias antes no *Monde Illustré*, revelando, nesse caso específico, sincronia entre o que se ofertava aos públicos francês, português e brasileiro.[73]

---

72 Ver: *Le Monde Illustré*, 22e année, n.1123, capa, 05/10/1878.
73 O exemplo também permite verificar as adaptações pelas quais passava o texto. Enquanto no *Le Monde Illustré* detalhava-se o evento, com ênfase na presença do presidente da República, na chegada dos convidados e nos lugares que lhes foram reservados, n'*A Ilustração* privilegiaram-se as suas dimensões e os números envolvidos em sua preparação, com dados retirados do original francês. Ver: La journée des maires. Nos Gravures, *Le Monde Illustré*, 33ᵉ année, n.1691, p.116 e 118, 24/08/1889, e As festas da Exposição. Banquete monstro. As Nossas Gravuras, *A Ilustração*, ano6, v.6, n.17, p.262 e 266, 05/09/1889.

AS "CRÔNICAS" DE MARIANO PINA   219

Figuras 3.15 a 3.18: Referências à Torre Eiffel n'*A Ilustração*.

Fonte: *A Ilustração*, ano6, v.6, capa, n.8, 20/04/1889; Idem, ano6, v.6, n.18, capa, 20/09/1889; Idem, ano6, v.6, capa, n.19, 05/10/1889. Os ascensores para o primeiro andar. *A Ilustração*, ano6, v.6, n.11, p.164, 05/06/1889.

O caso do jantar é particularmente interessante pois a composição da página era, mais uma vez, equivalente à publicada no *Le Monde Illustré* mas, ao contrário do que ocorreu com a *Viagem à Torre Eiffel*, o texto original sobre o banquete não foi reproduzido – provavelmente por se considerar que o leitor da revista não se interessaria pelos detalhes sobre os *maires* franceses –, o que resultou em flagrante descompasso entre a parte textual em português, que não tinha qualquer relação com os atarefados cozinheiros dos desenhos.

Figuras 3.19 a 3.22: Aspectos do entorno da Exposição, pavilhão interno e espetáculo noturno.

Fonte: *A Ilustração*, ano6, v.6, capa e p.176, 05/06/1889.

Fonte: *A Ilustração*, ano6, v.6, n.24, p.376-7, 20/12/1889 e Idem, ano6, v.6, n.10, p.153, 20/05/1889.

Ainda no que tange às curiosidades, Pina dedicou uma "Crônica" a Thomas Edison (1847-1931) e à versão aperfeiçoada do seu fonógrafo, cuja apresentação no Palácio das Máquinas ele teve a oportunidade de acompanhar. Descreveu as sensações provocadas pelo som, destacou as aplicações práticas do invento e, em tom de blague, alertou políticos, negociantes e amorosos para que se colocassem em guarda, pois o velho adágio "palavras, leva-as o vento" estava condenado: "já não há vento, nem ventaneira, nem vendaval, por mais forte que seja, que possa levar uma palavra, uma sílaba, um simples ai!".[74] No número seguinte, a capa da revista trouxe o inventor e seu aparelho, em evidente defasagem, dado que seria de se esperar correspondência entre o tema da "Crônica" e a capa do exemplar. O fato é compreensível, tendo em vista que a edição do *Le Monde Illustré*, com o inventor à frente, saiu apenas alguns dias antes do número d'*A Ilustração* que trazia o texto de Pina, o que significa que a revista já deveria estar em fase de produção.[75] Na seção "As Nossas Gravuras", apresentou-se a seguinte justificativa: "No último número da *Ilustração* o nosso diretor Mariano Pina consagrava a sua *Crônica* a uma audição a que havia assistido do novo fonógrafo de Edison. Pareceu-nos portanto do maior interesse oferecer hoje aos nossos leitores o retrato do grande inventor", num esforço para conferir, aos olhos dos leitores, lógica e articulação às escolhas editoriais.[76]

A Exposição espraiou-se para além de "Crônica". Data de julho de 1889 a estreia de "Através de Paris", sob a responsabilidade de escritor português que respondia pelo pseudônimo Giess, uma das raras seções iniciadas após 1887. Embora o novo espaço tivesse por escopo a cidade e não a Exposição, esta tomou tal importância que era praticamente impossível dar conta do que passara na quinzena anterior sem mencionar algum aspecto da mostra, tanto que nas catorze oportunidades em que a seção foi publicada n'*A Ilustração*, esta veio à baila, ao lado de outros temas, em dez oportunidades (71%).[77]

Nenhuma outra seção dedicou-se de forma mais contínua e intensa ao evento do que "As Nossas Gravuras", que chamava a atenção dos assinan-

---

74 Pina, O fonógrafo de Edson, Crônica. *A Ilustração*, ano6, v.6, n.16, p.242, 20/08/1889. Edison ocupou a capa da revista no número seguinte.
75 A edição de *Le Monde Illustré* com Edison traz a data de 17/08/1889. "Crônica" saiu no exemplar publicado em 20/08/1889 e a capa, idêntica à da revista francesa, na edição seguinte, de 05/09.
76 As Nossas Gravuras, *A Ilustração*, ano6, v.6, n.17, p.259, 05/09/1889.
77 A seção figurou na *Ilustração* entre 20 de julho de 1889 e 20 de fevereiro de 1890.

tes para detalhes interessantes, como a movimentação da multidão que se aglomerava para adentrar a Exposição, a venda de bilhetes, os diferentes meios de locomoção postos à disposição dos visitantes, os cartazes, publicados nas mais diferentes línguas e que alertavam como se comportar no trem que percorria o recinto, os piqueniques domingueiros daqueles que não podiam frequentar os restaurantes. É flagrante a contraposição entre o público elegante, bem postado e distinto que circula em torno da fonte monumental, um dos cartões-postais da mostra e que tanta atenção recebeu nas páginas d'*A Ilustração*,[78] e os visitantes dos domingos e dias santos, "composto na sua maioria de operários, de pequenos empregados públicos e de gente dos campos que rodeiam a grande capital," que apenas nessa oportunidade foram retratados nas páginas da revista.

O texto relativo à imagem insistia na sabedoria do parisiense e louvava sua capacidade de aproveitar a vida, pois, ao final da tarde, "formam-se os grupos: uns sentam-se nos bancos dos passeios, outros sentam-se nos tabuleiros de relva, outros sentam-se em torno de uma pedra, ou de um caixote, e começam os alegres jantares ao ar livre, ao som do tilintar dos copos, dos gritos e dos risos das crianças e das bandas militares que ao longe entoam hinos patrióticos", num enquadramento idílico que suavizava os contornos da imagem e propunha uma leitura que a destituía do seu potencial sociopolítico, reduzida que foi a mais uma dentre as muitas curiosidades da Exposição. Tais observações foram claramente inspiradas – para não dizer copiadas – da seção de G. Lenôtre, mas devidamente extirpadas das considerações pouco abonadoras do cronista francês, incapaz de ver qualquer positividade na população pobre, tida como "*foule bruyante et peu raffinée qui cherche surtout à l'Exposition les fortes émotions des fontaines lumineuses, et qui pousse des cris d'enthousiasme au moment où la Tour s'embrase*", referência ao espetáculo noturno no qual a Torre Eiffel, envolta em luz vermelha, dava a impressão de estar incandescente.[79]

---

78 Na revista, foram muitas as referências à fonte monumental, de autoria do francês Francisco de Saint-Vidal, posicionada no centro dos quatro arcos da Torre Eiffel. Quando ainda estava em construção, a capa da revista foi ocupada por maquete do conjunto escultórico: *A Ilustração*, ano6, v.6, n.3, capa, 05/02/1889. ["{...} multidão barulhenta e pouco refinada que procura na Exposição sobretudo as fortes emoções das fontes luminosas e que grita de entusiasmo no momento em que a Torre se inflama."]

79 Os domingos no Campo de Marte. As Nossas Gravuras, *A Ilustração*, ano6, v.6, n.15, p.230, 10/08/1889, e Lenôtre, Courrier de l'Exposition. *Le Monde Illustré*, 33e année, n.1685, p.21-2, 13/07/1889.

Figuras 3.23 a 3.26: Flagrantes do público, cartazes fixados no percurso do trem que servia à Exposição e ingresso.

Fonte: *A Ilustração*, ano6, v.6, n.15, p.236, 05/08/1889, e Idem, ano6, v.6, n.23, p.360-1, 05/12/1889.

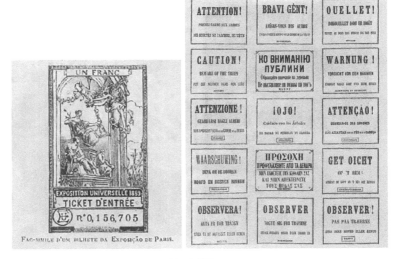

Fonte: *A Ilustração*, ano6, v.6, n.22, p.342-3, 20/11/1889.

No que tange ao pitoresco e ao exótico, o protagonismo coube mesmo à parte da Exposição dedicada às colônias francesas, e surpreende o fato de Mariano Pina não haver dedicado pelo menos uma de suas "Crônicas" ao tema que, do ponto de vista quantitativo, esteve entre os mais recorrentes n'*A Ilustração* ao longo de 1889, inclusive com duas grandes gravuras, à semelhança da dedicada à vista geral da mostra: uma que dava conta dos edifícios da Exposição Colonial, situada nos Invalides, descrita como "uma das mais brilhantes e das mais movimentadas, pelo pitoresco e caráter das construções, e pelas riquezas ali amontoadas", e outra relativa ao cortejo das colônias, que tinha lugar duas vezes por semana, com "todos os exóticos que vieram a Paris, com os seus tipos e costumes pitorescos", ao som de "músicas extravagantes,"[80] numa espécie de procissão na qual se exibiam os povos sob o domínio da França.

Figura 3.27: Seção colonial da Exposição Universal.[81]

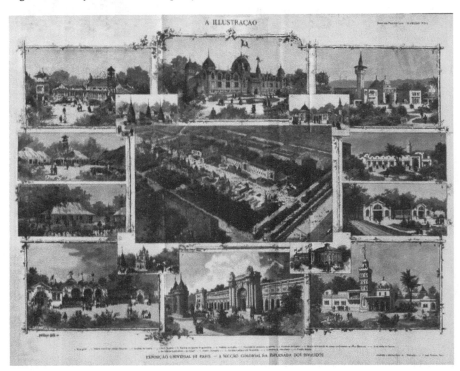

Fonte: *A Ilustração*, ano6, v.6, n.12, encarte, 20/06/1889, cuja domensão exata é de 86,7 cm de largura por 59,5 cm de altura.

---

80 Nota da Redação. *A Ilustração* e a Exposição de Paris, *A Ilustração*, ano6, v.6, n.11, p.163, 05/06/1889, e As festas coloniais. As Nossas Gravuras. Idem, ano6, v.6, n.20, p.310, 20/10/1889, respectivamente. Esta última tinha 58,5 cm de largura por 80,9 cm de altura. Nas três oportunidades em que a revista publicou grandes gravuras, chamava-se a atenção para os esforços despendidos, as despesas com o "extraordinário" clichê e com a impressão, enfatizando que nem por isso aumentou o preço do exemplar avulso ou da assinatura.
81 A mesma estampa foi publicada meses antes no *Le Monde Illustré*, 32e année, n.1656, encarte não numerado, 22/12/1888.

Ao lado desses grandes conjuntos, cenas do interior de cabanas, flagrantes dos momentos de trabalho ou descanso, cerimônias religiosas, máscaras melanésias, instrumentos musicais, dançarinas de Java, soldados indígenas, enfim, uma profusão de situações mesclava-se nas páginas d'*A Ilustração*, formando um atraente caleidoscópio etnográfico cujas descrições esmeravam-se por fixar o tom inusitado, excêntrico ou curioso, num misto de fascinação e horror[82], e justificam, agora a partir de um ponto de vista espaço-temporal, a noção de viagem aplicada à escalada na Torre. A famosa empresa Decauville instalou uma estrada de ferro com cinco estações ao longo da mostra, permitindo aos passageiros irem das maravilhas modernas reunidas na Galeria das Máquinas às regiões recônditas do planeta, com seus habitantes, vestimentas, hábitos e costumes saídos da aurora dos tempos, que davam concretude a um passado que a Europa tinha deixado para trás havia muitos séculos, compondo um quadro estruturado em torno da contraposição entre civilização e barbárie.

Em "As Nossas Gravuras", seção de responsabilidade da redação – ou seja, de Mariano Pina –, eram frequentes as comparações entre a riqueza exuberante e as "maravilhas" coloniais que a França exibia nos Invalides e a situação de Portugal: "nós, portugueses, nada sabemos mostrar nem das riquezas, nem do pitoresco que possuímos na África – deveras se nos confrange o coração, receando pelo dia em que havemos de ser expulsos das nossas colônias, se um homem enérgico não surge em Portugal para transformar totalmente os nossos sistemas coloniais",[83] o que evidencia a forma naturalizada como se apreendia o jugo de outros povos e culturas.

---

[82] No que respeita ao segundo aspecto, vale acompanhar a descrição a respeito da ordem místico-religiosa dos Aissaouas, originária do Marrocos e que se espalhou por vários países do norte da África, que nos Invalides "faziam seus jogos grosseiros e selvagens que são da sua especialidade, lambendo ferros em brasa, queimando os braços com archotes, metendo moedas em brasa dentro da boca, cravando pregos e agulhas no corpo, atravessando a língua com uma agulha, fazendo sair os olhos das órbitas, fazendo equilíbrios sobre gumes afiados de espadas, etc.". A dança dos Aiassaouas. As Nossas Gravuras, *A Ilustração*, ano6, v.6, n.23, p.359, 05/12/1889.

[83] A aldeia Canaque na esplanada dos Invalides. As Nossas Gravuras, *A Ilustração*, ano6, v.6, n.16, p.246, 20/08/1889.

A revista fornece amplo material para reflexão a respeito da percepção das culturas não europeias e das hierarquias de dominação, reafirmadas pelo contato com a reconstrução de espaços marcados por diferentes tipos de exotismos. Veja-se, por exemplo, uma das referências às aldeias que tomavam conta dos Invalides: "É sobretudo o espetáculo preferido das senhoras e das crianças [...], estas cabanas do estado primitivo da habitação, onde se veem os mais interessantes exemplares da grande família humana – exemplares chegados de todos os pontos do globo. A aldeia dos *Kabyles* é um dos pontos que mais atrai a curiosidade dos visitantes".[84] Já os senhores preferiam a Rua do Cairo, não pelos seus bazares, que ofertavam mercadorias do Oriente a preços atrativos e nos quais muitos compravam os *souvenirs* da Exposição, mas graças ao café e à dança do ventre, que causava grande frisson na plateia: "O Oriente está na moda, o Oriente invade o Ocidente. E os europeus que neste momento inundam Paris correm para a dança do ventre com o mesmo empenho com que correm para a torre Eiffel. Eis no que consiste [...]", e a descrição prosseguia dando detalhes do espetáculo.[85] A atração exercida por essa rua, uma das mais movimentadas da Exposição e cuja reconstrução mobilizava menos o Egito real do que as fantasias há tão longo tempo nutridas em relação ao Oriente, é atestada pelo fato de figurar nas páginas d'*A Ilustração* em quatro oportunidades, o que certamente contribuía para aguçar a imaginação dos leitores.[86] A questão torna-se ainda mais delicada quando se tem em vista que a estampa que retratava compradores de produtos exóticos referia-se, em realidade, aos bazares orientais montados no Trocadéro para a exposição de 1878![87]

---

84 Exposição de Paris. Cabana dos Kabyles. As Nossas Gravuras, *A Ilustração*, ano6, v.6, n.14, p.216, 20/07/1889.

85 A dança do ventre no café egípcio da Rua do Cairo. As Nossas Gravuras, *A Ilustração*, ano6, v.6, n.16, p.243-4, 20/08/1889.

86 Imagens identificadas como sendo a Rua do Cairo figuraram em: *A Ilustração*, ano6, v.6, n.3, p.45, 05/02/1889, quando ainda estava em construção, e, nesse mesmo anos nos números 16 (20/08, p.248, dança do ventre), n. 17 (05/09, p.269, detalhe de um bazar), n. 19 (05/10, p.296, vista da rua).

87 Trata-se da estampa n.31, extraída do *Le Monde Illustré*, 22e année, n.1121, p.181, 21/09/1878.

AS "CRÔNICAS" DE MARIANO PINA 227

Figuras 3.28 a 3.31: Flagrantes dos participantes da Exposição Colonial.

Fonte: *A Ilustração*, ano6, v.6, n.16, p.253, 20/08/1889, e Idem, ano6, v.6, n.23, p.364, 05/12/1889.

Fonte: *A Ilustração*, ano6, v.6, n.16, p.248, 20/08/1889, e Idem, ano6, v.6, n.17, p.269, 05/09/1889.

A Exposição atraiu visitantes de todos os cantos do mundo e os leitores d'*A Ilustração* eram informados das extravagâncias, como a do tenente russo que chegou a Paris a cavalo depois de atravessar a Europa, ou a do jornalista austríaco que contratou, em Viena, um cocheiro para levá-lo até o Campo de Marte. Altezas reais tinham seu retrato publicado, caso de Dom Carlos de Bragança, do Rei da Grécia ou o Xá da Pérsia, que encontrava lugar no imaginário europeu, sendo descrito como um rei de "mágica, carregado de outro e pedras preciosas", digno de ocupar a capa d'*A Ilustração* e do *Le Monde Illustré*.[88] Aos frequentadores anônimos restava subir até o segundo andar da Torre Eiffel, visitar as oficinas instaladas pelo jornal *Le Figaro* e comprar a edição especial que ali se imprimia diariamente, o que dava direito a ver seu nome nela impresso em letra de forma. Como a revista fez questão de alardear, não faltavam registros pouco usuais – "Bukadar--Abdum, Amahdu Diang, Modi-Cissé, Lakgara-N'Dai".[89]

Mais complicado era dar conta de comitivas, representantes e soberanos provenientes de regiões recônditas, dominadas ou cobiçadas pelas potências europeias que, diferentemente do Xá da Pérsia, pareciam saídos não de um conto de fadas, mas dos albores da pré-história, contribuindo para reafirmar a diversidade da experiência humana em termos de comportamentos e modos de vida e, ao mesmo tempo, evidenciar e justificar a superioridade e a dominação europeias. A percepção reservada a essas personalidades revelava-se não apenas nas gravuras, como na que opunha os delegados do Senegal aos demais convidados de uma recepção oferecida no Palácio do Eliseu pelo presidente Sadi Carnot (1837-1894), mas também nas descrições pouco abonadoras que acompanhavam as imagens, fossem as relativas à embaixada Anamita ou à família do rei do Rio Nunez (Guiné), Dinah-Salifou, primo do Xá da Pérsia, Nasser-Ed-Din. Vale acompanhar a suposta conversa entre o soberano persa e seu parente:

> O Xá perguntou ao augusto pretalhão e primo onde ficavam os seus estados; quantos súditos tinha; e de que exército dispunha. A nada o primo soube

---

88 *A Ilustração*, ano6, v.6, n.15, 08/08/1889, traz o Xá da Pérsia na capa, tal como *Le Monde Illustré*, 33e année, n.1687, 27/07/1889.

89 As Nossas Gravuras, *A Ilustração*, ano6, v.6, n.14, p.213-4, 20/07/1889, que menciona os nomes transcritos e relata a aventura dos dois viajantes citados.

responder. Nem mesmo dizer que condecoração tinha ao peito. Salifou tinha-se condecorado com uma ordem de seu país – mas não sabia qual nem como se chamava! Santo varão e admirável monarca! Talvez afinal tu sejas o mais feliz, o mais bondoso, o mais honesto, e o mais filósofo de todos os estrangeiros que vieram este ano a Paris. *A Ilustração* te saúda Salifou! [...] Quando Salifou estava para deixar os seus estados e vir até Paris, a rainha recusou-se a acompanhá-lo com medo da viagem por mar. E que pensam os senhores que fez Sua Majestade? Meteu-se a bordo do vapor; desceu o Rio Nunez; foi bater à porta da respeitável pretalhona que aqui veem; convidou-a a vir-lhe fazer os seus adeuses a bordo; e quando a apanhou dentro do barco, mandou levantar ferro, – e aia para Paris!...[90]

Figuras 3.32 e 3.33: Visitantes da Exposição Universal.

Fonte: *A Ilustração*, ano6, v.6, n.15, capa, 05/08/1889, e Idem, ano6, v.6, n.17, p.265, 05/09/1889.

---

90 O rei Dinah-Salifou. As Nossas Gravuras, *A Ilustração*, ano6, v.6, n.17, p.267, 05/09/1889. Ainda que o texto de Pina repita as informações presentes na revista francesa, é visível que o faz de modo a acentuar o ridículo da figura, o que não é o caso no original. Assim, por exemplo, não se informa que o rei recebeu a Legião de Honra, prêmio que deve ser entendido no quadro dos interesses franceses na região. Lenôtre, Courrier de l'Exposition, *Le Monde Illustré*, 33e année, n.1689, p.83, 10/08/1889.

A Figura 3.33 (a p.229) constitui-se numa montagem curiosa: na parte superior, tem-se de fato uma imagem da família de Dinah-Salifou; no entanto, a segunda metade remete, ainda uma vez, à Exposição de 1878, pois se trata de recepção então ofertada no Palácio do Eliseu aos visitantes estrangeiros, evidenciando novamente a liberdade com que Pina montava o discurso visual da revista.[91]

Os muitos elementos fornecidos pela *Ilustração* a respeito da Exposição deveriam contribuir para aguçar a curiosidade de brasileiros e portugueses a respeito de seus respectivos países, cabendo verificar o que a revista ofertou aos seus leitores a esse respeito.

Exposição de 1889: Portugal e Brasil nas páginas d'*A Ilustração*

Ainda que a revista se destinasse aos dois lados do Atlântico, o Brasil surgia como uma referência distante, quiçá pelo fato de Mariano Pina não conhecer o país e tê-lo visitado apenas em 1895, momento em que a *Ilustração* já não circulava. Seus exemplos, alusões, preocupações eram sempre muito portugueses e tal distanciamento ficou muito patente durante a Exposição, na medida em que, à exceção do ano de 1888, quando a menção à representação brasileira constituiu-se num meio para tratar do que de fato lhe interessava, a presença de Portugal, o tema voltou às páginas da revista uma única vez, em 5 de julho de 1889. Essa edição trouxe na capa o Pavilhão do Império, a exemplo do que já fizera em 22 de junho o *Le Monde Illustré*, escolha que deve ter levado em conta a abertura solene do edifício, ocorrida em 14 de junho.

O comentário que acompanha a imagem não é longo, mas relembra o fato de *A Ilustração* ter sido "o único jornal que nesta ocasião mostrou ao público brasileiro uma gravura do projeto que havia sido classificado em primeiro lugar", para logo ceder a palavra ao artigo publicado no *L'Amérique* (Paris, 1889), jornal de Sant'Ana Nery, membro do comitê brasileiro, que detalhava o edifício e seu conteúdo, para finalizar com elogios a cada um dos responsá-

---

91 Ver: *Le Monde Illustré*, 22e année, n.1127, p.284, 02/11/1878.

veis pela nossa mostra.[92] Note-se que a iniciativa partiu do periódico francês, o que deu à *Ilustração* a oportunidade de contemplar os leitores brasileiros.

Bem diferente foi a preocupação com a representação portuguesa, tema recorrente na revista e em sintonia com os interesses do seu diretor proprietário, que se envolveu pessoalmente na questão. Entre 1888 e 1889, a Exposição foi tema de doze "Crônicas", das quais oito – ou seja, quase 70% – tiveram por foco Portugal. Ainda em 1888, tratava-se de defender a presença do país em Paris, em seguida vieram as ações como secretário do comitê parisiense, os desentendimentos com Melício e a entrada em cena de Mariano de Carvalho, o que assegurou a colaboração ativa de Pina, mantido na condição de secretário, e a participação de Bordalo Pinheiro, que assumiu a decoração do edifício do Quai d'Orsay.

Em 10 de julho, portanto com dois meses de atraso em relação ao início da Exposição, o pavilhão foi aberto ao público, configurando a presença individualizada do país, o que foi objeto de comentários em duas crônicas consecutivas de Pina. Na primeira, estampada na edição imediatamente subsequente à inauguração (20 de julho), tratou-se de louvar o prédio e o esmero de sua apresentação, sem que se perdesse a oportunidade de exaltar as faianças da fábrica de Caldas da Rainha, repassar detalhes das desavenças pregressas e atacar, de forma bastante contundente, as posturas e propostas do Visconde de Melício. Já a seguinte (5 de agosto) tinha por mote a importância de pequenas nações como Portugal contarem com o apoio e a simpatia da opinião pública, para o que a participação num evento com o de 1889 era fundamental. Revelando-se bom analista da conjuntura europeia, alertava, poucos meses antes do Ultimatum, que o futuro político do país, "a sua independência até, estão dependentes da sua grandeza colonial. Escusamos de pensar na opinião pública em Inglaterra, que nos é manifestadamente hostil. Tratamos de ter do nosso lado a opinião da França – e também da Alemanha, se esse auxílio não nos há de um dia sair bem caro...".[93]

---

92 Exposição Universal de Paris. O Pavilhão do Brasil. As Nossas Gravuras, *A Ilustração*, ano6, v.6, n.13, p.187, 05/07/1888. Capa idêntica à publicada nesta edição encontra-se em: *Le Monde Illustré*, 33e année, n.1682, 22/06/1889. Sobre os bastidores da presença brasileira e o jornal *L'Amérique*, consultar: Carneiro, *O último propagandista do Império*. O "barão" de Santa-Anna Nery (1848-1901) e a divulgação do Brasil na Europa, p.152-5.

93 Pina, O Pavilhão Português. Crônica, *A Ilustração*, ano6, v.6, n.14, p.212, 20/07/1889; Idem. Pró-Pátria. Crônica, *A Ilustração*, ano6, v.6, n.15, p.226, 05/08/1889, fonte da citação.

Foi justamente no exemplar de 5 de agosto que a participação portuguesa recebeu particular atenção, em termos de textos e imagens, configurando-se na temática dominante, aliás como alertou nota da redação em edição anterior:

> Queríamos no presente número apresentar uma gravura representando a fachada do Pavilhão Português [...]. Somente o nosso desenhador não teve tempo bastante para terminar uma outra página representando as salas do nosso pavilhão [...]. E desejando dar gravuras completas – num só número – da brilhante exposição portuguesa, reservamos para o próximo número a publicação dessas curiosas gravuras.

E para não perder o hábito, a nota finalizava com a reprodução de telegrama do diretor do jornal lisboeta *O Tempo*, que asseverava: "A nossa exposição industrial é muito menos que medíocre".[94]

Além da seção "Crônica", um longo texto não assinado e intitulado "Portugal em Paris", muito provavelmente escrito por Pina, dava conta do conteúdo e da decoração de cada uma das salas do Palácio e seu anexo, esclarecendo quem eram os responsáveis pelo que se expunha (instituições, associações, indivíduos) e demorando-se na descrição da festa de inauguração, para a qual foram distribuídos 3 mil convites e que contou com a ilustre presença do presidente da República Francesa, de nomes importantes do mundo literário português, todos colaboradores d'*A Ilustração* – Eça de Queirós, Ramalho Ortigão, Batalha Reis, Conde de Ficalho, por exemplo –, além de Eduardo Prado, Santa-Anna Nery, Domício da Gama e de amplo rol que se fez questão de listar na revista. Evidência de que as disputas continuavam acesas foram as considerações bem pouco lisonjeiras dirigidas ao Visconde de Melício, apresentado como um aproveitador, que teve o "impudor" de "atrever-se a entrar no Pavilhão do Quai d'Orsay, onde ele nunca havia postos os pés" em busca de elogios e reconhecimento que não lhe cabiam. Alertava-se o leitor para não confundir este edifício com "a ridícula exposição das indústrias portuguesas," instalada pelo Visconde no Campo de Marte.[95]

---

[94] A Ilustração e a Exposição de Paris. Nota da redação, *A Ilustração*, ano6, v.6, n.14, p.213, 20/07/1889.

[95] Portugal em Paris, *A Ilustração*, ano6, v.6, n.15, p.227 e 230, 05/08/1889.

A atestar a excelência do trabalho realizado pelo Comitê secretariado por Pina, transcreviam-se as declarações, sempre elogiosas e que invariavelmente citavam o "distinto" e "ilustre" colega, diretor d'*A Ilustração*, de vários órgãos de imprensa que circulavam em Paris (*Soleil, Matin, Gazette Diplomatique, Brésil, Amérique*), além de *Los Negocios* (Barcelona) e *O Tempo* (Lisboa), que se referiu à "triste exposição industrial". Fica evidente o uso da revista enquanto veículo de difusão dos ideiais e ações de Pina, aspecto que ganha em relevância quando se observa a parte relativa às imagens.[96]

Três páginas inteiras foram dedicadas à representação portuguesa: uma consagrada ao edifício, outra com croquis de aspectos de seu interior e a terceira com bustos de nove comissários que respondiam pelos trabalhos no Quai d'Orsay, entre os quais Mariano de Carvalho, Mariano Pina e Bordalo Pinheiro. O confronto com o material publicado no *Le Monde Illustré* revela que apenas a tomada relativa ao prédio foi estampada na revista francesa, mas esta o fez muito depois de *A Ilustração*, somente na edição de 5 de outubro, e é patente que se trata de matrizes diferentes, ainda que a fotografia que serviu de base para as elaborações fosse, muito provavelmente, a mesma. Configura-se, em consequência, mais um caso de produção de material imagético para ser estampado exclusivamente na revista, o que não deixa dúvidas quanto à centralidade que o tema adquiriu para Pina.[97]

A participação portuguesa encontrou espaço em outras seções para além da "Crônica". Assim, no exemplar de 5 de setembro, "As Nossas Gravuras" detalhou as homenagens que Rafael Bordalo recebeu de Rodolphe Salis (1851-1897), proprietário do *Le Chat Noir*, ponto de encontro da intelectualidade boêmia parisiense e famoso pelo seu teatro de sombras. Segundo informou a revista, Salis visitou o Pavilhão Português e encantou-se com as peças fabricadas pelo caricaturista, que foi convidado a visitar *Le Chat*. A recepção a Bordalo e seus amigos, entre os quais estava Mariano Pina, contou com detalhada descrição, que não foi produzida pela *Ilustração*, mas transcrita das revistas *Novidades* (Lisboa, 1885-1964) e do próprio quinzenário literário e satírico de Salis, *Le Chat Noir* (1882-1895), uma estratégia

---

96 A Exposição portuguesa julgada pela imprensa, *A Ilustração*, ano6, v.6, n.15, p.230-1 e p.234, 05/08/1889.
97 O Pavilhão Português encontra-se no *Le Monde Illustré*, 33e année, n.1697, p.220, 05/10/1889.

Figuras 3.34 e 3.35: Portugal na Exposição Universal de 1889.

Fonte: *A Ilustração*, ano6, v.6, n.15, p.232 e 237, 05/08/1889. As estampas foram especialmente produzidas para a revista.

que, além de poupar o trabalho da produção do texto, acabava por dotar a nota de aparente isenção.

Não se contava com imagens do acontecimento, assim, a saída foi procurar no estoque do *Le Monde Illustré* possíveis ilustrações para o texto, sem o que não haveria como alocá-lo na seção "As Nossas Gravuras". E, de fato, estampou-se, em página inteira, a sala de representações da casa, além de flagrante de cena do teatro de sombras, ambas publicadas dois anos antes na revista francesa.[98] As escolhas foram justificadas nos seguintes termos: "com estas gravuras, farão os leitores da *Ilustração* uma perfeita ideia do interior desta *Chat Noir*, onde Bordalo Pinheiro foi tão festejado e onde o nome de Portugal foi tão aplaudido".[99] O artifício atesta a apropriação complexa das imagens, que entravam novamente em circulação para cumprir função bem diversa daquela que motivou sua produção original para a revista francesa, a saber, a análise de uma peça específica representada na casa. De outra parte, ao dar publicidade ao reconhecimento do amigo, Pina acabava por legitimar, por outras vias, todo o combate empreendido em torno da Exposição.

---

98 As imagens foram publicadas em *Le Monde Illustré*, 31e année, n.1559, p.112-3, 12/02/1887.
99 Bordalo Pinheiro no *Chat Noir*. As Nossas Gravuras, *A Ilustração*, ano6, v.6, n.17, p.259, 262, 266 (texto) e 260-1 (imagens), 05/09/1889.

Foi ainda Bordalo que lhe possibilitou retornar ao tema em dezembro de 1889, quando a Exposição já havia terminado, e isso graças à publicação de edição especial de *Pontos nos ii*, dedicada à presença lusa no Quai d'Orsay. A seção "As Nossas Gravuras" saudou o volume e dele extraiu imagem do bar onde os visitantes puderam degustar vinhos portugueses.[100] A gravura, que não foi publicada no *Monde Illustré*, ocupou a última página do derradeiro número relativo ao agitado ano de 1889, fato que, apesar subordinar-se à conveniência da composição, acabou por selar simbolicamente os embates de Pina em torno da presença de Portugal em Paris.

O seu envolvimento com a Exposição acabou por aproximá-lo de Mariano de Carvalho, o que, por um lado, lhe descortinou possibilidades de frequentar as altas rodas do poder, mas, por outro, pode ser considerado o início de seu progressivo distanciamento d'*A Ilustração*, manifesto na rotina que tomou conta da publicação. Entretanto, seria errôneo supor que Pina manteve distância das questões que afligiam o seu país. Muito pelo contrário, a seção "Crônica" revela que, desde os primeiros momentos de circulação da revista, a temática nunca deixou de se fazer presente, contrariamente ao Brasil, país poucas vezes por ele evocado.

Portugal por divisa

Se o ritmo e o pulsar parisienses seduziam e encantavam Pina, as "Crônicas" também denunciavam sua condição de português que, mesmo à distância, não perdia de vista a terra natal. Não raro, a referência explícita era a França, mas o que se tinha em mira, efetivamente, era Portugal, num jogo de espelhos que o leitor não tinha grandes dificuldades para desvendar.

Seus escritos referiam-se, no mais das vezes, ao mundo literário e artístico e à condição do intelectual, com críticas acerbas à prática do apadrinhamento que, na sua perspectiva, contaminava todos os aspectos da vida social e política, desde a escolha dos representantes do povo até os responsáveis pelas instituições educacionais e culturais, do que resultaria a calamitosa situação em que viviam literatos e artistas. Evocava-se o exemplo de

---

100 *Pontos nos ii*. As Nossas Gravuras, *A Ilustração*, ano6, v.6, n.24, p.371, 20/12/1889. Gravura na p.384.

Taine, "o primeiro crítico de arte de nosso tempo", que ocupava a cadeira de Estética em Paris, enquanto em Lisboa se punha "de parte homens que estão naturalmente indicados por seus importantes trabalhos" em prol do afilhado que sabe "curvar a espinha diante da figura arrogante do deputado".[101] Não se tratava de propugnar por um mandarinato estatal, mas de

> [...] dar unicamente a homens de letras os domínios públicos que são do literário, como os empregados das bibliotecas, dos arquivos, dos museus, das imprensas e publicações oficiais, assim como os secretariados dos estabelecimentos de instrução e até de assistência pública – em vez de os dar – como se dão entre nós – a amigos políticos. De sorte que um escritor que não encontra com a pena a independência, pode, *sem repugnância*, concorrer às vagas de lugares para os quais se considera apto.[102]

À insensibilidade do poder público, Pina acrescia a ausência de um mercado consumidor – "há quem produza literatura, mas não há quem a consuma",[103] ou seja, ele não duvidava da capacidade criativa e da qualidade dos escritores portugueses,[104] identificando como raiz do problema os vícios políticos que atravessavam o tecido social e também contaminavam a imprensa, instância estratégica para os letrados do Oitocentos. Nesse passo, os problemas eram de natureza variada. De saída, denunciava-se o domínio das controvérsias e questiúnculas políticas e o consequente desprezo pelos aspectos do mundo da cultura, o que afastava os intelectuais dos periódicos que, aliás, não os remuneravam condignamente.[105] Ele comparava os parisienses *Le Figaro, L'Intransigeant* (1880-1940), *Le Petit Journal* (1863-1944) e *Le Temps* (1861-1942) à sensaboria dos diários lisboetas, que nunca traziam assuntos de caráter literário, artístico, científico, industrial ou mundano. A uma Lisboa "indiferente às artes e às letras, absorvida pela

---

101 Pina, Crônica, *A Ilustração*, ano1, v.1, n.2, p.18, 20/05/1884.
102 Idem, Vida Literária. Crônica, *A Ilustração*, ano7, v.7, n.6, p.82, 20/03/1890 (grifo no original).
103 Idem, Crônica, *A Ilustração*, ano4, v.4, n.7, p.99, 05/04/1887.
104 Idem, Crônica, *A Ilustração*, ano1, v.1, n.3, p.34-5, 05/06/1884, na qual se listavam romancistas, poetas, dramaturgos, historiadores, críticos, jornalistas, atores e atrizes. Nas suas palavras, "à parte o aviltamento de certas camadas, resultado da desmoralização política – é um país onde há talento a valer".
105 Idem, Crônica, *A Ilustração*, ano4, v.4, n.19, p.291, 05/10/1887.

política, pela burocracia", Pina contrapunha a fulgurante Paris, "cidade exclusivamente literária e artística", onde "tudo excita, tudo provoca e seduz o espírito", terreno propício para o intelectual, uma vez que "só se fala de arte, de literatura, de ciência", temas que galvanizavam a atenção do público.[106]

As tintas caricaturais justificavam a conclusão pouco animadora, segundo a qual "escrever em Portugal ainda está longe de garantir a independência, se o escritor quiser ficar apenas homem de letras e não quiser pôr a sua pena a serviço dos interesses de qualquer partido político ou de qualquer empresa comercial".[107] Nesse contexto, não era de admirar que poucos se arriscassem a jurar fidelidade somente ao labor intelectual, compondo "a guarda heroica dos cinco ou seis escritores portugueses que são verdadeiramente escritores", bem diferente dos "quatro milhões de literatos que assolam o país".[108] E o acerto da análise parecia ganhar concretude com o fim trágico de Camilo Castelo Branco, que tirou a própria vida, atormentado pela "existência sempre atribulada por mil dificuldades pecuniárias", mesmo destino do escultor Soares dos Reis (1847-1889).[109]

De acordo com a sua avaliação, as artes e os ofícios não desfrutavam de melhor sorte, como fazia questão de enfatizar nos seus textos, que seguiam sempre o mesmo padrão argumentativo: o país tinha talentos que, entretanto, careciam de reconhecimento e apoio de um poder público, cuja marca distintiva eram o descaso e a incúria. De maneira arguta, não perdia a oportunidade de expor seu raciocínio, tal como o fez em relação ao cálice ofertado a Leão XIII por ocasião do seu jubileu. A delicada peça de ourivesaria teria chamado a atenção dos visitantes da exposição organizada no Vaticano para dar conta dos presentes recebidos pelo papa. Se o trabalho distinguia Portugal e evidenciava a sua capacidade de "competir em alguma coisa com o primeiro país artístico que o mundo hoje possui, e que se chama França" –, também era motivo de apreensão, pois se tratava de trabalho de

---

106 Idem, Crônica, A Ilustração, ano6, v.6, n.7, p.98-9, 05/04/1887.
107 Idem, Crônica, A Ilustração, ano4, v.4, n.19, p.290, 05/10/1887. O argumento era frequentemente repetido, como se vê em Idem, Vida literária. Crônica, A Ilustração, ano7, v.7, n.6, p.82, 20/03/1890: "[...] é um erro julgar que pode haver independência literária – atendendo a que não há público bastante para ler, e atendendo a que o Estado não faz nenhum caso dos verdadeiros escritores".
108 Idem, Júlio Cesar Machado. Crônica, A Ilustração, ano6, v.6, n.4, p.50, 20/02/1889.
109 Idem, A ambição da celebridade, A Ilustração, ano6, v.6, n.1, p.2, 05/01/1889.

"artistas cujos nomes são ignorados do próprio país onde esses artistas nasceram, vivem e trabalham". Daí propugnar pela fundação de "uma grande escola de artes e ofícios, e aí colocar como professores os grandes artistas ignorados que ainda nos restam, como aqueles que trabalharam no cálice", além de conclamar o Estado a usar de modo mais produtivo suas verbas, distribuir cargos segundo as competências e recuperar as instituições culturais portuguesas, descritas de forma bastante pejorativa:

> [...] quando se entra nas escolas, nos liceus, nas academias, nos museus, nas bibliotecas de Portugal, é que se vê a desordem e o desleixo que há por toda porte, é que se vê como se ignoram os mais pequenos princípios de ordem e de justiça – e como a maioria dos lugares mais importantes estão ocupadas por estimáveis pessoas que ali foram chamadas, não pelos seus talentos, nem pelas suas aptidões – mas porque tinham a hora de serem primos, amigos ou protegidos de sua excelência o Ministro... Triste, muito triste!... Esta anarquia e favoritismo político em que vivemos pode ainda durar uns dez ou vinte anos.[110]

Figura 3.36: Cálice ofertado por Portugal a Leão XIII.

Fonte: *A Ilustração*, ano5, v.5, n.2, capa, 20/01/1888.

---

110 Idem, Artistas ignorados. Crônica, *A Ilustração*, ano5, v.5, n.2, p.18-9, 20/02/1888.

Sempre no mesmo diapasão, ele não se cansava de citar Bordalo, Columbano e demais integrantes do chamado grupo do Leão, denominação, aliás, que lhe é atribuída; de elogiar os nomes que se destacavam no Salão de Paris e dirigir, pelas páginas d'*A Ilustração*, solicitações ao ministro do Reino para adquirir todas as obras premiadas pelo júri francês, não sem antes tornar nítida a pouca qualificação dos peritos que circulavam pelas antessalas do poder.[111] Mesmo quando suas demandas pareciam atendidas, como no caso da aquisição de uma estátua de Tomaz Costa (1861-1932), a decisão de colocá-la num museu deu azo a um novo combate:

> Não, senhor governo! Não, senhor ministro do reino! Não, senhor fantástico conselho de instrução pública do meu país! Não, senhores mandarins do Terreiro do Paço, a cuja sabedoria estão confiados os destinos da Artes portuguesa! Não, queridos senhores e amados burocratas do meu coração! Não, não mil vezes não! [...] As esculturas não se fizeram para os museus, como os cemitérios não se fizeram para a mocidade, como *São Bento* [palácio sede do Parlamento] não se fez para lá dentro se discutirem as questões vitais que hoje em dia agitam a sociedade portuguesa![112]

Esse tipo de atitude era recorrente, como se observa no episódio da criação do Ministério de Instrução Pública e Belas Artes em 1890, entregue ao jurista e musicólogo João Arroio (1861-1930). Diante do anúncio de uma futura reforma no campo artístico, Pina não hesitou em desqualificar o ministro – "O sr. Arroio não percebe absolutamente nada de Belas Artes, o que não é nem vergonha, nem crime, nem sinal de falta de talento ou estudo. Mas o fato é que não percebe" – que, segundo acreditava, foi alçado ao cargo "por uma contradança ou descarrilamento da política". E para fazer face à situação, conclamava os artistas portugueses a se reunir "todos, quanto antes, para discutir os vossos interesses, e para ver até que ponto o Estado deve intervir na organização e futuro da vossa classe". Sem nunca perder de vista o exemplo francês, instava-os a comparar "a vossa situação, com os artistas em França, o nosso ensino acadêmico com o ensino acadêmico francês. E fazei o quanto antes uma petição ao novo ministro".[113]

---

111 Idem, Arte portuguesa. Crônica, *A Ilustração*, ano6, v.6, n.12, p.178, 20/06/1889.
112 Idem, Para que servem as estátuas. Crônica, *A Ilustração*, ano6, v.6, n.3, p.34, 05/02/1889.
113 Idem, Variações sobre arte. Crônica, *A Ilustração*, ano7, v.7, n.10, p.146, 20/05/1890.

Nada lhe escapava: batia-se pelo patrimônio nacional, denunciava o estado dos monumentos históricos e propunha medidas para incrementar o turismo no país;[114] criticava os rumos da Academia do Porto e de Lisboa;[115] punha em evidência a estreiteza do meio artístico lisboeta;[116] ridicularizava o responsável pelo ensino de pintura histórica no país;[117] batia-se por mudanças nos critérios de escolhas e nas exigências feitas aos bolsistas que estudavam no exterior, sem se furtar a declinar nomes;[118] polemizava com as interpretações literárias do diretor do Conservatório Nacional[119] e ridicularizava as posturas do crítico de arte Zacarias de Aças (1839-1908), sob argumentos que poderiam ser extensivos à crítica como um todo, acusada de citar obras só vistas "pelas gravuras em madeira, pelas litografias, pelas fotografias que possam ter chegado até Lisboa!", contrariamente a ele próprio que, de fato, as conhecia.[120] Os colegas portugueses que escreviam

---

114 Idem, A propósito da pena. Crônica, *A Ilustração*, ano3, v.3, n.2, p.18-9, 20/01/1886. Para análises sobre a falta de infraestrutura para o turismo em Portugal, ver: Idem, Em Cintra. Crônica, *A Ilustração*, ano7, v.7, n.242, p.50, 20/08/1890; Idem, O inverno. Crônica, *A Ilustração*, ano7, v.7, n.22, p.338, 30/11/1880; Idem, Crônica, *A Ilustração*, ano8, v.8, n.175, p.226, 15/08/1891.

115 "As nossas duas únicas academias – a de Lisboa e a do Porto – estão no mais completo abandono." E retoricamente perguntava: "Quais são os *artistas*, ou os *críticos de arte*, que os governos consultam cada vez cada vez que desejam introduzir uma reforma nessas Academias?", para concluir que a tarefa acabaria nas mãos de "uma comissão de deputados ou burocratas". Idem, Verdades e mais verdades. Crônica, *A Ilustração*, ano5, v.5, n.10, p.146-7, 20/05/1886.

116 Idem, Portuguesas no *Salon*. Crônica, *A Ilustração*, ano3, v.3, n.12, p.178-9, 20/06/1886.

117 Depois de declinar os grandes nomes responsáveis pela pintura histórica francesa, perguntava: "Querem saber quem está encarregado desta missão?... O ilustre desconhecido sr. [José Ferreira] Chaves [1838-1899], célebre por ter perpetrado na sua mocidade alguns quadros de flores!... Sim, meus amigos! O *único* professor de pintura histórica que possui a primeira academia de Portugal [...] o *único* professor que nós temos para ensinar os nossos artistas a interpretar uma época e a compor um assunto – é um pintor de flores! [...]. Abaixo as sinecuras! Abaixo com os protegidos! Queremos professores capazes, que saibam dirigir a mocidade portuguesa que deseja aprender!" Idem, Incoerências. Crônica, *A Ilustração*, ano5, v.5, n.6, p.82-3, 20/03/1888.

118 Idem, Portugueses no *Salon*, conclusão. Crônica, *A Ilustração*, ano3, v.3, n.13, p.194-5, 05/07/1886, e Ibidem, ano4, v.4, n.3, p.34-5, 05/03/1887.

119 Idem, A crítica oficial. Crônica, *A Ilustração*, ano3, v.3, n.8, p.114-5, 20/04/1886.

120 Idem, Incoerências. Crônica, *A Ilustração*, ano5, v.5, n.6, p.82-3, 20/03/1888.

folhetins e crônicas literárias eram censurados pelo "excessivo abuso de palavras e frases francesas embutidas em todos os períodos e que deixam adivinhar, da parte de quem escreve, um desejo banal de querer ser distinto, chique, mundano", mas ele não se contentava em evidenciar o modismo e a superficialidade dominante, de forma impiedosa criticava o fato de os termos destoarem "comicamente pelo constante mau emprego",[121] forma nada sutil de referir-se ao domínio precário da língua francesa.

Não foi mais simpática sua avalição de Lisboa, que visitou depois de anos de ausência. Tornou a implicar com a mania de se empregar palavras francesas nos hotéis, restaurantes e casas comerciais e ridicularizou o gomoso, falso elegante que tentava imitar o parisiense.[122] As ricas moradias também não eram poupadas e, com raras exceções, julgava "o mobiliário lisboeta horroroso, as decorações detestáveis, as casas estúpidas e banais, tratadas sem carinho, sem gosto, sem dignidade! [...] Nunca a banalidade e o mau gosto se permitiram tamanha audácia!".[123] Fez questão de pontuar a distância entre a Avenida da Liberdade, "onde não há água, nem flores, nem árvores, nem estátuas" e a dos Campos Elísios, em Paris.[124] Não perdoava as tentativas de "macaquear a capital francesa, de querer fazer de Lisboa um *pequeno Paris*". E concluía:

> Não é com fontes ou quiosques segundo o estilo francês que Lisboa virá a ser uma linda cidade. O que é preciso é que a Câmara olhe para os montes da capital e os arborize. Para os prédios e os mande caiar; para os telhados e os mande limpar; para as ruas e as mande lavar e varrer [...]. Mais árvores, mais cal, mais água, mais vassoura e mais posturas, – e menos fontes, menos... sumidoiros e menos quiosques![125]

O teatro era outro tema frequente, ainda mais porque ele estava inserido nesse mercado, fosse como tradutor ou representante da trupe de Coquelin e Sarah Bernhardt, figuras sempre citadas em seu texto e com espaço garan-

---
121 Idem, Crônica, A Ilustração, ano1, v.1, n.13, p.194, 05/11/1884.
122 Idem, Crônica, A Ilustração, ano4, v.4, n.4, p.50-1, 20/02/1887.
123 Idem, A correr... Crônica, A Ilustração, ano3, v.3, n.21, p.332, 05/11/1886.
124 Idem, Apontamentos. Crônica, A Ilustração, ano3, v.3, n.19, p.290, 05/10/1886.
125 Idem, Crônica, A Ilustração, ano7, v.7, n.2, p.18, 20/01/1890.

tido em "As Nossas Gravuras". Assim, ele não hesitou em dirigir carta ao seu ex-patrão no *Diário da Manhã*, Pinheiro Chagas, quando este ocupou o cargo de ministro da Marinha e do Ultramar (1883-1886), conclamando-o a obter apoio do Parlamento para a subvenção para o teatro D. Maria II, medida que, segundo acreditava, faria da instituição "um teatro no gênero Comédia Francesa de Paris, regido pelas mesmas leis, obedecendo aos mesmos regulamentos", o que provocaria "um grande renascimento literário e artístico em Portugal", cujos linhas-mestras ele não se furtava a estabelecer.[126]

Louvava Luís XIV pela "alta compreensão da importância da literatura em todos os países" e destacava que o rei "não só protegeu Molière, mas fez com que o Estado [...] tratasse de definir a situação artística do teatro, assim como da academia nacional de música", política seguida por seus sucessores, o que permitiu que a França fosse "o único país onde realmente existe uma literatura dramática," enquanto em Portugal "os governos preferiram proteger a Inquisição, os conventos e outras casas correlativas". E concluía: "Nós nunca tivermos uma literatura dramática definida. Temos tido unicamente amostras de gênio e de temperamentos".[127] E quando se propuseram alterações no Conservatório de Lisboa e a possível supressão de sua Escola de Arte Dramática, ele se insurgiu violentamente contra o projeto, tido como "uma vergonha nacional".[128]

Não admira que a pena ferina tenha-lhe valido vários desafetos. Defendia-se "da série de artigos de jornais onde sou insultado por todos os modos e feitios" apresentando-se como paladino da verdade.[129] Queixava-se do ambiente de conformismo que prevalecia na imprensa e dos colegas de profissão que, "pelo hábito em que estão de não quererem acompanhar

---

126 Ver as propostas em: Pina, Crônica, *A Ilustração*, ano4, v.4, n.3, p.34-5, 05/02/1886.
127 Idem, Crônica, *A Ilustração*, ano4, v.4, n.21, p.322-3 e 326, 05/11/1887.
128 Idem, Crônica, *A Ilustração*, ano4, v.4, n.18, p.274-5, 05/10/1887.
129 "E querem saber a causa de tanta tareia e de tanto insulto?... Porque ousei dizer em letra redonda que era preciso reformar a Academia de Belas Artes de Lisboa! Porque ousei dizer ao público que nessa academia há bastantes anos que não há um único professor de pintura histórica! E porque ousei dizer que era um absurdo consentir que nos concursos acadêmicos para pensionista do Estado no estrangeiro tomassem parte candidatos que tivessem previamente cursado qualquer escola fora os eu país... O que eu ouvi! Que coisas eu li! Que horrores escreveram contra este pobre pecado, oh meu rico Senhor Jesus dos Aflitos! ...". Idem, Coisas de Lisboa. Crônica, *A Ilustração*, ano5, v.5, n.8, p.114-5, 20/04/1888.

numa campanha aqueles dos seus colegas que primeiro levantou o grito", ou seja, ele próprio, "guardam o mais absoluto e invejoso silêncio em torno das questões".[130]

A condenação dos vícios políticos progressivamente deslocava-se até abranger todo e qualquer aspecto da vida nacional, sem eximir de responsabilidade a elite intelectual, que acabava por se plasmar ao ambiente dominante. Pina escudava-se nas confidências que lhe teriam sido feitas por um ex-ministro para apresentar o triste diagnóstico:

> [...] em Portugal tudo anda torto porque se vive num círculo vicioso; porque ninguém tem a coragem de dizer o que pensa; porque não há opinião pública; e porque não há um só jornal que possa atacar de frente as questões, porque ninguém quer ferir os mil melindres que andam envoltos em toda a casta de assuntos... Já viram quadros menos consolador, pintado por um homem que conhece a vida política e pública de Lisboa, como eu conheço os meus dedos? [...][131]

Por mais diversos que fossem os temas tratados nas "Crônicas", raras vezes Portugal deixava de compor o horizonte e isso a despeito de a revista também seguir, quinzenalmente, para o porto do Rio de Janeiro. Mesmo quando a oportunidade se apresentava, não era propriamente o país que estava em questão. Assim, por exemplo, a passagem de D. Pedro II pela França em 1887 forneceu oportunidade de reafirmar os hábitos simples do monarca, que o aproximavam de um turista comum, e tecer loas à eterna França, reverenciada independentemente do regime político do momento, como bem atestava o aperto de mão entre o imperador e o presidente da República. Mas a ênfase da crônica recaía mesmo na declaração de D. Pedro II a um repórter do *Figaro*, segundo a qual, depois do Brasil, o seu país preferido era a França, escolha que mexeu com os brios de Pina, que saiu em defesa de Portugal e, retoricamente, dizia duvidar da exatidão da frase.[132] Note-se que os motivos da visita em si passavam ao largo.

---

130 Idem, Verdades e mais verdades. Crônica, *A Ilustração*, ano 5, v.5, n.10, p.146-7, 20/05/1888.
131 Idem, Charlatanismo indígena, Crônica, *A Ilustração*, ano 5, v.5, n.21, p.322, 05/11/1888.
132 Idem, Crônica, *A Ilustração*, ano 4, v.4, n.16, p.242-3, 20/08/1887.

A Abolição da Escravatura, evento de grande relevância para os destinos do Império, motivou tão somente a reprodução de retrato do Conselheiro João Alfredo, sob o argumento de que a ele "se deve a última lei da completa abolição da escravatura em todo o Império do Brasil",[133] sem que o tema fosse abordado na seção, situação diversa da observada em relação à Proclamação da República e o subsequente exílio dos Bragança, questões incontornáveis e que Pina não poderia deixar de comentar, afinal tratava-se de membros da família real portuguesa.[134]

"Onde está o perigo...", título da "Crônica" dedicada à mudança do regime é, em si mesmo, significativo e bastante fiel ao conteúdo. Não se tratava de analisar a situação brasileira, aliás apresentada em breves linhas, mas de criticar a reação dos monarquistas lusitanos e sua imprensa e alertar que evento semelhante poderia ocorrer em Lisboa, diante da desmoralização e desorganização do país:

[...] assim vamos, de desleixo em desleixo, de desmazelo em desmazelo, de abuso em abuso, de ilegalidade em ilegalidade, – até que os contentes com o estado de coisas sejam apenas os servos ou os especuladores do Estado e a grande maioria da nação, num ímpeto de revolta, pratique um desses atos de consciência demasiadamente ofendida que marcam época na história de um povo.

Seguia-se o fecho do texto, no qual o Brasil era novamente evocado e, mesmo assim, somente para servir, ainda uma vez, de alerta: "Foi o que sucedeu ao Brasil. Para que não nos suceda o mesmo, é preciso menos indiferença e menos desleixo: – mais coragem e mais patriotismo".[135] E para confirmar a exatidão das suas análises, o mesmo título foi retomado na seção "Revista das Revistas" do número subsequente, oportunidade em

---

133 Nota da redação, A Ilustração, ano5, v.5, n.11, p.166, 05/06/1888. O retrato foi publicado no número subsequente com breve nota a respeito da atuação do político.
134 É de se assinalar que, por uma feliz coincidência, na edição de 20/11/1889 reproduziu-se parte significativa da longa análise que Eduardo Prado publicara na Revista de Portugal, a respeito da situação política do Império, que já mudara radicalmente quando, ainda sem mencionar o fim da monarquia, o número veio a público. Prado, Destinos políticos do Brasil, A Ilustração, ano6, v.6, n.22, p.347 e 350-1, 20/11/1889.
135 Pina, Onde está o perigo... Crônica, A Ilustração, ano6, v.6, n.23, p.354-5, 05/12/1889.

que se reproduziram trechos de artigo de Oliveira Martins, publicado no jornal *O Tempo*, que expressavam posições próximas às de Pina.[136]

A edição que trouxe as ponderações do diretor proprietário abriu considerável espaço para os acontecimentos do Rio de Janeiro, a começar pela capa, que estampou os integrantes do novo governo, Deodoro, Benjamin Constant, Quintino Bocaiúva, Rui Barbosa, acompanhados por notas biográficas em "As Nossas Gravuras", além de descrição minuciosa de como a notícia foi dada ao Imperador, destacando-se que "nunca uma revolução contra um chefe de Estado apesentou um caráter tão conciliador, tão amável, tão respeitoso".[137] Já a seção "Revista das revistas" trouxe extratos dos principais artigos publicados na imprensa lisboeta "acerca de tão extraordinário quanto imprevisto acontecimento", não sem se justificar perante o leitor: "*A Ilustração* não tem por uso fazer política. Mas perante fatos de tamanha importância, tem por dever escrever a história dos grandes acontecimentos que se produzem nos dois países a que se destina – e onde a *Ilustração* tem a subida honra de contar tamanhas simpatias".[138]

A política, aliás, impunha-se e misturava-se às menções à recém-encerrada Exposição Universal de Paris, ainda evocada por meio da série "Recordações da Exposição". Contudo, a morte de D. Luís I, a 19 de outubro, estabeleceu um calendário próprio, marcado pela evocação de sua trajetória pessoal e como monarca, pelo ritual que cercava os serviços fúnebres e a aclamação do novo rei, temas que se somavam à queda da monarquia brasileira. Se esta não foi objeto de novas considerações em crônicas de Mariano Pina, continuou, nos últimos números de 1889 e nos primeiros do ano seguinte, a se fazer presente em "As Nossas Gravuras", com notícias sobre o novo estandarte, retratos de ministros, imagens dos palácios de São Cristóvão e Petrópolis, vistas do Rio de Janeiro que compunham o pavilhão do Império na Exposição de 1879, além do destaque dado à chegada do Imperador deposto e seus familiares à Europa, que tiveram seus retratos reproduzidos e os deslocamentos pelo continente acompanhados.

---

136 Onde está o perigo. Revista da revistas, *A Ilustração*, ano6, v.6, n.24, p.379-80, 20/12/1889.
137 A República dos Estados Unidos do Brasil. As Nossas Gravuras, *A Ilustração*, ano6, v.6, n.23, p. 358-9, 02/12/1889, citação na p.358.
138 A República dos Estados Unidos do Brasil. Revista das revistas. *A Ilustração*, ano6, v.6, n.23, p.363 e 366, 02/12/1889.

Figura 3.37 A Proclamação da República.[139]

Fonte: *A Ilustração*, ano7, v.7, n.1, p.9, 05/01/1890.

É de se notar que esse material não foi produzido especialmente para a *Ilustração*, mas provinha do *Le Monde Illustré*, tal como também ocorreu em relação ao passamento de D. Luís e à aclamação de D. Carlos. O que se observa são deslocamentos em relação ao local reservado às estampas, dado que, na revista francesa, imagens relativas à instauração da República não ocuparam a capa, o que aconteceu por duas vezes no quinzenário de Pina. Sobretudo para as novidades provenientes do Brasil, as revistas ilustradas europeias ressentiam-se de material para dar conta do inesperado episódio. Repentinamente o país passava a interessar[140] e, não sem certa dose de

---

139 No *Le Monde Illustré*, 33e année, n.1708, p.380, 21/12/1889, que publicou originalmente a estampa, a legenda informava tratar-se de desenho de M. Georges Scott, a partir de documentos comunicados do Rio de Janeiro por Eduardo Garrido, dados que não constam na versão luso-brasileira. Gravação de Beltrand e Dété, conforme se verifica na assinatura da estampa.
140 "Tudo quanto diga respeito ao Brasil interessa hoje toda a Europa, e particularmente o público português. A revolução de 15 novembro e a proclamação da República fizeram do

exagero, lia-se n'*A Ilustração* que "os jornais de Paris e de Londres não se cansam em solicitar elementos das pessoas que mais de perto se acham em relação com o Brasil. Uma das pessoas mais solicitadas em Paris da parte dos jornais ilustrados franceses e ingleses tem sido o nosso diretor Mariano Pina", para logo informar que coube a ele fornecer fotografias para a confecção de algumas das estampas publicadas no *Le Monde Illustré* de 30 de novembro de 1889, como se pode ler no periódico francês.[141]

Tal circunstância forneceu argumentos para atacar, sem nomear diretamente, o concorrente mais direto da revista em Lisboa, *O Ocidente*, que se vangloriava dos clichês "absolutamente originais" mas que, de acordo com denúncia d'*A Ilustração*, não só copiava estampas sem citar as fontes, como o fazia com qualidade duvidosa, escaramuça que aponta para a acirrada concorrência por informação visual, principalmente quando se tratava de assuntos que galvanizavam a atenção internacional.[142] Independente das disputas, merece consideração o grau de fidelidade dos eventos retratados, uma vez que se tratava de indícios indiretos, colocados nas mãos de desenhistas experientes que cumpriam a tarefa de preencher com a imaginação a ausência de informações precisas, como fica patente na representação da queda do regime monárquico e que, por certo, não se constituía numa exceção.

Brasil o país na ordem do dia, e todos desejam conhecer a sua verdadeira grandeza, o seu estado de adiantamento e de progresso. Ora acerca do Brasil, tal qual ele hoje é encontramos no nosso colega *O Século*, de Lisboa, dados interessantíssimos que passamos a transcrever". Seguiam-se informações gerais sobre o número de províncias, população, corrente imigratória, ensino, renda pública. O Brasil. Revista das revistas, *A Ilustração*, ano7, v.7, n.4, p.62, 20/02/1890.

141 Há nota sobre a "revolução brasileira" que, segundo a revista, causou sensação na Europa. O número trouxe a estátua equestre de D. Pedro I no Rio de Janeiro e bustos da Princesa Isabel, Conde D'Eu e filhos, gravuras produzidas a partir de fotos fornecidas por Pina, além de vistas do Rio de Janeiro e bustos de Deodoro e alguns ministros. *Le Monde Illustré*, 33e année, n.1705, 30/11/1889. A assinatura do gravador, Henri Dochy, é facilmente identificável.

142 Rio de Janeiro. As Nossas Gravuras, *A Ilustração*, ano6, v.6, n.24, p.371, 20/12/1889. O número replicava material já estampado no *Le Monde Illustré* de 30/11, acrescido de retratos de outros membros da família real, inclusive um de página inteira de D. Pedro II, originalmente publicados no *Le Monde Illustré* em 1887, e que já havia, nesse mesmo ano, sido estampadas n'*A Ilustração*.

Figura 3.38 Desembarque da Família Real em Lisboa em dezembro de 1889.[143]

Fonte: A Ilustração, ano7, v.7, n.1, p.9, 05/01/1889.

A referência à política, sempre acompanhada de justificavas ancoradas na obrigação de informar, e sempre por intermédio de ilustrações artísticas, ganhou espaço logo após as festas da aclamação de Carlos I (28/12/1889) com o Ultimato inglês de 11 janeiro de 1890, motivo para Mariano Pina passar em revista a situação portuguesa, sem deixar de manifestar arroubos de patriotismo. É interessante observar como as páginas da revista foram colocadas a serviço da defesa de um Portugal ultrajado pelo tradicional aliado, não sem considerável atraso, pois os números relativos a 20 de janeiro e 5 de fevereiro continuaram a tratar das festas em torno do novo rei, do regime no Brasil e da Exposição Universal de 1879, sem fazer menção ao Ultimato,[144] tema que dominou o exemplar seguinte, inteiramente consagrado à questão.

---

143 No Le Monde Illustré, 33e année, n.1708, p.381, 21/12/1889, que publicou originalmente a estampa, a legenda informava tratar-se de desenho de M. Gérardin, a partir de instantâneo remetido pelo fotógrafo português Bobone. Gravação de Beltrand e Dété, como se verifica na assinatura da estampa.

144 É difícil explicar o atraso d'A Ilustração, ainda mais porque na revista francesa o tema foi tratado ainda em janeiro, tendo publicado estampas sobre o assunto e texto de Mariano Pina a respeito do conflito, devidamente replicadas n'A Ilustração. Ver: Le Monde Illustré, 34e année, n.1713, 25/01/1890.

O número abriu-se com a "Crônica" de Mariano Pina, também publicada sob a forma de folheto, com renda revertida em prol da causa.[145] O seu envolvimento era explicitado na reprodução de artigo estampado no *Le Monde Illustré*, em que dava conta dos aspectos históricos da questão, na divulgação de discurso proferido em 18 de janeiro, na reunião organizada por portugueses residentes em Paris para protestar contra a atitude do governo inglês, quando foram transcritos, inclusive, trechos da imprensa francesa elogiando as palavras de Pina e a moção aprovada na oportunidade.[146] O conteúdo textual completava-se com o protesto da Sociedade de Geografia de Lisboa e a conclamação para que todos colaborassem com a subscrição nacional, que tinha em vista dotar o país de meios marítimos capazes de defender seus interesses.

No que respeita às estampas, reproduzia-se não só o que já publicara o *Le Monde Illustré* em 25 de janeiro de 1890 – mapa da região em disputa, retrato de personalidades políticas envolvidas, imagens de populações sob o domínio português, estas últimas elaboradas a partir de fotografias fornecidas por Mariano Pina, conforme registra a publicação francesa –, mas também uma seleção de três estampas provenientes dos arquivos da revista francesa, datadas de 1879, 1883 e 1885, que se prestavam a ironizar a "civilização" que os ingleses levavam à África e que contrastavam, de maneira evidente, com as relativas às possessões portuguesas, sem nenhuma marca da violência colonial.[147]

---

145 Pina, Portugal perante a Europa. Carta ao Presidente do Conselho de Ministros. Crônica, *A Ilustração*, ano7, v.7, n.3, p.34-5, 05/02/1890.
146 Idem, p.38-9 e 42-3.
147 "Para que o público compreenda bem qual é a *missão civilizadora* dos ingleses em África, fomos procurar em revistas geográficas ilustradas de Paris, dos anos de 1879, 1883 e 1885, vários episódios da *influência* inglesa no continente negro. Como se vê pelas gravuras feitas sobre documentos oficiais, os senhores ingleses só penetram em África por meio das pelas de artilharia, das metralhadoras, das espingardas, do revólver e da baioneta calada... E assim que eles *civilizam* os indígenas – atirando-lhes como quem a lobos, ou a cães danados... Em compensação, os indígenas também às vezes tomam boas desforras, e quando apanham um destes chefes, um destes mandões, um destes algozes britânicos, ao alcance das suas azagaias – também lhe pagam na mesma moeda. Ponham os olhos nestas tristes páginas e lembrem-se que os ingleses estão disposta a tratar conosco como eles tratam com os pretos! [...]". Os ingleses em África. As Nossas Gravuras, *A Ilustração*, ano7, v.7, n.3, p.42, 05/02/1890.

Figuras 3.39 e 3.40: Portugueses e ingleses na África.[148]

Nas legendas lia-se: "Bahia de Lourenço Marques, indígenas de tribos vizinhas de Lourenço Marques" e "Os ingleses, o que eles chamam civilizar a África", sugerindo diferentes tipos de colonização.

Fonte: As Nossas Gravuras, A Ilustração, ano7, v.7, n.3, p.40 e 44.

A despeito de toda a mobilização, Portugal teve que se submeter e o tema acabou persistindo nos números subsequentes, por meio de poemas que continuavam a denunciar e maldizer os ingleses e louvar Portugal. A questão voltou à baila em fins de agosto, quando da assinatura do tratado que colocou fim às pretensões do país na África. Embora sem citar explicitamente o fato, a "Crônica" de setembro voltou a abordar a conjuntura portuguesa, o que permitiu a Pina entoar, ainda uma vez, a mesma cantilena: "Nem o país está *decadente*, nem o país está *perdido*! [...]. Perdidos estão os nossos governantes! Quanto à nação portuguesa, essa eu tenha a

---

148 A estampa relativa aos portugueses foi publicada no Le Monde Illustré, 34e année, n.1713, p.53, 25/01/1890, a partir de foto fornecida por Mariano Pina, com desenho de Gastão Vuillier e gravação de Beltrand e Dété. A outra provém do 29e année, n.1455, p.101, 14/02/1885, e diz respeito a combate travado no Sudão. Desenho de Frédéric de Haenen e gravação de Charles Baude.

firme convicção de que há de acabar com todos os desleixos e com todas as incúrias – começando vida nova".[149]

Ainda que as questões estritamente políticas não se constituíssem no tema principal de "Crônica", elas bem revelavam a verve de polemista de seu titular, que se manifestava ainda com maior vigor quando o tema era a literatura, domínio no qual Pina movimentava-se com grande desenvoltura.

Polêmicas literárias

Ao abordar temas do mundo literário na seção "Crônica", Pina assumia claro compromisso com a renovação estética – entenda-se o Realismo e o Naturalismo –, que tinha por ícone Eça de Queirós, com quem mantinha relações próximas. A presença do escritor n'*A Ilustração* não se limitou às colaborações, insistentemente anunciadas nas notas da redação, mas se consubstanciou nos inúmeros comentários e referências às suas obras e opiniões, no relato de encontros parisienses ou na expectativa do lançamento de um novo livro. Em 1884, portanto quatro anos antes de *Os Maias* vir a público, os leitores da revista foram informados sobre o romance em preparação, do qual Pina conheceu dois capítulos, lidos pelo próprio autor:

> Quando o livro aparecer leiam-no serenamente, e digam-me depois se não é esse o verdadeiro tipo de romance moderno, como ele deve ser compreendido, como ele deve ser feito, como ele deve ser escrito. Pelo menos em Paris não se escreve, não se rabisca melhor numa folha em branco uma ideia ou uma sensação. Há poucos anos ainda, Eça de Queirós ia apenas na onda. Hoje é uma das primeiras cabeças que se destaca do grupo dos que vão na frente. Se a França soubesse ler nos nossos livros, *Os Maias* fariam de Eça de Queirós o único continuador da obra de Flaubert [...]. Depois, o seu estilo perdeu toda a preocupação de *chic* de que outra se ressentia – a ideia é expressa pelo menor números de palavras.[150]

---

149 Pina, A nossa decadência, Crônica, *A Ilustração*, ano 7, v.7, n.18, p.274, 02/09/1890, grifos no original.
150 Idem, Crônica, *A Ilustração*, ano 1, v.1, n.5, p.67, 05/07/1884, grifo no original.

O trecho expressava o cerne de sua compreensão sobre os rumos da produção ficcional e mesmo da cultura em sentido mais amplo. Assim, ele se curvava diante da força da presença francesa que, como ressaltava, era sentida no mundo inteiro e não apenas em Portugal, porém criticava de modo acerbo a imitação e a subserviência, postulando que, daquele país, dever-se-ia "aproveitar a maneira de surpreender e estudar o assunto, a maneira de dizer as coisas, de trabalhar o estilo, de arranjar o diálogo", tal como o faziam, na sua opinião, Eça, Ramalho e Junqueiro.[151] Tal entendimento guiava suas análises e fornecia os argumentos para se contrapor ao "bando, camarilha ou quadrilha" que decidiu, "em conselho secreto de imbecis e caluniadores" que o *Crime do padre Amaro* não passaria de "um roubo" da *Faute de l'abbé Mouret*, de Zola, que, como fazia questão de lembrar, veio a público em data posterior, ou que *As farpas* não seriam mais do que cópia servil das *Guêpes*, de Alphonse Karr (1808-1890), filiação por ele não reconhecida, que preferia creditar a inspiração da obra às crônicas de Victor Henry Rochefort (1831-1913).

Estava em jogo a recepção dos modernos escritores, que ainda encontravam considerável resistência do campo romântico, tanto que era preciso vir a público combater as ideias do diretor do Conservatório de Lisboa, o poeta ultrarromântico Luís Augusto Xavier Palmeirim (1825-1893), e denunciar suas "alusões, facécias, beliscões e pancadas no realismo".[152] Ancorado em fundamentos estéticos bem precisos, Pina tampouco se mostrou aberto a outras correntes finisseculares, como o Simbolismo e o Decadentismo, em ascensão na França desde o início da década de 1880, com sua predileção pela introspecção, apelo ao místico e ao alegórico, ao sonho e à fantasia, na contramão, portanto, do materialismo, cientificismo e determinismos de matizes variadas. São instrutivas, nesse sentido, suas apreciações sobre os

---

151 Ibid. Na sua avaliação: "A literatura portuguesa é francesa. Mas francesa é a literatura italiana, a literatura belga, a literatura holandesa. Francesa há de ser, tem fatalmente de ser, a literatura espanhola. Desde o momento em que é a França quem domina por toda a parte – no romance, na poesia, no drama, na crítica, no teatro, na pintura, na escultura, na gravura – desde o momento que é ela que dá a nota em todas essas manifestações literárias e artísticas, querer afrontar a corrente, tanto mais quanto se é latino, é querer ser tolo, ou por ignorância ou de caso pensado!".
152 Idem, A crítica oficial. Crônica, *A Ilustração*, ano3, v.3, n.8, p.115, 20/04/1886. Sobre o poeta, admirado por Fernando Pessoa, que o considerava precursor do modernismo, ver: Dantas, *Gomes Leal:* o anjo rebelde.

livros *O anticristo*, do poeta António Duarte Gomes Leal (1848-1921),[153] e *Oaristos*, de Eugenio de Castro e Almeida (1869-1944), com seu prefácio-manifesto em defesa dos preceitos dessas correntes, do qual foi um dos expoentes.[154]

Vigilante atento, não perdoava os que professavam opiniões diversas das suas e valia-se da sua seção para expressar discordâncias, tal como ocorreu em relação ao prólogo do volume de versos *Lira insubmissa*, de Abel Acácio Botelho, que defendia as tradições e a língua portuguesa ante as importações provenientes de Paris. A análise dos poemas foi deixada de lado em prol da discussão do texto introdutório, que poderia ser lido como um ataque às mudanças em curso na produção ficcional. Daí sua defesa apaixonada dos estrangeirismos e das revoluções e audácias gramaticais de Eça, a quem, na sua perspectiva, se deveria creditar termos novos e "esta linguagem brilhante e ligeira que até parece impossível ser portuguesa... tão pesada parecia ser a nossa".[155]

Os que então se perfilavam claramente no mesmo campo também não passavam ilesos, veja-se o caso de *Estética naturalista*, reunião de artigos esparsos de Júlio Lourenço Pinto (1842-1907) acerca dos pressupostos teóricos do movimento ao qual se filiava. Nesse caso, tratava-se de estabelecer a primazia da renovação e o problema residia no fato de o escritor e crítico colocar-se ao lado dos que a creditavam a Júlio Diniz (1839-1871). Pina esforçava-se em demarcar o terreno, contestando a interpretação e assegurando que o autor de *As pupilas do senhor reitor* "em nada concorreu para o moderno movimento realista em Portugal. Tudo partiu do *Crime do Padre Amaro* e da heroica campanha das *Farpas*. Ocultá-lo seria uma revoltante injustiça [...], foram eles que semearam em Portugal as modernas doutrinas

---

153 Pina, *O anticristo*. Crônica, *A Ilustração*, ano3, v.3, n.11, p.162-63, 05/06/1886.
154 Idem, *Aoristos*. Crônica, *A Ilustração*, ano7, v.7, n.9, p.130-1 e p.134, 05/05/1890.
155 Idem, Um preâmbulo. Crônica, *A Ilustração*, ano2, v.2, n.7, p.99, 05/04/1885. A análise mereceu resposta do autor, acompanhada de longas notas de Pina: Acácio, Carta dirigida a Mariano Pina, *A Ilustração*, ano2, v.2, n.11, p.166, 171-2 e 174. 05/06/1885. Não foi melhor a avaliação quando Abel Acácio aventurou-se pela dramaturgia. Ver: Pina, *Germano*. Crônica, *A Ilustração*, ano3, v.3, n.10, p.146-7, 20/05/1886. As avaliações negativas de suas produções não impediram o convite para responder pela seção "Lisboa em Flagrante", que, como se viu, figurou na revista a partir de fevereiro de 1886. Vale lembrar que, nesse primeiro livro, ainda não se observa a postura estética que o distinguiria em trabalhos posteriores, nos quais abraçou um naturalismo radical, já evidente em *Germano*.

literárias". E sentenciava: "Só Eça de Queirós é que foi o inovador",[156] evidenciando as lutas em torno do monopólio da legitimidade literária, para retomar os termos de Pierre Bourdieu.[157]

Ademais da suposta imprecisão histórica, criticava-se o tom de manual de receitas que a obra assumia e, com ironia, afiançava que "está parecendo mais difícil fazer um *beef* de cebolada do que fazer um romance naturalista!...".[158] A condenação das fórmulas prontas era recorrente e, por vezes, constituía-se no tema da sua "Crônica", conforme se observa na consagrada a comentar os originais enviados para A Ilustração. Depois de descrever, com boas doses de humor, as estratégias dos remetentes – que comportavam cartas de deputados, evocação de supostos encontros em cafés lisboetas, a condição de assinante, elogios à publicação e ao diretor ou, simplesmente, uma ordem para que a colaboração fosse impressa –, chegava-se ao cerne do problema: a falta de qualidade dos textos, pois "cada mancebo tem a cômica preocupação de fazer *realismo*, de escrever à Daudet e à Zola. Cada um desses noviços imagina-se um escravo do dever artístico, que lhe manda fazer literatura para acompanhar o movimento".[159] Pina preocupava-se com o futuro da literatura perante a tendência dos que se iniciavam de "plagiar o que estava feito". Sem meias palavras, constatava o "desanimador espetáculo de um bando de indiferentes e de preguiçosos, perfilando e parodiando frases pelas cearas alheias, e produzindo páginas onde não há originalidade, nem estilo, nem talento. É o triunfo melancólico da sensaboria", propiciado pelos que aventuravam no verso e na prosa.[160]

Este também foi o olhar que guiou a análise do livro de Aluísio Azevedo, *Casa de pensão*, único literato brasileiro a ser distinguido na seção "Crônica". De saída, reconhecia-se o talento do autor, o vigor de algumas de suas páginas, mas reprovava-se o fato de o seu romance adotar estilo e desenhar personagens "da moda", quando, de fato, "o artista deve[ria] pensar em destacar-se um pouco mais da maioria". Pina prosseguia na crítica, afirmando que "em Portugal e no Brasil, uma geração inteira quer impor uma reforma literária, e os livros e os jornais andam cheios de *realismo* e de *naturalismo*".

---

156 Pina, Crônica, A Ilustração, ano2, v.2, n.16, p.243, 20/08/1885, grifo no original.
157 Bourdieu, As regras da arte. Gênese e estrutura do campo literário, especialmente p.243 e ss.
158 Pina, Crônica, A Ilustração, ano2, v.2, n.16, p.242, 20/08/1885.
159 Idem, Os que começam. Crônica, A Ilustração, ano2, v.2, n.17, p.259, 05/09/1885.
160 Idem, Cesário Verde. Crônica, A Ilustração, ano3, v.3, n.16, p.212-3, 20/08/1886. O texto, escrito quando da morte do escritor, destacava a qualidade de sua produção poética.

É curioso o contraponto entre Flaubert e Eça de Queirós, de um lado, e Aluísio de outro. Os dois primeiros eram aproximados a partir de "semelhanças de caracteres, uma quase igualdade de pontos de vista [...], afinidade de sensações", enquanto as peculiaridades de suas obras, marcadas por desolação e melancolia, resultariam de impulsos internos e da situação social dos artistas. Se Eça não experimentava a incompreensão do público, como Pina julgava ter sido o caso do autor de *Madame Bovary*, sofria o isolamento, a solidão, "todo o horror de um homem que tem por força viver sozinho numa sociedade que o ignora e que nada sente por ele...". Aluísio, por seu turno, entrava no rol dos que "andam irrefletidamente tomando por base nos seus romances a *desolação naturalista* [...], sem terem estudado primeiro as causas que influíram na produção desses livros [de Eça e Flaubert]". Ainda admitindo que o temperamento de Azevedo também pudesse encaminhá-lo no sentido da desolação, consolava-o a ideia de que "este pessimismo juvenil, este desejo de fazer de um livro uma mesa de autópsias há de passar com o tempo". E exortava os jovens romancistas realistas de Portugal e do Brasil a tomarem outro caminho e produzirem "livros sãos e honestos, sem personagens doentes, imbecis e ridículos, sem descrições que precisariam muitas vezes ser regadas a cloro".[161]

Já o lançamento de obras de escritores que pertenciam ao grupo ao qual se sentia filiado era contemplado com largo espaço na revista, como foi o caso do artigo de Guerra Junqueiro, publicado por ocasião da morte de Victor Hugo no jornal portuense *A Província*, considerado por Pina o melhor de todos os dedicados ao ilustre francês, e das resenhas da *Velhice do Padre Eterno*, também de Junqueiro, e *A Holanda*, de Ramalho Ortigão, todos datados de 1885.[162] No caso de Eça, incensado de todas as formas na revista, a escritura de um prefácio[163] ou a expectativa do lançamento de

---

161 Pina, Crônica, A *Ilustração*, ano1, v.1, n.12, p.178-9, 20/10/1884.
162 Ver, respectivamente, Pina, Victor Hugo julgado por Junqueiro. Crônica, A *Ilustração*, ano2, v.2, n.12, p.178-9, 20/06/1885; Idem, A velhice do padre eterno. Crônica, A *Ilustração*, ano2, v.2, n.18, capa e p.274-275, 20/09/1885; Idem, A Holanda. Crônica, A *Ilustração*, ano2, v.2, n.19, p.290-1, 05/10/1885.
163 O famoso prefácio da obra *Azulejos*, de Bernardo Pindela, pseudônimo de Bernardo Pinheiro Correia de Melo, conde de Arnoso (1855-1911), no qual Eça expressou seus ideais estéticos e desferiu petardos contra os adversários, foi comentado por Pina com o intuito de proteger o amigo das censuras dirigidas por Oliveira Martins. Pina, Crônica, A *Ilustração*, ano4, v.4, n.1, p.2-3, 05/01/1887.

novos romances ofereciam oportunidade para longos comentários,[164] que se transformavam em resenhas elogiosas quando a obra vinha a público, o que não significava ausência de espírito crítico, como se observa em especial no caso de *A relíquia*.[165] Já o aparecimento de *Os Maias* deu margem a considerações que beiravam a hagiografia, acompanhadas do retrato de Eça capa da revista.[166] Sempre que a oportunidade se apresentava, a opinião do escritor era acolhida, como se observa na transcrição de "magnífico trecho" de um artigo de sua autoria "sobre a situação do império alemão na hora atual", quando do falecimento do Imperador Guilherme.[167]

As recensões negativas, por sua vez, eram refutadas com belicosidade, deixando-se de lado os argumentos propriamente literários em prol da ridicularização do adversário, como no caso da crônica em que Pina analisou o folheto de Cirilo Machado sobre o poema *Velhice* de Junqueiro. Ao longo de todo o texto, que abusava da ironia e da sátira, Machado era aproximado a uma cabaça (alusão jocosa ao seu físico), à qual se dirigiam adjetivos pouco elegantes – ignorante, arrogante, insolente...[168]

Em 1886, a Academia Real das Ciências de Lisboa criou um prêmio de um conto de réis destinado a distinguir, num ano, o melhor trabalho científico do país e, no seguinte, outro do campo literário. Logo após o anúncio, Pina levantou óbices sobre o futuro julgamento e alertou para o perigo de os concorrentes escreverem obras com o intuito de agradar os juízes da academia, ao que se somava o fato de não estar explícito se os membros da entidade poderiam ou não concorrer.[169] Em agosto de 1887 conheciam-se os concorrentes, entre

---

164 Em 1887, aguardava-se o lançamento de *A relíquia*, que de fato ocorreu nesse ano, e *Os Maias*, impresso no ano seguinte. Sobre essas futuras obras, ver os comentários de Pina, Eça de Queirós. Crônica, *A Ilustração*, ano4, v.4, n.9, p.130-1, 05/05/1887.
165 Ver: Idem, *A Relíquia*. Crônica, *A Ilustração*, ano4, v.4, n.14, p.210-1 e 214, 20/07/1887.
166 Idem, *Os Maias*. Crônica, *A Ilustração*, ano5, v.5, n.16, capa e p.242, 20/08/1888. Eça endereçou cartas de agradecimento pelas resenhas de *A relíquia* e *Os Maias*: Queirós, *Correspondência*, v.1, p.431-2, carta de 28/08/1887, e p.490-1, carta de 27/07/1888, respectivamente. Eça estava atento aos textos de Pina, tanto que uma breve referência a erros de gramática e sintaxe feita em: Pina, *Dona Branca*. Crônica, *A Ilustração*, ano5, v.5, n.7, p.98, 05/04/1888, mereceu carta irada de Eça. A subsequente demonstra que Pina explicou-se bastante, tanto que o escritor dá por encerrada a questão. Idem, p.466-8, carta datada de 08/04/1888, e p.477, carta de 05/06/1888, respectivamente.
167 A morte do Imperador Guilherme, As Nossas Gravuras, *A Ilustração*, ano5, v.5, n.7, p.99 e 102, 05/04/1888.
168 Pina, Um caso curioso. Crônica, *A Ilustração*, ano3, v.3, n.15, p.226-7, 05/08/1885.
169 Idem, Um conto de réis! Crônica, *A Ilustração*, ano3, v.3, n.9, p.130-1, 05/04/1886.

os quais estava *A relíquia*, o que colocaria sérios problemas para a Academia, "respeitadora de todos os vícios do velho classicismo", que tinha diante de si "concorrente tão modernamente ilustrado como o Sr. Eça de Queirós", o que levava Pina a clamar pela imparcialidade da votação.[170] A derrota de Eça para o drama *Duque de Vizeu*, de Henrique Lopes de Mendonça (1856-1921), rendeu duro ataque de Pina, que usou as páginas da revista para defender apaixonadamente o amigo e questionar a autoridade do júri presidido por Pinheiro Chagas, silenciando sobre os reparos que havia feito à obra.[171]

As disputas entre Eça de Queirós e Pinheiro Chagas eram constantes e justificam o feliz título de um artigo que os caracteriza como fiéis inimigos.[172] Nessa polêmica em particular, Mariano e *A Ilustração* tiveram papel importante, pois foi justamente a crônica de Pina contra o veredito que ensejou a Eça comentar, sob a forma de carta aberta ao amigo, publicada no jornal lisboeta *O Repórter*, os resultados do concurso no qual foi derrotado, logo reproduzida n'*A Ilustração*.[173] Note-se que o debate somente se iniciou em maio, isso porque em fevereiro de 1888 Pinheiro Chagas foi vítima de atentado de um anarquista, que lhe desferiu uma bengalada por não concordar com artigo no qual o escritor atacava Louise Michel (1830-1905), destacada figura da Comuna de Paris.[174]

A resposta de Chagas foi publicada no mesmo periódico em junho e não deixou impune Mariano Pina, taxado de escritor leviano, o que motivou carta-resposta do proprietário d'*A Ilustração*, tendo sido os dois textos

---

170 Idem, Crônica, *A Ilustração*, ano4, v.4, n.16, p.246, 20/08/1887. Além de Eça, concorreram: Abel Acácio, com a peça *Germano*; Coelho de Carvalho, com *Viagens*; Guilhermino de Barros e o seu *Contos do fim do século*; Henrique Lopes Mendonça, com *O Duque de Viseu*; Sousa Monteiro, com *Amores de Júlia*; e, finalmente, Teotónio Flávio de Oliveira inscreveu *Egas Moniz*.

171 Idem, Um concurso literário. Crônica, *A Ilustração*, ano5, v.5, n.1, p.2-3, 05/01/1888.
Além de Chagas, compunham o júri: Serpa Pimentel, Visconde de Benalcanflor, Jaime Moniz, João Basto, José Dias Ferreira, José Silvestre Ribeiro, Silveira da Mota e Teixeira de Aragão, sendo que apenas os dois primeiros e o presidente eram escritores, como Pina fez questão de destacar.

172 Mónica, op. cit. Ver, ainda, Matos (org.), *Polémica. Eça de Queiroz – Pinheiro Chagas. Brasil e Portugal*; Veloso, *A (de) formação da imagem. Pinheiro Chagas refletido no binóculo de Eça de Queirós*.

173 Antecedia a carta uma informação de que ela chegou na redação de *O Repórter* no mesmo dia do atentado a Chagas. A Academia e a literatura, *A Ilustração*, ano5, v.5, n.10, p.150-1 e 154, 20/05/1888.

174 Sobre o tema, ver: Pina, Os valentões. Crônica, *A Ilustração*, ano5, v.5, n.5, p.66, 05/03/1888.

transcritos nas páginas da revista, o que dava a oportunidade dos leitores brasileiros de acompanhar a peleja.[175] E o assunto continuava a render, com nova resposta de Eça, que encontrou guarida na revista, mas foi antecedida por uma nota da redação, por certo da lavra de Mariano Pina, onde se lia: "Não podemos deixar de declarar que a pendência deve terminar aqui, porque é impossível chegar a um acordo". E seguia listando os termos da questão, com Pina denunciando os vícios do concurso (programa, júri e processo de votação), Chagas reafirmando a sua lisura e correção, enquanto Eça insistia na impossibilidade de se avaliarem obras de gêneros literários diversos, tal como foi o caso no concurso da Academia.[176] Não cabe retomar aqui os termos do debate que, de resto, já foi bastante explorado por aqueles que se dedicam a analisar as polêmicas entre Eça e Chagas,[177] bastando assinalar que os embates foram mais amplos e complexos do que fazia crer a nota que guiava o olhar do leitor. O resultado adverso do júri era um sintoma das disputas instauradas no campo literário português, no qual a Academia continuava sendo um espaço importante, abrigo de grupos ligados ao *status quo*. O fato é que Eça contou com apoio incondicional da *Ilustração*, tanto que Pina silenciou sobre as observações críticas que fizera ao livro quando do seu lançamento, não muito diversas, aliás, das apontadas por Chagas no relatório do concurso e nos argumentos que mobilizou contra seu contendor.

Deve-se a Pina a publicação de famosa fotografia reunindo Antero de Quental, Guerra Junqueiro, Oliveira Martins, Ramalho Ortigão e Eça de Queiros, que lhe foi confiada pelo último, embrião do grupo que Oliveira Martins batizou, em 1888, de *Os vencidos da vida* e que só não contou com a participação de Antero. Sua reprodução deu-se na edição que trouxe resenha de *A velhice do padre eterno*, quando as habituais breves notas que acompanhavam as estampas na seção "As Nossas Gravuras" foram substituídas por textos que exaltavam a importância desses escritores, forneciam dados biográficos de cada um. No mesmo número, foram reproduzidos trechos manuscritos e autógrafos de Ramalho e Oliveira Martins, o que acabava formando um conjunto bastante significativo.

---

175 Chagas, Eça de Queirós e a Academia, *A Ilustração*, ano5, v.5, n.13, p.189-99 e 203, 05/07/1888. Carta resposta de Pina na p.203.
176 Queirós, Ainda sobre a Academia, *A Ilustração*, ano5, v.5, n.14, p.215 e 218-9. A nota da redação antecede o texto do escritor.
177 Além das obras já citadas, ver: Lins, *História da literatura de Eça de Queiros*.

Julgou-se necessário descer a detalhes sobre o contexto da foto: um almoço no Palácio de Cristal, na cidade do Porto, em 1884, durante o qual um dos comensais propôs: "– E se fossemos tirar o retrato? ...". Proposta aceita, "sentavam-se diante da máquina fotográfica, diante de um fotógrafo que nem de leve desconfiava quem eram aqueles cinco figurões – cinco celebridades das que mais honra fazem a Portugal". Tampouco se descurou da fatura da imagem, especialmente produzida para a revista, trabalho do "ilustre colaborador" Charles Baude:

> O gravador tratou das cinco cabeças com rara habilidade. Todas elas conservaram religiosamente as exatas expressões e em cada uma daquelas fisionomias parece que se está lendo a alma de cada um daqueles artistas. É uma página que estamos certos vai ser olhada com grande curiosidade pelo nosso público, tanto mais que nesse momento, dois retratados atiraram para o mercado com dois primorosos livros: *A velhice do padre eterno* e *A Holanda* [...]. E daqui a pouco também estará à venda *Os Maias*, o novo romance de Eça de Queirós.[178]

Figura 3.41: Grupo de escritores associados à renovação literária em Portugal.

Fonte: *A Ilustração*, ano2, v.2, n.18, capa, 20/09/1885.

---

178 Um grupo célebre. As Nossas Gravuras, *A Ilustração*, ano2, v.2, n.18, p.282, 20/09/1885. Não há indicação do fotógrafo, apenas do gravador.

A crítica engajada e militante de Mariano Pina fez das páginas d'*A Ilustração* um dos espaços de luta em prol da renovação capitaneada por um grupo de escritores que, apesar de contar com reconhecimento, não deixaram de contar com a oposição obstinada dos antecessores, o que remete a um contexto de acirradas disputas e polêmicas. Cabe destacar que, apesar de viver em Paris durante quase todo o período de circulação da revista, não esteve entre seus objetivos acompanhar de perto os diversos movimentos estéticos que a cidade abrigava, os quais não foram inventariados ou comentados nas páginas da publicação. É curioso esse insulamento que parecia impedi-lo de perceber a contestação ao Naturalismo, que já se apresentava com força na França em fins dos anos 1880.

As reverências continuavam a ir todas para Émile Zola, reconhecido como o grande mestre, que o recebeu em duas oportunidades, uma delas com Eça, eventos constantemente rememorados, e isso a despeito de Xavier de Carvalho, próximo dos grupos simbolistas parisienses, ter participado ativamente da redação da revista entre 1885 e 1889. Nas páginas d'*A Ilustração*, não se perdeu de vista o contexto cultural português e talvez não seja demais afirmar que a revista contribuiu para o processo de consolidação de um dado cânone, em Portugal e no Brasil. A leitura das histórias literárias revela que os embates de Pina não foram em vão pois, como ele preconizava, normalmente se atribui a Eça uma proeminência tal que acaba por esmaecer os que se perfilavam ao seu lado no campo de batalha.

As variadas temáticas presentes na seção "Crônica", que sugerem uma escrita "ao correr da pena", para retomar o título da coluna de José de Alencar, compõem um conjunto complexo e que resiste às tentativas de classificações rígidas, o que, aliás, está em consonância com a natureza do gênero crônica, que predominou, ainda que não de forma exclusiva, nesse espaço, que também comportava ensaios críticos, como se destacou. O itinerário aqui sugerido, um entre outros possíveis, privilegiou as temáticas mais recorrentes, iniciando-se por Paris, presença constante e cujas referências revelam escolhas subjetivas do cronista, mas também o calendário anual de eventos e os lugares da moda, assim como as perturbações da ordem, que apontavam para as contradições que atravessavam o espaço urbano, fossem doenças ou manifestações operárias.

Já a Exposição de 1889, que galvanizou as atenções no decorrer do ano e celebrou a nova ordem capitalista, a força da indústria e a superioridade europeia, materializada nas estampas que chegavam quinzenalmente a Lisboa e ao Rio de Janeiro, também ofereceu oportunidade para Mariano Pina envolver-se diretamente nos meandros do poder. Por meio d'*A Ilustração*, travou suas próprias batalhas e interveio no debate político, ainda que às custas da vitalidade da publicação. Aliás, não se deve esquecer que, a despeito da forte presença da França e sua radiante capital, Portugal sempre esteve no horizonte de Pina, o que esteve longe de acontecer em relação ao Brasil, mencionado ocasionalmente, e mais como exemplo ou contraexemplo para a antiga metrópole. Suas tomadas de posição, invariavelmente críticas em face dos rumos da vida portuguesa, nos seus mais diversos aspectos, lhe angariaram inimigos, muitos deles provenientes do campo literário, tendo em vista que ele não se furtou a tomar posição ao lado da estética realista-naturalista, que foi apaixonadamente defendida nas páginas da revista. Por meio da sua coluna, publicada numa revista de atualidades e aparentemente destinada apenas a preencher o ócio, ele desfraldou bandeiras e inseriu-se nos debates de seu tempo.

Conclusão

O percurso em torno do quinzenário *A Ilustração* remete para um setor bastante particular dos impressos periódicos, que acabou por ceder lugar a publicações que, graças aos avanços técnicos, podiam imprimir diretamente a imagem capturada mecanicamente. A mudança teve múltiplas implicações, a começar pelo desaparecimento de todo um sistema de produção de estampas que envolvia um rol diversificado de artistas do lápis. Custosas e de produção lenta se comparadas com os instantâneos fotográficos, deram origem a um florescente mercado de revenda de matrizes, que esteve no âmago do projeto d'*A Ilustração*. A preocupação com a feição artística, independentemente da temática, era o mote para atrair o interesse do público e predominava sobre o ideal de documentar, o que não poderia ser feito sem passar por várias mãos.

Esses impressos, sensação a partir de meados do Oitocentos, têm despertado pouca atenção da produção especializada, que concentrou seus esforços no impacto da fotografia e nas alterações impostas na percepção da realidade que, ao menos aparentemente, poderia ser "fielmente" registrada e difundida. Graças à disseminação dos aparelhos em larga escala, foi possível a fabricação de material visual capaz de atender a interesses e necessidades dos impressos periódicos em âmbito local. Contrariamente às estampas, impunha-se um sistema de localização espaço-temporal muito mais preciso e que, se não impedia sua apropriação fora desses marcos, certamente a dificultava significativamente, impondo outra relação com a noção de representação. A despeito do apego aos ideais de elegância, beleza e acabamento artístico, não tardou para que as *ilustrações* se curvassem e começassem a preencher suas páginas com fotos, produto que igualmente se prestava a revendas no mercado. Os novos procedimentos, aliados a um crescente compromisso com a notícia, deu margem a mudanças importantes nas revistas, que continuaram a valer-se do adjetivo "ilustradas", ainda que assumissem conotações bem diversas daquelas que vigoraram nas últimas décadas do século XIX.

No caso específico d'*A Ilustração*, que se apoiava no acervo do *Le Monde Illustré*, o que se observa é uma relação bastante peculiar entre o material textual e o icônico, que nem sempre se constituía num sistema, praxe dominante nas suas sucessoras. Observar o funcionamento e as diferentes articulações entre esses conteúdos contribui para desnaturalizar as relações que se impuseram a partir da utilização direta da fotografia. No que respeita à circulação, merece destaque, por um lado, a rapidez com que as estampas estavam acessíveis, o que aponta para a configuração de sensibilidades, valores, projetos estéticos e imaginários compartilhados de modo amplo, aqui exemplificado em relação a Paris e à Exposição de 1889. De outra parte, a própria natureza da iconografia possibilitava reapropriações e ressignificações em função de circunstâncias e interesses específicos, como o fez Mariano Pina em várias oportunidades. Essa disponibilização desempenhou papel importante na formação do olhar e do gosto, na difusão de projetos estéticos, atuando na recepção de obras e autores e delineando um universo compartilhado de referências, e isso por preços módicos e que não exigiam, necessariamente, o domínio da escrita, uma vez que pelo menos a metade das páginas d'*A Ilustração* era ocupada por estampas.

Se a grande maioria da iconografia provinha do *Le Monde Illustré*, os textos também eram arregimentados por processo semelhante, embora não se tratasse de uma fonte única. Muito do que foi publicado, em seções ou textos avulsos, tinha origem em livros ou em outros órgãos de imprensa, num trabalho que também abarcava seleção e escolha. É certo que havia os colaboradores remunerados, que escreviam especialmente para a revista, mas esses eram minoritários em termos quantitativos. Tal reprodução, que fez de Olavo Bilac a presença mais constante, a despeito de nunca ter escrito nada especificamente para a publicação, coloca em questão a própria noção de colaborador, que precisa ser remetida aos termos de uma época na qual a noção de direitos autorais ainda era bastante frágil.

O fato de a produção da revista assemelhar-se a um mosaico, construído não a partir de um plano predeterminado, mas com o que estivesse ao alcance da mão, não significa que daí resultasse um conjunto disforme. Suas páginas acolheram polêmicas, defenderam ideais e projetos, propuseram uma dada leitura dos dilemas do seu tempo, resultado da ação constante de Mariano Pina, o que faz de ambos, diretor e revista, importantes elementos de mediação entre diferentes lados do Atlântico.

REFERÊNCIAS BIBLIOGRÁFICAS

Periódicos

A Gazeta de Notícias (RJ, 1882-1903)
A Ilustração (Paris, Lisboa,1884-1892)
A Província de São Paulo, depois *O Estado de S. Paulo* (SP, 1884-1899)
Bulletin de l'Association des Journalistes Parisiens. Paris: Imprimerie Guillemot et Lamotte, n.41, 1926.
Catálogo da Casa Editora David Corazzi. Empresa Horas Românticas. Lisboa: Casa Editora David Corazzi, 1884.
Catálogo da Casa Editora David Corazzi. Lisboa: Casa David Corazzi [1888].
Journal de musique (Paris, 1876-1881)
Journal général de l'imprimerie et de la librairie. Deuxième série, Tome XXVII, 1884.
   Chronique du Journal Général de l'imprimerie et de la librairie, 73e année, 2ª série, n.24, 14 jun. 1884.
Le Monde Illustré (Paris, 1876-1892)
O Ocidente, Revista Ilustrada de Portugal e do Estrangeiro (Lisboa, 1884-1892)
O Tipógrafo (RJ, 1867)
Pontos nos ii (Lisboa, 1885-1891)
Revista Ilustrada (RJ, 1884-1892)

Espólios e manuscritos avulsos

Espólio de Augusto e Mariano Pina. BNP, Lisboa, N17/163.
Espólio de Jaime Batalha Reis. BNP, Lisboa, E4/Caixa 35.
Espólio de Oliveira Martins. BNP, Lisboa, E20, cota 2115.
Manuscritos avulsos, Rafael Bordalo Pinheiro. BNP, Lisboa, A 5865 e A 5866.

Instituições (abreviaturas e endereços eletrônicos)

Biblioteca Nacional de Portugal – Biblioteca Nacional Digital (BNP-BND): http://purl.pt/index/per/PT/index.html

Biblioteca Nacional de Portugal (BNP): http://www.bnportugal.pt/

Biblioteca Nacional Digital – Hemeroteca Digital Brasileira (BND-HDB): http://bndigital.bn.gov.br/hemeroteca-digital/

Bibliothèque National de France – Gallica (BnF-Gallica): http://gallica.bnf.fr/

Faculdade de Ciências e Letras de Assis (FCL/Assis): http://www.assis.unesp.br/#!/biblioteca

Hemeroteca Municipal de Lisboa (HML): http://hemerotecadigital.cm-lisboa.pt/

Bibliografia

ALENCAR, J. de. *Teatro completo.* Rio de Janeiro: Serviço Nacional de Teatro, 1977.

AMBROISE-RENDU, A.-C. Du dessin de presse à la photographie (1878-1914): histoire d'une mutation technique et culturelle. *Revue d'Histoire Moderne et Contemporaine*, n.39, p.6-28, jan.-mar. 1992.

ANDRADE, J. M. F. de. Do gráfico ao foto-gráfico: a presença da fotografia nos impressos. In: CARDOSO, R. (org). *O design brasileiro antes do design*. São Paulo: Cosac & Naif, 2005, p.60-93.

_____. *História da fotorreportagem no Brasil:* a fotografia na imprensa do Rio de Janeiro de 1839 a 1900. Rio de Janeiro: Elsevier, 2004.

_____. Processo de reprodução e impressão no Brasil, 1808-1930. In: CARDOSO, R. (org.). *Impresso no Brasil*, 1808-1930: destaques da história gráfica no acervo da Biblioteca Nacional. Rio de Janeiro: Verso, 2009.

ARAÚJO, E. (curad.). *Rafael Bordalo Pinheiro:* o português tal e qual. São Paulo: Pinacoteca do Estado de São Paulo, 2006.

ASCENÇÃO, J. de O. *Direito autoral.* 2.ed. Rio de Janeiro: Renovar, 2007.

ASSIS, M. de. *O folhetinista:* obra completa. Rio de Janeiro: Nova Aguilar, 1986, v.3.

AURENCHE, M.-L. Du *Magazin Pittoresque* (1833) à *L'Illustration* (1843): la naissance du nouvellisme illustré. In: THÉRENTY, M.-È.; VAILLANT, A. (orgs.). *Presse et plume:* journalisme et littérature au XIX siècle. Paris: Nouveau Monde Éditons, 2004, p.169-84.

AZEVEDO, G. *Crônicas de Paris.* Organização, introdução e posfácio de Antonio Dias Miguel. Lisboa: Imprensa Nacional, 2000.

AZEVEDO, S. M. *Brasil em imagens:* um estudo da revista *Ilustração Brasileira* (1876-1878). São Paulo: Ed. Unesp, 2011.

BACOT, J.-P. *La Presse illustrée au XIXe siècle:* une histoire oubliée. Limoges: Pulim, 2002.

BARBUY, H. *A exposição universal de 1889 em Paris:* visão e representação na sociedade industrial. São Paulo: Edições Loyola, 1999.

_____. O Brasil vai a Paris em 1889: um lugar na museografia da Exposição Universal. *Anais do Museu Paulista:* História e Cultura Material. Nova Série, v.4, p.211-61, jan.-dez. 1996.

BARRETO, P. Eduardo Prado e seus amigos. Cartas inéditas. *Revista do Brasil*, ano1, v.1, n.2, p.189, fev. 1916.

BATALHA, C. H. M. *Dicionário do movimento operário na cidade do Rio de Janeiro do século XIX aos anos 1920.* São Paulo: Fundação Perseu Abramo: Fapesp, 2009.

_____. Um socialista face à escravidão no Brasil: Louis-Xavier de Ricard e o jornal *Le Sud-Américain.* In: VIDAL, L.; LUCA, T. R. de (orgs.). *Os franceses no Brasil, séculos XIX-XX.* São Paulo: Ed. Unesp, 2009, p.161-73.

BENJAMIN, W. A obra de arte na era da sua reprodutividade técnica. In: _____. *Mágia e técnica:* ensaios sobre literatura e história da cultura. São Paulo: Brasiliense, 1994, p. 65-96.

BERNERON-COUVENHES, M.-F. *Les Messageries maritimes:* l'essor d'une grande compagnie de navigation française, 1851-1894. Paris: Presse de l'Université Paris-Sorbonne, 2007.

BONVOISIN, E. *Mars, témoin de son époque.* Bruxelas: Éditions Laconti, 1982.

BORJON, M.; PONS, B. (org.). *Le Faubourg Saint-Germain: le Quai Voltaire.* Paris: Déllégation à l'action artistique de la ville de Paris, 1990.

BOURDIEU, P. *As regras da arte:* gênese e estrutura do campo literário. São Paulo: Companhia das Letras, 1996.

BROCA, B. *A vida literária no Brasil:* 1900. 4.ed. Rio de Janeiro: José Olympio, 2004.

CABRAL, A. *Dicionário de Camilo Castelo Branco.* Lisboa: Editorial Caminho, 1989.

_____. *Polêmicas de Castelo.* Lisboa: Livros Horizonte, 1982, v.VI.

CAPAZ, C. *Lopes Trovão:* uma voz contra o Império. Angra dos Reis, RJ: Edições do Autor, 2010.

CARDOSO, R. Origens do projeto gráfico no Brasil. In: _____. (org.). *Impresso no Brasil*, 1808-1930: destaques da história gráfica no acervo da Biblioteca Nacional. Rio de Janeiro:Verso, 2009, p.67-85.

_____. Projeto gráfico e meio editorial nas revistas ilustradas do Segundo Reinado. In: KNAUSS, P.; MALTA, M.; OLIVEIRA, C. de; VELLOSO, M. P. (orgs.). *Revistas ilustradas:* modos de ler e ver no Segundo Reinado. Rio de Janeiro: Mauad X: FAPERJ, 2011, p.17-40.

CARNEIRO, J. P. J. A. *O último propagandista do Império:* o "barão" de Santa-Anna Nery (1848-1901) e a divulgação do Brasil na Europa. São Paulo, 2013. 256f. Tese (Doutorado em Geografia) – Faculdade de Filosofia, Letras e Ciências Humanas, Universidade de São Paulo.

CARVALHO, J. M. Introdução geral. In: _____; BETHELL, L.; SANDRONI, C. *Joaquim Nabuco:* correspondente internacional. São Paulo: Global: Rio de Janeiro: ACB, 2013, 2v.

CARVALHO, J. M. de. *Questões de hoje:* os planos financeiros do Sr. Mariano de Carvalho. Lisboa: Tipografia da Companhia Nacional Editora, 1893.

CERTEAU, M. A operação historiográfica. In:_____. *A escrita da história.* Rio de Janeiro: Forense, 1982.

CHARTIER, R. *A história cultural:* entre práticas e representações. Lisboa: Difel, 1990.

CHEVALIER, L. *Classes laborieuses et classes dangereuses à Paris, pendant la première moitié du XIX siècle.* Paris: Hachette, 1984.

COELHO, T. P. *Londres em Paris.* Eça de Queirós e a imprensa inglesa. Lisboa: Colibri, 2010.

COOPER-RICHET, D. La presse en langue étrangère. In: KALIFA, D.; RÉGNIER, P.; THÈRENTY, M.-È.; VAILLANT, A. (orgs.). *La Civilisation du journal: histoire culturelle et littéraire de la presse française au XIXe siècle.* Paris: Nouveau Monde Éditions, 2011, p.583-604.

_____. Paris, capital editorial do mundo lusófono na primeira metade do século XIX? *Varia Historia*, Belo Horizonte, v.25, n.42, p.539-55, jul.-dez. 2009.

COSTA, C. *A revista no Brasil do século XIX:* a história da formação das publicações, do leitor e da identidade do brasileiro. São Paulo: Alameda, 2013.

COSTA NETO, J. C. *Direito autoral no Brasil.* 2.ed. São Paulo: FTD, 2008.

DANTAS, L. *Gomes Leal*, o anjo rebelde. Ponte de Lima: Gráfica da Graciosa, 2011.

DEAECTO, M. M. B. L. Garnier e A. L. Garraux: destinos individuais e movimentos de conjuntura nas relações editoriais entre a França e o Brasil no século XIX. In: VIDAL, L.; LUCA, T. R. de (orgs.). *Franceses no Brasil, séculos XIX-XX.* São Paulo: Ed. Unesp, 2009, p.421-38.

DOMINGOS, M. D. *Estudos de sociologia da cultura:* livros e leitores do século XIX. Lisboa: Instituto Português de Ensino a Distância, 1985.

FERNANDES, E. *Memórias do Esculápio.* Lisboa: Parceria Antonio Maria Pereira, 1940.

FERNANDES, P. J. *Mariano Cirilo de Carvalho.* O "poder oculto" do liberalismo progressista (1876-1892). Lisboa: Texto Editores, 2010.

FERREIRA, O. da C. *Imagem e letra:* introdução à bibliologia brasileira – a imagem gravada. 2.ed. São Paulo: Edusp, 1994.

FEYEL, G. Les transformations technologiques de la presse au XIXe siècle. In: KALIFA, D.; RÉGNIER, P.; THÈRENTY, M.-È.; VAILLANT, A. (orgs.). *La Civilisation du journal: histoire culturelle et littéraire de la presse française au XIXe siècle.* Paris: Nouveau Monde Éditions, 2011, p.97-139.

FONSECA, L. P. *As revistas ilustradas* A Cigarra *e* A Bruxa: a nova linguagem gráfica e a atuação de Julião Machado. Rio de Janeiro, 2012. 280f. Tese (Doutorado em Design) – Departamento de Artes e Design, Pontifícia Universidade Católica.

FRANÇA, J.-A. *Memórias do Conselheiro Adalberto Martins de Sousa (1880-1890):* estudo de factos socioculturais. Lisboa: Imprensa Nacional-Casa de Moeda, 2013.

FRANÇA, J.-A. Bordalo Pinheiro no Brasil. In: ARAÚJO, E. (curad.). *Rafael Bordalo Pinheiro:* o português tal e qual. São Paulo: Pinacoteca de Estado de Saõ Paulo, 2006.

GERVAIS, T. D'après photographie: premiers usages de la photographie dans le journal *L'Illustration* (1843-1859). *Études Photographiques*, n.13, p.56-85, jun. 2003.
GESLOT, J.-C.; HAGE, J. Recenser les revues. In: PLUET-DESPATIN, J.; LEYMARIE, M.; MOLLIER, J.-Y. (orgs.). *La Belle Époque des revues*, 1880-1914. Ardenne: Éditions de L'EMEC, 2002, p.29-42.
GINZBURG, C. *A micro-história e outros ensaios*. Lisboa: Difel, 1989.
GOMES, A. de C.; HANSEN, P. S. (orgs.). *Intelectuais mediadores:* práticas culturais e ação política. Rio de Janeiro: Civilização Brasileira, 2016.
GORBERG, M. *Parc Royal:* um magazine na modernidade carioca. Rio de Janeiro, 2013. 149 f. Dissertação (Mestrado em História, Política e Bens Culturais) – Centro de Pesquisa e Documentação de História Contemporânea do Brasil, Fundação Getúlio Vargas.
GUSMAN, P. *La Gravure sur bois en France au XIXe siècle*. Paris: Éditions Albert Morancé, 1929.
HALLEWELL, L. *O livro no Brasil*. 2.ed. rev. e ampl. São Paulo: Edusp, 2005.
HARDMAN, F. F. *Trem fantasma:* a modernidade na selva. São Paulo: Companhia das Letras, 1988.
HOBSBAWM, E. J. *A era das revoluções:* Europa 1879-1848. 2.ed. Rio de Janeiro: Paz e Terra, 1979.
_____. *A era do capital* (1848-1875). Rio de Janeiro: Paz e Terra, 1977.
_____. *A era dos impérios* (1875-1914). Rio de Janeiro: Paz e Terra, 1988.
JACKSON, M. *The Pictorial Press*. Londres: Hurst and Blackett Publishers, 1885.
LAJOLO, M.; ZILBERMAN, R. *O preço da leitura:* leis e números por detrás das letras. São Paulo: Ática, 2001.
LENOBLE, B. Les produits dérives. In: KALIFA, D.; RÉGNIER, P., THÈRENTY, M.-È.; VAILLANT, A. (orgs.). *La Civilisation du journal: histoire culturelle et littéraire de la presse française au XIXe siècle*. Paris: Nouveau Monde Éditions, 2011, p.605-13.
LOUIS, H. (orgs). *Les Colonies françaises:* notices illustrées – le Sénégal et Rivières du Sud. Paris: Maison Quentin, 1890.
LUCA, T. R. de. Correspondente no Brasil: origens da atividade nas décadas de 1870 e 1880. *Sur le journalisme. About journalism. Sobre jornalismo*, v.5, n.1, p.112-25, 2016. Disponível em: http://surlejournalisme.com/rev.
_____. *A Ilustração* (Paris, 1884-1992) e a *Revista de Portugal* (Porto, 1889-1892): diálogos entre projetos editoriais e possibilidades técnicas. *Topoi*. Revista de História. Rio de Janeiro, v.18, n.34, p.91-115, jan.-abr. 2017. Disponível em: http://www.scielo.br/pdf/topoi/v18n34/2237-101X-topoi-18-34-00091.pdf.
MACHADO, U. *História das livrarias cariocas*. São Paulo: Edusp, 2012.
MAGNO, L. *História da caricatura brasileira:* os precursores e a consolidação da caricatura no Brasil. Rio de Janeiro: Gala Edições de Arte, 2012, v.1.
MARTINS, A. L. *Revistas em revista:* imprensa e práticas culturais em tempos de República (1890-1922). São Paulo: Edusp; Fapesp; Imprensa Oficial, 2001.

MATOS, Campos A. (org. e coord.). *Dicionário de Eça de Queiroz.* 2.ed. rev. e aum. Lisboa: Caminho.

_____. *Eça de Queiroz:* uma biografia. Cotia, SP: Ateliê Editorial; Campinas, SP: Editora da Unicamp, 2014.

_____. *Polémica:* Eça de Queiroz – Pinheiro Chagas. Brasil e Portugal. Lisboa: Parceria A. M. Pereira, 2001.

_____. *Suplemento ao dicionário de Eça de Queiroz.* Lisboa: Caminho, 2000.

MICELI, S. *Nacional estrangeiro:* história social e culturas do modernismo artístico em São Paulo. São Paulo: Companhia das Letras, 2003.

MINÉ, E. Ferreira de Araújo, ponte entre o Brasil e Portugal. *Via Atlântica*, São Paulo, n.8, p.221-9, dez. 2005.

_____. Mariano Pina, a *Gazeta de Notícias* e *A Ilustração:* histórias de bastidores contadas por seu espólio. *Revista da Biblioteca Nacional.* Lisboa, v.7, n.2, p.23-61, jul.-dez. 1992.

MOLLIER, J.-Y. La naissance de la culture médiatique à la Belle-Époque: mise en place des structures de diffusion de masse. *Études littéraires.* Montréal, v.30, n.1, p.15-26, 1997.

_____. *O dinheiro e as letras:* história do capitalismo editorial. São Paulo: Edusp, 2010.

MÓNICA, M. F. Os fiéis inimigos: Eça de Queirós e Pinheiro Chagas. *Análise Social.* Lisboa, v.XXXVI, n.160, p.711-33, 2001.

MONTEIRO, I. B. da C.; MAIA, F. P. S. Um título para leitores de dois continentes: a imprensa periódica portuguesa na segunda metade do século XIX. In: ARRUDA, J. J. de A.; FERLINI, V. L. A.; MATOS, M. I. S. de; SOUSA, F. de (orgs.). *De colonos a imigrantes:* i(e)migração portuguesa para o Brasil. São Paulo: Alameda, 2013, p.205-19.

NEVES, F. de C. A miséria na literatura: José do Patrocínio e a seca de 1878 no Ceará. *Tempo*, Rio de Janeiro, v.11, n.22, p.80-97, jan. 2007.

Novas cartas inéditas de Eça de Queiróz [et alli] a Ramalho Ortigão. Rio de Janeiro: Alba, 1940, p.226-8.

OSTERWALDER, M. *Dictionnaire des illustrateurs (1800-1914).* Paris: Hubschmid & Bouret, 1983.

PENHA, J. O. F. *Viagem por tera ao país dos sonhos.* Porto: Livraria Chardron, 1897.

PEREIRA, A. L.; PITTA, J. R. Liturgia higienista no século XIX: pistas para um estudo. *Revista de História das Ideias*, Coimbra, v.15, p.437-559, 1993.

PICARD, A. *Rapport général.* Tome Troisième, Exploitation, services divers, régime financier et bilan de l'Exposition Universelle de 1889. Paris: Imprimerie Nationale, 18891. Disponível em: http://cnum.cnam.fr/PDF/cnum_8XAE349.3.pdf.

PINA, M. *O caso do* Diário Popular. Lisboa: Imprensa de Libanio da Silva, 1894.

_____. *Portugal e Brasil.* Lisboa: José Bastos, 1896.

PORTA, F. *Dicionário de artes gráficas.* Porto Alegre: Editora do Globo, 1958.

PÓVOAS, M. N. Um projeto para dois mundos: as ilustrações luso-brasileiras. In: SIMÕES JÚNIOR, Á. S.; CAIRO, L. R.; RAPUCCI, C. A. (orgs.). *Intelectuais e imprensa:* aspectos de uma complexa relação. São Paulo: Nankin, 2009, p.53-75.

QUEIRÓS, E. de. *Cartas e outros escritos.* Lisboa: Edição Livros do Brasil, 2001.
_____. *Correspondência.* Lisboa: Imprensa Nacional, 1983. Leitura, coordenação, prefácio e notas de Guilherme de Castilho.
_____. *Correspondência:* página de vida íntima e literária. Lisboa: Edição Livros do Brasil, 2001.
RAFAEL, G. G.; SANTOS, M. *Jornais e revistas portugueses do século XIX.* Lisboa: Biblioteca Nacional, 1988, 2v.
RAMOS JÚNIOR, J. de P.; DEAECTO, M. M.; MARTINS FILHO, P. *Paula Brito:* editor, poeta e artífice das letras. São Paulo: Edusp; ComArte, 2010.
RAMOS, V. *A edição de língua portuguesa em França.* Paris: Fundação Calouste Gulbenkian, 1972.
RENAULT, D. *O dia a dia no Rio de Janeiro segundo os jornais* (1870-1889). Rio de Janeiro: Civilização Brasileira, 1982.
Revista da Biblioteca Nacional. Lisboa, v.7, n.2, jul./dez. 1992, encartada reprodução do jornal *bijou.*
REZENDE, L. L. A circulação de imagens no Brasil oitocentista: uma história com marca registrada. IN: CARDOSO, R. (org.). *O design brasileiro antes do design.* São Paulo: Cosac & Naif, 2005, p.20-57.
RIGOT, H. D'une esthétique de la réception à une pragmatique de la décision. In: OUVRY-VIAL, B.; RÉACH´NGÔ, A. (orgs.). *L'Acte éditorial:* publier à la Renaissance et aujourd'hui. Paris: Éditions Classiques Garnier, 2010, p.205-23.
SÁ, M. das G. M. de. *Guilherme de Azevedo na geração de 1870.* Lisboa: Instituto de Cultura e Língua Portuguesa, 1986.
SALGUEIRO, H. A. *A comédia humana:* de Daumier a Porto-Alegre. São Paulo: MAB FAAP, 2003.
SANTOS, R. *A imagem gravada:* a gravura no Rio de Janeiro entre 1808 e 1853. Rio de Janeiro: Casa da Palavra, 2008.
SIDNEY, L. (org.). Jackson Mason. *Dictionary of National Biography.* Londres: Smith, Elder & Co., 1912, Suplement 2.
SODRÉ, N. W. *História da imprensa no Brasil.* 4.ed. Rio de Janeiro: Mauad, 1999.
TEIXEIRA, N. S. Política externa e política interna no Portugal de 1890: o Ultimatum inglês. *Análise Social,* Lisboa, v.XXIII, n.98, p.687-719, 1987.
TENGARRINHA, J. *História da imprensa periódica portuguesa.* Lisboa: Portugália, 1965.
THÉRENTY, M.-È. *La Littérature au quotidien:* poétiques journalistiques au XIXe siècle. Paris: Editions du Seuil, 2011.
THOMPSON, E. P. Senhor, escrevendo à luz de vela. *ArtCultura,* Uberlândia, v.11, n.19, p.7-14, jul.-dez. 2009.
VELOSO, J. A. G. *A (de) formação da imagem:* Pinheiro Chagas refletido no binóculo de Eça de Queirós. São Paulo, 2007. 161f. Dissertação (Mestrado em Estudos Comparados de Literatura e Língua Portuguesa) – Faculdade de Filosofia, Letras e Ciências Humanas, Universidade de São Paulo.

WATELET, J. La presse illustrée. In: CHARTIER, R.; MARTI, H.-J. *Histoire de l'édition française:* le temps des éditeurs. Paris: Fayard, 1990, p.369-82.

ZAN, J. C. *Ramalho Ortigão e o Brasil.* São Paulo, 2009. 278f. Tese (Doutorado em Estudos Comparados de Literaturas de Língua Portuguesa) – Faculdade de Filosofia, Letras e Ciências Humanas, Universidade de São Paulo.

SOBRE O LIVRO

Formato: 16 x 23 cm
Mancha: 27,5 x 49 paicas
Tipologia: Horley Old Style 11/15
Papel: Offset 75 g/m² (miolo)
Cartão Supremo 250 g/m² (capa)
1ª edição Editora Unesp: 2018

EQUIPE DE REALIZAÇÃO

Capa
Macelo Girard

Edição de texto
Marina Silva Ruivo (Copidesque)
Tomoe Moroizumi (Revisão)

Editoração eletrônica
Eduardo Seiji Seki

Assistência editorial
Alberto Bononi
Richard Sanches